Otto Bönisch

Schiffe der Welt

Welt der
Segelschulschiffe

BUSSE SEEWALD

DSV-Verlag

Der Dank des Autors für großzügige Unterstützung gilt in

Australien	Department of Defense
	Young Endeavour Youth Scheme
Bulgarien	Schiffahrtsmuseum Warna
Chile	Agregado Naval de Chile en Francia y Alemania
Dänemark	Kongelig Dansk Ambassade, Bonn
Ekuador	Armada del Ecuador – Agregaduria Naval del Ecuador, Roma
Finnland	National Board of Navigation
	Oceanveteranen der SUOMEN JOUTSEN
Frankreich	Botschaft Frankreichs in Bonn
	Musée de la Marine, Paris
	Marine National, Service Historique
	Journal de la Marine Marchande
Großbritannien	Der Verteidigungs-Attaché der Britischen Botschaft in Bonn
	Ministry of Defense – Naval Historical Branch
	Ministry of Defense – Naval Library
	Square Rigged Services Ltd.
	Jubilee Sailing Trust, Southampton
Irland	Botschaft von Irland in Bonn
Italien	Ambasciata D'Italia in Bonn, Marineattaché
	Ufficio Storico della Marina, Rom
Japan	Japanisches Generalkonsulat Berlin
	Hesco Agencies Ltd. in Tokyo
	Kanto Marine Service Co. Ltd. Yokohama
Kanada	Canadian Forces Attaché of Canadian Embassy in Bonn
	National Defence – Navy Public Affairs
Niederlande	Nationale Vereniging, Het Zeilend Zeeship'
Norwegen	Bergens Sjöfartsmuseum
Rumänien	Botschaft in Bonn
Schweden	Militärattaché der Schwedischen Botschaft in Bonn
Spanien	Embajada España – Agregado Naval, Bonn
	Instituto de Historia y Cultura Naval, Madrid
Türkei	Türkische Botschaft in Bonn
USA	Amerika-Haus, Hamburg

Bönisch, Otto: Schiffe der Welt:
Welt der Segelschulschiffe.- 1. Aufl.
Hamburg: DSV-Verl., 1994.-
176 S.: 95 Fotos, davon 44 in Farbe,
17 Zeichn.

ISBN 3-88412-195-2

1. Auflage
© 1994 by DSV-Verlag GmbH,
Gründgensstr. 18, 22 309 Hamburg
Redaktion: Jürgen Schödler
Layout, Satz: machArt, Hamburg
Lithos: Reproform, Hamburg
Druck: Bussedruck, Herford

Inhalt

Segelschulschiffe werden häufig als Schulen des Charakters bezeichnet. Damit ist wenigstens teilweise die Frage nach ihrer Notwendigkeit im Zeitalter des Computers und der Hochtechnologie beantwortet. Die Betrachtung der Segelschulschiffe in Vergangenheit und Gegenwart, hier in Form von Typenbeschreibungen vorgenommen, wird dabei in folgende Zusammenhänge eingebettet:

- Geschichte des maritimen Schulwesens und des Einsatzes von Segelschulschiffen,
- Einteilung der zu behandelnden Fahrzeuge nach schiffbautechnischen Gesichtspunkten, nach der Takelung, nach Eignern und nach der Einsatzform.

Es kann nicht Anliegen dieser Darstellung sein, alle angeführten Aspekte gleichrangig zu behandeln, liegt doch der Schwerpunkt eindeutig auf der Einteilung nach der Takelung, während Fragen des Schiffskörperbaues oder/und eines vorhandenen Hilfsantriebs weniger bedeutsam sind.

Zum Verständnis heutiger Segelschiffe, die zum größten Teil noch als Schulschiffe dienen, ist jedoch ein historischer Abriß der technisch-technologischen Entwicklung unter Einbeziehung der jeweiligen Ausbildungssysteme vonnöten. Dabei sind die Fahrzeuge wie folgt bestimmten Zeitabschnitten zuzuordnen:

- Segelschulschiffe bis 1918,
- Segelschulschiffe von 1918 bis 1945,
- Segelschulschiffe nach 1945.

Damit erhebt sich die Frage, wann erstmals ein Segelschiff zur seemännischen Ausbildung genutzt oder speziell für die Ausbildung gebaut worden ist. Denn seit diesem Zeitpunkt hat es weltweit eine Unmenge Segelschulschiffe gegeben, so daß es sehr schwierig ist, sie alle zu erfassen oder wenigstens nur zu nennen.

Die seit 1945 in Fahrt gewesenen, noch fahrenden oder stationär genutzten Segelschulschiffe werden laufend ergänzt, durch Neubauten (20 Einheiten von 1980 bis 1992)

ersetzt bzw. immer vielfältiger eingesetzt, so daß die üblichen Auffassungen vom Segelschulschiff zu ergänzen sind, da überkommene Definitionen nicht mehr genügen. Dabei wird es zunehmend schwieriger, z. B. eine Grenze zwischen Segelschulschiff und Passagierschiff zu ziehen, seitdem Passagierfahrten mit Segelschiffen immer attraktiver werden. Eine teilweise Klärung ergibt sich, wenn man die Segelschulschiffe der Gegenwart in Bezug auf ihre Nutzer bzw. Eigner in drei Gruppen einteilt:

- Segelschulschiffe der militärischen Flotten – auf ihnen werden die Grundlagen der Seemannschaft und der militärischen Disziplin gelegt sowie notwendige Traditionen zur Motivation der zukünftigen Offiziere und Unteroffiziere gepflegt.
- Segelschulschiffe der zivilen Flotten – auf ihnen werden die Grundlagen der Seemannschaft gelegt, während Disziplin- und Traditionsaspekte untergeordnet sind. In der Bildungs- und Erziehungsarbeit kommt es darauf an, die Besonderheiten, Tücken und Schwierigkeiten der künftigen Berufsumwelt durch hautnahe Erfahrung kennenzulernen.
- Segelschulschiffe privater Eigner und gesellschaftlicher Organisationen – auf ihnen sollen jungen Menschen gemeinsame Erlebnisse vermittelt und damit wichtige Charaktereigenschaften anerzogen werden, ohne daß diese später den Seemannsberuf ergreifen (Freizeitpädagogik). Vordergründig soll ein Erziehungseffekt erzielt werden, der im späteren Leben bedeutungsvoll sein kann. Einige Schiffe dieser Gruppe können durchaus als „Erziehungsschiffe" bezeichnet werden.

Eine zweckmäßige Definition für das „Schulschiff" ist also notwendig, weil insbesondere in der deutschen Sprache die Begriffe „Ausbildungsschiff", „Schulschiff" und „Trainingsschiff" oft miteinander vermengt oder sehr willkürlich verwendet werden. Die inhaltlichen Zusammenhänge und sich daraus ergebende Definitionen erhellt folgende Übersicht:

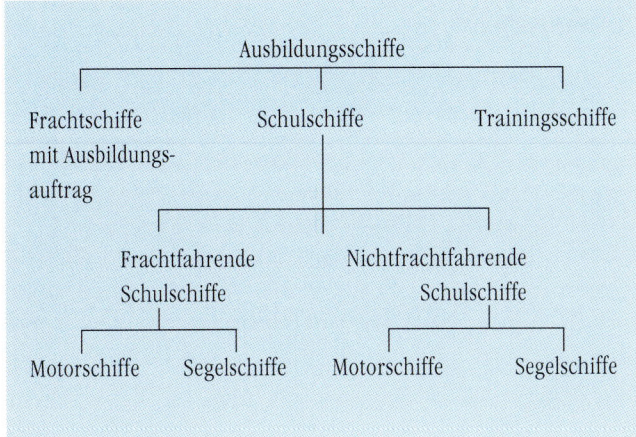

Der Terminus „Ausbildungsschiff" wird bei allen zur Ausbildung von Seeleuten im weitesten Sinne genutzten Seefahrzeugen als Oberbegriff verwendet. In der Handelsschiffahrt nimmt ein Schiff, auf dem sich eine Gruppe von vier bis zwölf Lehrlingen, Offiziersanwärtern oder Offizierspraktikanten befindet, den Charakter eines Ausbildungsschiffes an, ohne ein Trainings- oder ein Schulschiff zu sein. Deshalb sind solche Einheiten als „Frachtschiffe mit Ausbildungsauftrag" zu bezeichnen. Übrigens begann deren Einsatz im 18. Jahrhundert, als z. B. die Briten ihre „apprentices" (Steuermannsschüler) bereits in Gruppen bis zu zehn Mann auf die Ostindienfahrer und später auch auf die Kriegsschiffe gaben.

Besonders im militärischen Bereich gibt es traditionell immer noch Schiffe, auf denen zukünftige Offiziere, Unteroffiziere und Mannschaften einen speziellen Abschnitt ihrer Ausbildung absolvieren. Die in den Flottenlisten geführten Artillerie-, Torpedo-, Minen- oder Taucherschulschiffe sind so gesehen Trainingsschiffe für eine Spezialausbildung, an der nicht alle Auszubildenden teilnehmen.

„Schulschiffe" stellen eine den beiden o. g. Arten gleichgestellte Kategorie dar. Auf ihnen befinden sich Lehrlinge, Kadetten, Offiziersstudenten oder Kursanten (auch Trainees genannt), deren Anzahl größer ist als die der Stammbesatzung, dabei ist es zweitrangig, ob sie Fracht befördern oder nicht (6).

Im folgenden werden ausschließlich Segelschulschiffe, frachtfahrende wie nichtfrachtfahrende, behandelt. Die obige Einteilung stimmt weitgehend mit den drei von Villier (54) genannten Typengruppen überein, die er als „ladungsführende Kaphorner", als „kleinere Vollschiffe, die keine Ladung befördern", und als „Marineschulschiffe" bezeichnet.

Anliegen des vorliegenden Buches ist es also, die Schulschiffe der Gegenwart möglichst vollständig zu erfassen und einen repräsentativen Teil von ihnen eingehender zu betrachten.

Dabei müssen die einzelnen Typen gar nicht bis ins letzte Detail beschrieben werden, weil Segelschiffe heutzutage nicht mehr ausreichend im Bewußtsein der Menschen verankert sind. Es genügt nach unserem Ermessen, sich an den hervorstechendsten Unterscheidungsmerkmalen anhand der Vorgaben des Germanischen Lloyd (57) zu orientieren. Nach Ländern geordnet, werden daher „alle" Segelschulschiffe der Vergangenheit und der Gegenwart in Listen zusammengefaßt. Sind keine ausreichenden Angaben vorhanden, werden wenigstens die Namen genannt.

Der Autor dankt Fachleuten, Institutionen und Vereinigungen für die großzügige Unterstützung und hofft, daß dieses Buch der Diskussion über Segelschiffe im allgemeinen und Segelschulschiffe im besonderen neue Impulse verleiht.

Ein britischer Passagierdampfer befand sich im Oktober 1934 auf seiner Reise von Großbritannien nach Rio de Janeiro, als voraus, praktisch „mitten auf dem Atlantik", ein großes Segelschiff auftauchte. Der Kapitän wollte seinen Passagieren ein unvergeßliches Schauspiel bieten: Zum einen sollten sie einen der letzten Großsegler aus der Nähe bewundern können und zum anderen erleben, wie unterlegen so ein alter „Windjammer" der modernen Technik sei. Also ließ er den Maschinentelegraphen auf „Volle Fahrt voraus!" legen, holte alles aus der Maschine heraus und kam dem Segler immer näher. Der Segelschiffskapitän erkannte die Absicht und ließ alles Tuch setzen. Bis hinauf zu den Royals wurden die Segel dichtgeholt und besser angebraßt. Kein Dampfer sollte den stolzen Tiefwassersegler überholen, dachte sich Sven Erikson, Kapitän der zur letzten großen Segelschiffs-Reederei Erikson aus Mariehamn (Alands-Inseln) gehörenden Viermast-Bark HERZOGIN CECILIE. Als erfahrener Segelschiffsmann konnte und wollte er dem Dampfer nicht den Triumph überlassen. Außer-

dem wußte er, was er seinem Schiff, einem der schnellsten Segler aller Zeiten, zutrauen konnte.

Immer mehr kam der Dampfer auf, bis beide Schiffe fast auf gleicher Höhe Bord an Bord den Atlantik durchpflügten. Passagiere und Dampferbesatzung bewunderten den majestätischen Segler mit seinen geblähten Segeln, wie er elegant die Wellen teilte und förmlich dahinflog. Der Wind frischte weiter auf, 18 bis 20 Meter pro Sekunde, also fast volle Sturmstärke verlieh der schönen CECILIE eine immer größere Geschwindigkeit – 16, 17 und schließlich 18 Knoten. Die Leereling im Wasser und mit größer werdender Bugwelle spürte jeder Betrachter die zunehmende Geschwindigkeit des Seglers. 34 Segel mit der gewaltigen Fläche von 4181 Quadratmetern, sorgfältig und optimal dem aufkommenden Sturm angeboten, wurden an den Wind gepreßt und trieben die Viermast-Bark voran, den Dampfer allmählich hinter sich zurücklassend. Der englische Kapitän, seine Besatzung und die Passagiere konnten ihre hohe Anerkennung und Bewunderung nicht

Viermast-Bark HERZOGIN CECILIE, einer der schönsten und schnellsten Frachtsegler. (22)

verhehlen. Sportlich fair und ritterlich ließ der Dampferkapitän dreimal das Typhon ertönen und die britische Handelsflagge dippen. Sven Erikson dankte für die Ehre, indem er seinerseits die blau-weiße finnische Nationalflagge dippte.

Die Passagiere erlebten wohl den letzten Sieg eines Windjammer über die moderne Technik, anzeigend, daß die Segler zwar weitgehend aus der kommerziellen Schiffahrt verschwunden, aber zu großen Leistungen fähig waren. Das Ergebnis ließ noch einmal verspüren, wie zäh und teilweise erfolgreich die Frachtsegler während der vergangenen 60 Jahre den Dampfern widerstanden hatten, ein letztes Mal konnte HERZOGIN CECILIE diese große Zeit in Erinnerung rufen.

Die Dampferleute hatten die Bezeichnung „Windjammer", welche in der deutschen Sprache eine abwertende Bedeutung hat, stets mit Spott gebraucht. Aber der englische Ursprung des Wortes besagt etwas ganz anderes. Man sagte ja nicht das oder die Windjammer, sondern „der Windjammer", abgeleitet vom englischen „to jam", zu deutsch „pressen". Das bedeutet also – wie CECILIE bewiesen hatte –, mit vollem, dichtgeholtem Tuch und scharf angebraßten Rahen an den Wind gepreßt zu sein.

Was war die HERZOGIN CECILIE nun für ein Schiff? Die Viermast-Bark war 1902 im Auftrag des Norddeutschen Lloyd als frachtfahrendes Segelschulschiff auf der Werft von Rickmers in Bremen gebaut worden, nachdem die Reederei bereits 1900 die Viermast-Bark ALBERT RICKMERS für die Ausbildung des Offiziersnachwuches gekauft hatte. Nach dem erforderlichen Umbau der letzteren durch Verlängerung der Poop nach vorn und der Umbenennung in HERZOGIN SOPHIE CHARLOTTE, Tochter des Großherzogs von Oldenburg, fuhr der Segler ab 1901 als frachtfahrendes Segelschulschiff.

Mit den beiden „Herzoginnen" und dem ersten Segelschulschiff des Deutschen Schulschiff-Vereins GROSSHERZOGIN ELISABETH, Ehefrau des Großherzogs von Oldenburg, begann die 1848 in den deutschen Staaten unterbrochene Ausbildung von zukünftigen Handelsschiffsoffizieren auf Segelschiffen von neuem.

Der Neubau von 1902 für den Norddeutschen Lloyd erhielt den Namen HERZOGIN CECILIE, der Tochter des Großherzogs von Mecklenburg-Schwerin und späteren Gattin des deutschen Kronprinzen. Der Norddeutsche Lloyd verkaufte die Viermast-Bark 1921 an die 1913 gegründete Segelschiffsreederei des Gustav Erikson, nachdem sie von 1914 bis 1920 in Chile interniert war. CECILIE – eine typische Vertreterin der ums Überleben kämpfenden Frachtsegler, nämlich ein Drei-Insel-Schiff mit starker Barktakelung an vier Masten. Bis zu 70

HERZOGIN CECILIE
in den Klippen der englischen
Südküste am 24. 04. 1936
(32)

Schüler konnten neben der Stammbesatzung von 24 Mann an Bord genommen werden.

Zahlreiche Ladungsreisen machte das schnelle Schiff für den finnischen Reeder, vor allem in der australischen Getreidefahrt, beinahe in jedem Jahr holte es sich die Trophäe für die schnellste Überfahrt: 1927, 1928, 1931 und letztmals 1936 . Nach ihrer letzten Siegesfahrt, die vereinbarte Ziellinie bei Falmouth war überfahren und die Order nach Ipswich an der englischen Ostküste bereits erteilt, segelte CECILIE am 24. April 1936 bei Salcombe in die Felsen der Steilküste von Devonshire. Alle Bemühungen, sie wieder abzubringen, schlugen fehl. Das stolze Schiff mußte aufgegeben werden.

1934 fuhren zwei deutsche frachtfahrende Segelschulschiffe, die Viermast-Barken PRIWALL und PADUA (heutige KRUSENSTERN) der deutschen Segelschiffs-Reederei Laeisz aus Hamburg eine Australien-Regatta. Am 31. Oktober 1933 verholten beide Segler mit Schlepperhilfe bis Feuerschiff ELBE 3, ankerten dort, um am nächsten Morgen, am 1. November, gleichzeitig die Segel zu setzen und abzulaufen. Am 4. Januar 1934, nach einer Reise von etwas mehr als zwei Monaten, stand die PADUA noch 116 Seemeilen vor South Neptune Island, dem 17 Meilen vom Ziel entfernten Punkt im Spencer-Golf. Die PRIWALL hatte bis dahin nur noch 43 Seemeilen zurückzulegen – also noch insgesamt 60 von 15 000 Seemeilen. Schließlich lag die PRIWALL mit knapp 62 Tagen für die gesamte Strecke vorn, die PADUA benötigte 64 Tage. Nur der britische Klipper THERMOPYLAE war 1870/71 mit 60 Tagen schneller gewesen. Die starken Gebrauchssegler des 20. Jahrhunderts erreichten also nahezu die Geschwindigkeiten der „hochgezüchteten", meist übertakelten Klipper aus der Mitte des 19. Jahrhunderts. Noch ein letztes Mal kämpften 1938/39 auf dieser Strecke 13 große Tiefwassersegler um die schnellste Heimreise vom Spencer-Golf bis zur Südspitze Irlands. Sieger wurde die Viermast-Bark MOSHULU der finnischen Reederei Erikson mit einer Reisezeit von 91 Tagen. Den zweiten Platz belegte auch diesmal das Segelschulschiff PADUA mit 93 Tagen – erneut um zwei Tage geschlagen.

Die mehr als 5000jährige Geschichte der Segelschiffahrt ist unwiederbringlich vorüber, aber noch fahren große und kleinere Segler über die Weltmeere als Schulschiffe und zunehmend als Passagierschiffe, sie lassen sich nicht unterkriegen – und das ist gut so. Im Zeitraum von 1980 bis 1992 wurden in der Welt 20 große Segelschulschiffe gebaut, davon allein neun

in Polen. Als weitere Bauländer sind Japan, Großbritannien, Spanien und Rußland zu nennen. Das läßt hoffen!

Die äußeren Erscheinungsformen von Segelschiffen sind so vielfältig, daß es erforderlich ist, durch historische Betrachtungen und schiffbautechnische Erörterungen einen Überblick zu gewinnen. Ein Segelschiff ist nach der Definition einschlägiger Lexika (43), „ein Wasserfahrzeug, dessen Antrieb durch Segel erfolgt, mit denen die Kraft des Windes ausgenutzt wird.... Die Einteilung der Segelschiffe erfolgt nach der Takelung, dabei wird die Art der Segel, ihre Anordnung und die Anzahl der Masten besonders berücksichtigt."

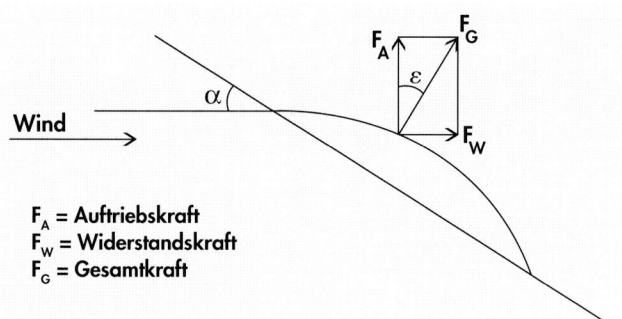

F_A = Auftriebskraft
F_W = Widerstandskraft
F_G = Gesamtkraft

Aufteilung der Windkraft am Segel.

Bei der Betrachtung eines vom Wind geblähten Segels erkennt selbst ein Laie die enge Beziehung zum Tragflügel eines Flugzeugs. Daraus wird deutlich, daß der Wind das Schiff nicht eigentlich vor sich her schiebt, sondern zieht. Wenn der Wind an beiden Seiten des Segels vorbeistreicht, bildet sich an der Vorderseite durch Verengung der Strömungslinien ein Unterdruck heraus, so daß es an den Wind gepreßt wird. Es gilt also wie beim Fliegen das Bernoulli'sche Gesetz, durch dessen Kenntnis es im Laufe der Zeit gelang, die Effektivität der Segel erheblich zu steigern. Trägt man die möglichen Windkurse über 360° in einem Kreis auf, so ergibt sich ein Winkel, der für Segelschiffe nicht nutzbar ist. Seine Größe ist somit ein Wert für die Qualität der Takelage, und er konnte durch Verbesserungen der Besegelung von 180° auf etwa 65° verringert werden. Dabei spielt die Art des Segels eine bedeutende Rolle, denn mit sogenannten Schratsegeln (Längssegeln) kann man höher an den Wind (3 Strich = 35°) gehen als mit Rahsegeln (6 Strich = 68°). Der nicht nutzbare Winkel kann somit durch eine „Schonertakelung" wesentlich verkleinert werden. Hier-

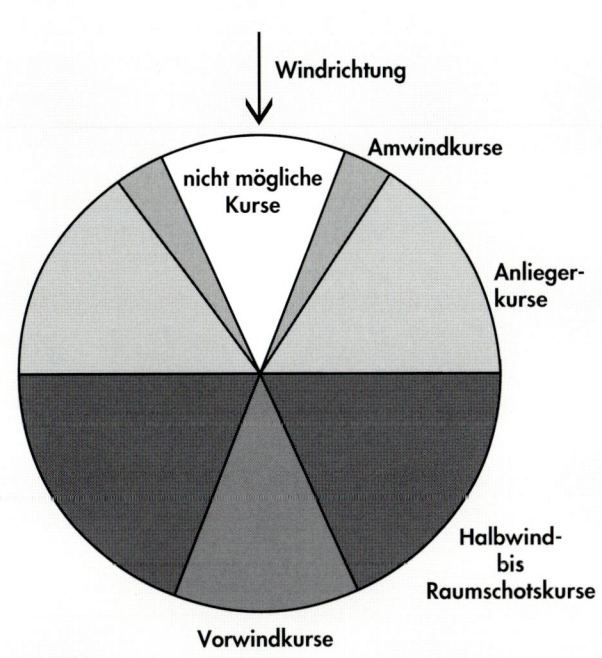

Mögliche Kurse eines nur durch den Wind getriebenen Schiffes

Im Diagramm: Windrichtung · Amwindkurse · Anliegerkurse · Halbwind- bis Raumschotskurse · Vorwindkurse · nicht mögliche Kurse

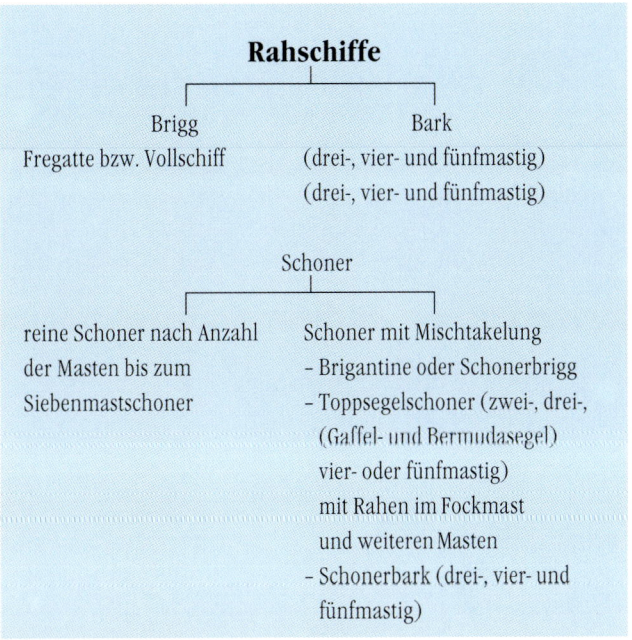

Rahschiffe

Brigg	Bark
Fregatte bzw. Vollschiff	(drei-, vier- und fünfmastig)
	(drei-, vier- und fünfmastig)

Schoner

reine Schoner nach Anzahl der Masten bis zum Siebenmastschoner	Schoner mit Mischtakelung
	- Brigantine oder Schonerbrigg
	- Toppsegelschoner (zwei-, drei-, (Gaffel- und Bermudasegel) vier- oder fünfmastig) mit Rahen im Fockmast und weiteren Masten
	- Schonerbark (drei-, vier- und fünfmastig)

aus ist der Vorteil einer Mischtakelung für größere Schiffe leicht zu erkennen.

Es gibt also zwei Arten von Segeln: Die eine Art ist quer zum Kiel an Rahen angebracht, man nennt sie Rahsegel. Die andere Art befindet sich an Gaffeln, Bäumen und Stagen in Schiffslängsrichtung, man nennt sie Schratsegel.

Das Rahsegel ist die „Urform" aller Segel, aus dem die anderen als abgeleitet zu betrachten sind. Die ältesten bildlichen Darstellungen zeigen Rahsegel, aus denen sich weitere Formen durch Verlagerung der Rahaufhängung herausbildeten, wie das Dschunken- und Luggersegel Ostasiens bzw. das arabische Dausegel. Aus letzterem entwickelten sich über das Lateiner- auch das Gaffelsegel und schließlich die übrigen Schratsegel. Außer dem reinen Schoner gibt es heute keinen Segler, der nicht über eine Mischtakelung aus Rah- und Schratsegeln verfügt. Wenn man also die Segelschiffe nach der Takelung einteilen will, dann ist ein passendes Schema unumgänglich. Hierbei werden nur solche Schiffe in Betracht gezogen, deren Raumvermessung über 50 BRT liegt.

Bestimmte Sonderformen, wie die sogenannte „Vinnentakelung" oder die Takelung einer Polka- bzw. Jackass-Bark , werden durch Bilder dargestellt.

Diese grobe Übersicht ermöglicht es, nahezu alle Segelschiffe einzuordnen und anzusprechen, wenn dazu noch einige Grundregeln beachtet werden.

Spricht man von einem Schoner, so meint man grundsätzlich ein zweimastiges Schiff – Zweimastschoner ist ein „weißer Schimmel". Bei mehr Masten gibt man deren Anzahl an und sagt Dreimast-Schoner, Viermast-Schoner und so fort. Schonergetakelte Fahrzeuge mit nur einem Mast können sehr unterschiedliche Bezeichnungen haben, die von der Bauart, dem Verwendungszweck oder dem Herkunftsland herrühren, wie Kutter, Schnigge, Tjalk, Schokker, Jaght und andere.

Der Schoner führt Segel, die – am Mast befestigt – oben und unten durch Gaffel und Baum begrenzt werden. Man nennt ihn deshalb Gaffelschoner; meistens befindet sich darüber noch ein Gaffeltoppsegel. Die Hauptsegel können auch ohne Gaffel am Mast hochgeführt werden, wodurch sie eine dreieckige Form erhalten. Man spricht dann von Hoch- oder Spitzsegeln, für die sich die Bezeichnung Bermudasegel eingebürgert hat. Solche Schiffe bezeichnet man auch als hochgetakelte Schoner. Natürlich verfügen alle Schoner über Vorsegel, deren Anzahl je nach der Größe des Fahrzeuges unter-

Schoner FREEDOM
Foto: Autor

Dreimast-Gaffelschoner
VIDAR aus Büsum.
Foto: Autor

von einer Besatzung von 16 bis 19 Mann nicht mehr zu beherrschen. Die Bäume hatten gewaltige Ausmaße, sie waren mehr als 15 m lang, hinter ihnen steckte eine ungeheure Gewalt, wenn sie vom Wind bewegt wurden.

Bei den Seeleuten der Segelschiffszeit kursierte folgende Kurzgeschichte. Ein Dampfer trifft einen großen Schoner, den der Kapitän scheinbar nicht mehr in seiner Gewalt hat. Die langen Bäume werden vom Wind und den Segeln hin und her geschleudert, daß die Schoten und Blöcke weithin krachen. Der Dampferkapitän will Hilfe anbieten und ruft durch das Sprachrohr: „Who is in command of that vessel?" Eine etwas geknickt klingende Stimme antwortet: „Before that blessed boom got loose, I was." (Frage: „Wer kommandiert dieses Schiff?" Antwort: „Ehe sich dieser verdammte Baum selbständig machte, war ich es.")

Diese Episode zeigt nur zu deutlich, welche Probleme mit einem Schoner dieser Größe verbunden waren. Die THOMAS W.LAWSON, so hieß der Siebenmaster, fuhr während der ersten Jahren seiner Existenz (1902 - 1907) im Schlepp zwischen den Häfen der USA Ostküste und dem Golf von Mexiko hin und her, ehe man ihn über den Atlantik schickte. Im November 1907 ging die Reise nach England, das er jedoch nicht erreichte. In einem

schiedlich sein kann. Schoner mit mehr als zwei Masten können bis zum Siebenmaster auftreten.

Es gab aber nur einen Siebenmast-Schoner. Das war offensichtlich eine Obergrenze, denn ein Schoner dieser Größe (112 m lang; 15,24 m breit) mit einer Segelfläche von 3770 Quadratmetern bei 25 meist sehr großen Gaffel- und Schratsegeln war schweren Wintersturm mit sehr hohen Wellen, wie er in diesem Seegebiet nicht selten ist, war der riesige Schoner nicht mehr zu halten. Obwohl der Kapitän versuchte, an einer geschützten Stelle zwischen der St.Mary-Insel und dem Leuchtturm Bishop's Rock (Scilly-Inseln) vor Anker zu gehen, wurde das Segelschiff zerschlagen und sank. Nur der Kapitän und der Maschinist kamen mit dem Leben davon.

Schoner sind in der Lage, hoch an den Wind zu gehen, also den nicht nutzbaren Winkel sehr klein zu halten, weshalb sie für kompliziertere Küstengewässer mit wechselnden Winden und engen Hafeneinfahrten gut geeignet sind. So entwickelte sich dieser Schiffstyp besonders an der nordamerikanischen Ostküste und hielt sich noch lange in der Ostsee. Aber für längere Fahrten auf den Ozeanen bei tagelang gleichbleibenden Winden fügte man den Längssegeln – sozusagen zur Kompensation – zunehmend Rahsegel hinzu, um besser auf die Windbedingungen eingehen zu können.

Unter den zweimastigen Schonern mit einer Mischtakelage ist an erster Stelle die Schonerbrigg zu nennen, die sozusagen eine Zwischenform von Schoner und Brigg darstellt, deshalb wurde sie früher auch Hermaphrodit-Brigg (Hermaphrodit = Zwitter) genannt. Andere Bezeichnungen sind Brigantine oder Halbbrigg. Eine bekannte Vertreterin ist das Greifswalder Segelschulschiff GREIF (ex WILHELM PIECK), dessen Fockmast rahgetakelt ist.

Schonerbrigg WILHELM PIECK 1957, die heutige GREIF. Archiv Autor

Am Großmast befinden sich das Gaffel- und das Gaffeltoppsegel. Dazu kommen Vor- und Schratsegel zwischen den Masten. Dieser Schiffstyp erfreute sich in der zweiten Hälfte des 19. Jahrhunderts in der Nord- und Ostsee sehr großer Beliebtheit. Allein 400 Brigantinen sind damals auf deutschen Werften gebaut worden.

13

Toppsegelschoner   **Foto: Autor**

Schonerbark bezeichnet. Sind mehr als drei Masten vorhanden, dann spricht man von der Viermast- oder der Fünfmast-Schonerbark. Bekannte Vertreter sind die in den achtziger Jahren in Danzig gebauten polnischen und bulgarischen Segelschulschiffe POGORIA (1980), ISKRA II (1982) und KALIAKRA (1984).

Befinden sich am Fockmast neben dem Gaffelsegel zwei bis drei Rahsegel, werden in Analogie die Bezeichnungen Drei-, Vier- oder Fünfmast-Toppsegelschoner verwendet. Auch hier gibt es Zwischenformen, die zu Beginn des 20. Jahrhunderts in dem Bestreben entstanden, durch Rationalisierung der Takelage Besatzungsmitglieder einzusparen, um in Konkurrenz mit den Dampfern besser bestehen zu können. Da sich die Rahsegler in der großen Fahrt, z. B. über den Atlantik, gut

Ist der Fockmast nicht voll getakelt und befinden sich über einem normalen Gaffelsegel nur ein oder mehrere Rahsegel, so spricht man von einem Toppsegelschoner, dessen zahlreiche Varianten nur schwer erfaßbar für Fachleute Anlaß zu hitzigen Debatten bieten. Diese, durch Details geprägten Unterschiede können gemeinhin vernachlässigt werden. Mischgetakelte Segler weisen z. T. ebenfalls drei, vier oder fünf Masten auf, wodurch die Vielfalt der Typen noch erheblich erhöht wird.

Ist der erste Mast, also der Fockmast, voll mit Rahsegeln versehen, wird das dreimastige Schiff als Barkentine oder

Fünfmast-Toppsegelschoner – wurde später als Vinnen-Takelung bekannt. Archiv Autor

Schonerbark ATLANTIS mit gerefften Rahsegeln. Foto: Autor

Jackass-Bark – das deutsche
Segelschulschiff NIOBE
unter vollen Segeln.
Archiv Havemann

bewährten, konnte man auf Rahsegel keinesfalls verzichten. Man kombinierte sie besonders bei größeren Schiffen auf vielfältige Weise mit der Schonertakelage, um optimale Formen zu erreichen.

So ließ die Vinnen-Reederei noch 1922/23 fünf Frachtsegler von je 80 Metern Länge für den Überseedienst bauen, deren fünf Masten wie folgt getakelt waren: Alle Masten hatten wie ein Schoner Gaffelsegel, aber am 1. und 3. Mast (Fock- und Mittelmast) waren je drei Rahsegel angeschlagen. Der Fockmast konnte noch eine Breitfock führen. Diese seltene Art wird auch als Vinnentakelung bezeichnet.

Wenn bei dreimastigen Schiffen, um ein weiteres Beispiel für mögliche Varianten zu nennen, bei vollgetakeltem Fockmast der Großmast neben dem Gaffelsegel noch drei Rahsegel trägt, wird das Fahrzeug auch „Jackass-Bark" genannt. Die wohl bekannteste Vertreterin war das Segelschulschiff der deutschen Reichsmarine NIOBE, welche 1932 im Fehmarnbelt sank. Barkähnliche Mischtakelungen führten auch zur Bezeichnung „Polkabark".

Zusammenfassend sei gesagt, daß die Entstehung der Schoner und ihrer Varianten auf zwei Ursachen zurückzuführen ist: – Da der „reine" Schoner typisch für wechselnde Winde ist, war er für die Überseefahrt und das Segeln auf langen Schlägen mit achterlichem bzw. Backstagswind nur bedingt brauchbar. – Im Kampf ums Überleben mit den Dampfern mußten die Segelschiffe sehr rationell getakelt werden, um mit möglichst geringer Besatzungsstärke fahren zu können.

Schoner jeglicher Takelung waren besonders im 19. Jahrhundert beliebte und nützliche Segler im weltweiten Schiffsverkehr. Viele Schiffahrtsländer machten sich dabei die amerikanischen Erfahrungen mit Schnellseglern zunutze. Noch nach dem Zweiten Weltkrieg waren Schoner in Fahrt. Zu den

Kapitänsbild der Brigg
ADOLF FRIEDRICH
aus Stralsund.
Kulturhistorisches Museum
Stralsund

letzten Vertretern gehörten der auf der Werft in Seedorf 1924 gebaute Dreimast-Schoner FÜRST FRANZ VON PUTBUS und die dänische Galeasse JUDITH, welche bis zum Ende der fünfziger Jahre kommerziell eingesetzt wurden. Auch gegenwärtig tauchen noch Schoner verschiedener Größe und unterschiedlicher Takelung auf.

Rahschiffe führen entweder an allen Masten Rahsegel oder am letzten Mast ausschließlich ein Gaffelsegel mit Gaffeltoppsegel, während die übrigen Masten Rahsegel besitzen.

Ein zweimastiges Rahschiff mit voller Takelage wird Brigg genannt. Dieser Typ war im 19. Jahrhundert sehr stark verbreitet. Gegen Ende der Segelschiffszeit entwickelten sich aus ihnen bei gleicher Länge die viel rationelleren und kostengünstigeren Brigantinen. Bei verlängerten Schiffsrümpfen entstanden durch Hinzufügen eines dritten Mastes mit Gaffelsegel die Barken. Die Brigg war Mitte des 19. Jahrhunderts der in Deutschland am häufigsten gebaute Schiffstyp, die deutsche Seglerflotte bestand 1847 aus 826 Briggen, 446 Barken und 150 Fregattschiffen (Vollschiffen). Hinzu kamen die zahlreichen Schoner. Allein die Flotte Rostocks im Jahre 1850, die über 300 Segler aller Typen verfügte, hatte 189 Briggen im Bestand. 1909 wurde die letzte deutsche Brigg, die 1877 auf der Werft von Wilhelm Zeltz in Rostock gebaute ATLAS, nach Dänemark verkauft. Erst 1993 ging wieder eine Brigg unter deutscher Flagge in die Fahrt, die aus Wolgast kommende ROALD AMUNDSEN. Beliebt war dieser Typ wegen seiner Schnelligkeit und Wendigkeit auch als Kriegsschiff für die Aufklärung und den Geleitschutz.

Die preußisch-deutsche Kriegsmarine hatte drei Briggen als Schiffsjungen-Schulschiffe im Dienst, und zwar
– die Brigg ROVER, Segelschulschiff von 1862 bis 1890,
– die Brigg MUSQUITO, Segelschulschiff von 1863 bis 1886, und
– die Brigg UNDINE, Segelschulschiff von 1871 bis 1884.

UNDINE sank am 28. Oktober 1884 an der Westküste Dänemarks (nahe der Einmündung des Limfjordes, unweit der Ortschaft Agger) im schweren Nordwest-Sturm, die Besatzung konnte in einer aufopferungsvollen Aktion der Küstenbewohner vollständig abgeborgen werden.

Für Rahschiffe mit drei bis fünf Masten gelten analoge Festlegungen wie für die Schoner: dreimastige Schiffe werden als Fregatte (Vollschiff) bzw. Bark bezeichnet, um auch hier nicht vom „weißen Schimmel" sprechen zu müssen. Bei Vier- und Fünfmastern wird die Zahl der Masten angegeben (z. B. Viermast-Bark). Die seit der späten Hansezeit typische Takelung

Bark SIMON BOLIVAR aus Venezuela auf der Reede von Boston am 16. 7. 1992 während der Kolumbus-Sail.

Foto unten links: Auch der Dreimast-Toppsegelschoner SAHAB OMAN aus dem Sultanat Oman nahm an der Kolumbus-Regatta 1992 teil.

Foto unten rechts: Die Gallionsfigur des Segelschulschiffes CAPITAN MIRANDA der Kriegsmarine Uruguays.

Die 1992 gebaute
polnische Brigg
FRYDERYK CHOPIN
auf ihrer ersten Reise
in die Karibik.

1992 ließ Kanada in
Polen ein Schwester-
schiff der POGORIA
bauen und nannte
die Barkentine
CONCORDIA.

Der Wachoffizier stellt mit dem Sextanten den Schiffsort fest.

Foto oben rechts:
Das Vollschiff PALLADA entstand 1991 als letztes Schiff einer Serie von fünf modernen Segelschulschiffen auf der Danziger Werft in Polen für Rußland und ist in Wladiwostock stationiert – hier auf der Reede von Cadiz im April 1992.

Der berühmte Laeisz-Segler PEKING liegt seit 1975 als Museumsschiff in New York.

Die mexikanische Bark CUAUHTEMOC ist der letzte Segler, der nach den Konstruktions-unterlagen der GORCH FOCK 1981 auf einer spanischen Werft in Bilbao gebaut wurde.

Das Zeichen des mexi-kanischen Segelschul-schiffes der Kriegsmarine CUAUHTEMOC.

Die deutsche Bark ALEXANER VON HUMBOLDT vertrat die deutschen Farben bei der Kolumbus-Sail 1992 und ankert in Santa Cruz de Teneriffe.

Die Barkentine
KALIAKRA der
bulgarischen
Handelsflotte segelte
im April 1992 vor
Genua.

Die Bark EAGLE
der US-Coast Guard
im Juli 1992 vor der
imposanten Silhouette
Manhattans.

Der Trompetenbläser der Bordkapelle der deutschen Bark GORCH FOCK II.

Essen hält Leib und Seele zusammen – da müssen viele Seeleute beim Kartoffel- schälen helfen.

Sauber aufgeschossenes Tauwerk zeugt von guter Disziplin an Bord eines Segelschiffes.

Festmacher auf einem Großsegler.

Auch das norwegische Vollschiff CHRISTIAN RADICH nahm 1992 an der großen Regatta nach Amerika teil.

Foto unten links: Vertreterin Schwedens in den USA war 1992 der Toppsegel-Schoner GLADAN – Schwesterschiff der FALKEN.

Foto unten rechts: Die Brigantine KAYSAY, gebaut 1990 in Elbing (Polen), ist das jüngste japanische Segelschulschiff.

Der israelische Toppsegel-Schoner L'AMIE wird der Jugend als Freizeitsegler zur Verfügung gestellt, auch er segelte 1992 in die USA.

Das polnische Vollschiff DAR MLODZIEZY ist Typschiff einer Serie von fünf Seglern – eine Aufnahme vom Juni 1985 in der Pommerschen Bucht vor Swinemünde.

24

Kapitänsbild des Vollschiffes
ENNERDALE
aus Rostock 1893.
Schiffahrtsmuseum Rostock

dreimastiger Schiffe war die einer Bark, denn seit dem 15. Jahrhundert war das in den europäischen Gewässern vorherrschende Segelschiff mit Rah-Segeln an Fock- und Großmast sowie einem Lateinersegel am Besan, dem Vorgänger des Gaffelsegels, versehen.

Als erster Vertreter für eine bis dahin im Norden unbekannte Beplankung des Schiffskörpers, die Kraweel-Beplankung, gilt die PIERRE DE LA ROCHELLE. Mit einer Ladung Baiensalz kam sie 1462 von der französischen Atlantikküste nach Danzig, wo sie durch einen Blitzschlag stark beschädigt wurde. Da der Eigner eine Reparatur nicht bezahlen wollte oder konnte, übernahmen Danziger Kaufleute den GROOTEN KRAWEEL, wie sie ihn anfangs wegen seiner Größe und der neuen Beplankung nannten, setzten ihn instand und schickten ihn als Kriegsschiff ab dem 19. August 1471 unter dem Namen PETER VON DANZIG in See.

Seit Mitte des 17. Jahrhunderts erfolgten am dritten Mast zunehmend Veränderungen, indem über dem Lateinerbesan – nach Aufsetzen der Mars- und der Bramstengen – auch Rahsegel angebracht wurden, von denen das erste „Kreuzsegel" hieß. Diese Entwicklung setzte sich fort, so daß das übliche Besansegel, aus welchem Ende des 18. Jahrhunderts

das heutige Gaffelsegel entstand, zwar erhalten blieb, aber am letzten Mast dennoch weitere Rahsegel angeschlagen wurden. Als zwei und mehr Rahsegel am letzten Mast vorhanden waren, änderte man dessen Bezeichnung, fortan hieß er - nun voll getakelt – „Kreuzmast". Für Schiffe dieser so entstandenen Takelung übernahmen die Seeleute die Bezeichnung „Fregatte", die in verschiedenen Ländern noch heute benutzt wird. In England sprach man vom „fullrigger", in Deutschland bürgerte sich seit Beginn des 19. Jahrhunderts die Bezeichnung „Vollschiff" ein.

Übrigens stammen diese Bezeichnungen ursprünglich aus dem Schiffskörperbau. Eine „fregata" war ein wendiges, schnelles Fahrzeug des Mittelmeeres, das für Kundschafterdienste und die Nachrichtenübermittlung eingesetzt wurde. Sie war scharf und schlank gebaut, die Takelung spielte dabei keine Rolle. Bereits im 17. Jahrhundert übertrug man die Bezeichnung „Fregatte" auf dreimastige Kriegsschiffe mit sechs bis zwölf Kanonen, die, über gute Segeleigenschaften verfügend, Kreuzeraufgaben zu erfüllen hatten. Später wurde der Begriff auch für Kauffahrteischiffe verwendet.

Die Bark war etwa seit dem letzten Drittel des 18. Jahrhunderts ein wesentlich plumper gebauter Frachtsegler. Als erste

Kapitänsbild der Bark
DORIS GERDIS aus Rostock.
Schiffahrtsmuseum Rostock

Bark im heutigen Sinne wird in der Literatur oft das Schiff von James Cook, die ENDEAVOUR, als Beispiel genannt. Das 1765 gebaute Schiff verkehrte als Kohlentransporter zwischen Großbritannien und Skandinavien. Nach der Übernahme durch die britische Admiralität mußte es für den neuen Einsatzzweck umgebaut werden, so entstand die Bezeichnung einer „quare stern bark.....full built". In der Folgezeit benutzte man die Bezeichnungen „Fregatte" und „Bark" nur noch im Hinblick auf die Takelung.

Die Fregatte (Fullrigger, Vollschiff) führt an allen Masten Rahsegel, am achteren Mast, dem Kreuzmast, befindet sich aus segeltechnischen Gründen außerdem ein Gaffelsegel. Ältere Fregatten trugen an allen Masten neben den Rahsegeln auch Gaffelsegel, an deren Stelle später die Stagsegel traten.

Die Bark ist ähnlich getakelt, nur führt sie am letzten Mast ausschließlich ein Gaffelsegel mit einem Gaffeltoppsegel. Somit ist die Takelage des letzten Mastes das wichtigste Unterscheidungsmerkmal zwischen Bark und Fregatte.

Bei Rahschiffen hat es maximal fünf Masten gegeben, aber auch diese Ausführung stieß damit offensichtlich an Konstruktionsgrenzen, denn es gab insgesamt nur sieben Fünfmast-Rahschiffe: sechs Fünfmast-Barken (FRANCE I, FRANCE II, MARIA RICKMERS, POTOSI, R.C. RICKMERS, KJØBENHAVN) und ein Fünfmast-Vollschiff (PREUSSEN). Alle sieben Fünfmaster gingen auf See durch Unfälle verloren. Die Viermast-Rahschiffe bildeten während der letzten Jahrzehnte ihrer Blütezeit die bedeutendste Gruppe der stolzen Tiefwassersegler. In der Zeit von 1801 (Bau des ersten modernen Viermasters, der L'INVENTION) bis 1931 (Bau des letzten Viermast-Rahschiffes, des Luxusseglers HUSSAR, heute Passagiersegler SEA CLOUD) verließen in der Welt 439 Schiffe dieses Typs die Werften, von denen ursprünglich 132 als Vollschiffe getakelt waren. Auch von diesen wurden später 75 in Viermast-Barken umgewandelt.

Diese Fahrzeuge – einschließlich der sieben Fünfmaster – stellten wohl den Höhepunkt des Rahschiffbaues dar. Die Schiffskörper besaßen einen hohen Länge-Breiten-Faktor, der sich bei den Fünfmastern dem Wert 8 näherte (Länge/Breite = F). Länge läuft und schafft Stabilität, so hatte es der technische Direktor der Tecklenborg-Werft in Bremerhaven-Geestemünde, Dr. Claußen, treffend formuliert.

Die Masten rahgetakelter Schiffe trugen im allgemeinen das Untersegel, zwei Marssegel, zwei Bramsegel und ein Royalsegel, mitunter darüber noch ein Skysegel. Ein derart getakel-

1 Außenklüver
2 Klüver
3 Binnenklüver
4 Vor-Stengestagsegel
5 Focksegel
6 Vor-Untermarssegel
7 Vor-Obermarssegel
8 Vor-Bramsegel
9 Vor-Royal
10 Groß-Stengestagsegel
11 Groß-Bramstagsegel
12 Groß-Royalstagsegel
13 Großsegel
14 Groß-Untermarssegel
15 Groß-Obermarssegel
16 Groß-Bramsegel
17 Groß-Royal
18 Kreuz-Stengestagsegel
19 Kreuz-Bramstagsegel
20 Kreuz-Royalstagsegel
21 Kreuz-Untermarssegel
22 Kreuz-Obermarssegel
23 Kreuz-Bramsegel
24 Kreuz-Royal
25 Besansegel

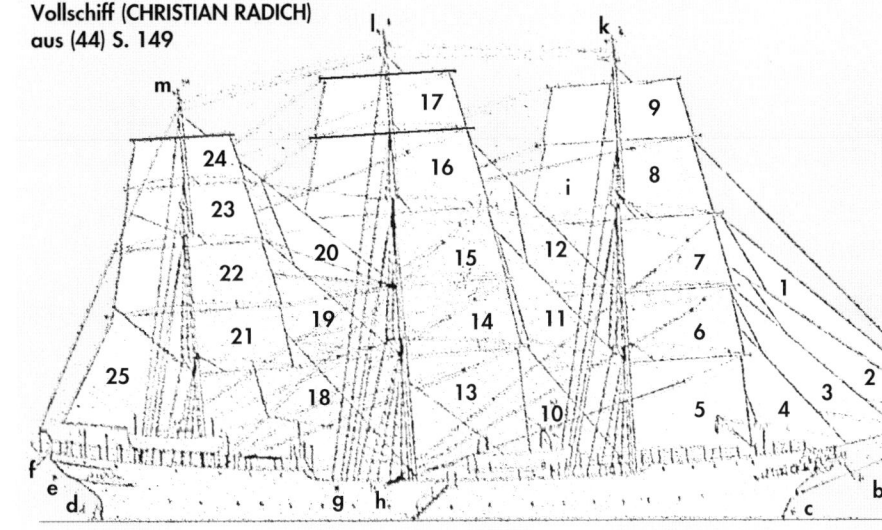

Vollschiff (CHRISTIAN RADICH)
aus (44) S. 149

a	Bugsprit	e	Heck	i	Stag
b	Galionsfigur	f	Heckreling	k	Fockmast
c	Bug	g	Pardunen	l	Großmast
d	Ruder	h	Wanten	m	Kreuzmast

ter Segler, z. B. das 1889 gebaute Viermast-Vollschiff PETER RICKMERS, wurde oft wegen seiner Schönheit gepriesen. Aber immer häufiger vermied man diese Übertakelungen, und so setzte sich 1887 eine Takelage durch, bei der einige der oberen Segel weggelassen und die übrigen verbreitert wurden. So blieb die Gesamtsegelfläche zwar erhalten, aber die Schiffe erschienen nicht mehr so schlank und elegant, sie wirkten gedrungener. Die Fahrzeuge wurden stabiler, sie konnten auch bei schwerem Wetter die Segel länger stehen lassen, und

die Gefahren für die Seeleute wurden vermindert. Diese in Großbritannien entstandene Takelage hieß „baldheaded rigg" (Glatzkopf-Takelung).

Auch die Bezeichnung „Jubilee-Rigg" bürgerte sich ein, weil Königin Victoria gerade im Jahre 1887 ihr 50. Regierungsjubiläum feierte.

Seeleute aus den USA hingegen, gewöhnt an die hohen, schlanken Takelungen der Klipper, nannten die neue Takelung respektlos „poor man's rig" (Arme-Leute-Takelung).

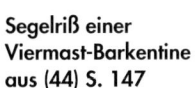

Segelriß einer
Viermast-Barkentine
aus (44) S. 147

1 Flieger
2 Außenklüver
3 Binnenklüver
4 Vor-Stengestagsegel
5 Focksegel
6 Vor-Untermarssegel
7 Vor-Obermarssegel
8 Vor-Unterbramsegel

9 Vor-Oberbramsegel
10 Groß-Stagsegel
11 Groß-Stengestagsegel
12 Groß-Bramstagsegel
13 Großsegel
14 Groß-Gaffeltoppsegel
15 Kreuz-Stengestagsegel
16 Kreuzsegel
17 Kreuz-Gaffeltoppsegel
18 Besan-Stengestagsegel
19 Besansegel
20 Besan-Gaffeltoppsegel

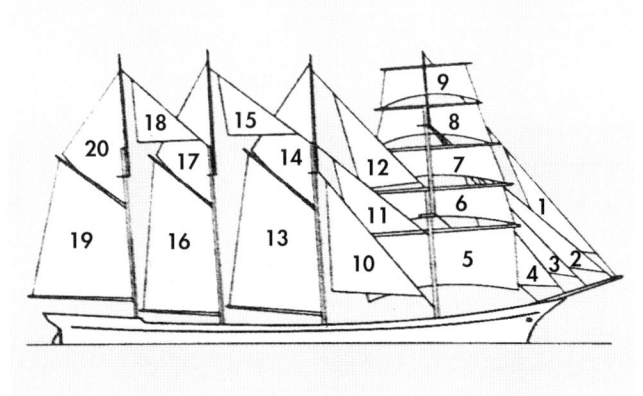

Wann wurde wohl das erste Segelschulschiff der Welt eingesetzt? Zur Beantwortung dieser Frage sind einige historische Betrachtungen über die Ausbildung von Seeleuten unumgänglich.

Die älteste „Seefahrtschule" Europas ist die von Sagres in Portugal, welche 1418 durch Heinrich den Seefahrer gegründet wurde. Die von ihm angeregten Reisen portugiesischer Schiffe nach Afrika und zu den Inselgruppen im Atlantik erscheinen unter dem Gesichtspunkt abenteuerlicher Erkundungen als Ausbildungsfahrten, auf denen die teilnehmenden Seefahrer das „talent de bien faire", die Befähigung zu großen Taten, erhalten sollten. Aber für diese Fahrzeuge trifft die Bezeichnung „Schulschiff" noch keineswegs zu. Im Sinne unserer Definition waren es eher „Schiffe mit einem Ausbildungsauftrag".

90 Jahre später als in Sagres entstand eine ähnliche Einrichtung in Sevilla. Es folgten dann die sogenannten „Kosmographenschulen" in England und Frankreich. Aber es dauerte noch bis zur zweiten Hälfte des 18. Jahrhunderts, ehe Segelschiffe speziell für die Ausbildung eingesetzt wurden.

Eine neue Phase der Entwicklung ergab sich aus dem erfolgreichen Befreiungskampf der sieben niederländischen Provinzen, die sich 1579 zur „Utrechter Union" zusammenschlossen und mit in der Hansezeit erprobten Verwaltungsmethoden regiert wurden. Die großen Entdekkungsreisen und die neue Art, Handel zu treiben, führten auch in der Schiffahrt zu Entwicklungen mit Auswirkungen auf alle Bereiche:
- Der Welthandel bildete sich durch die Unterwerfung vieler Länder heraus, es entstanden nahezu feste Schiffahrtslinien (Ostindien- und Westindien-

Kompanien), die Dichte des Seeverkehrs nahm zu.
- Die Nationalstaaten organisierten geregelte Verkehrsabläufe und setzten neue Schiffstypen ein.
- Der Schiffbau wurde immer „wissenschaftlicher" betrieben, Schiffstypen wurden zielgerichtet entwickelt und gebaut (Fleute, Pinaßschiff, Ostindienfahrer).
- Die endgültige Trennung von Handels- und Kriegsschiff erfolgte, Kriegsflotten wurden zu wichtigen Machtinstrumenten der Nationalstaaten, um einerseits Stärke zu demonstrieren und andererseits den Seehandel zu schützen.
- Neue Schiffstypen und der weltweite Seeverkehr verlangten eine höhere Bildung der Schiffer und der Steuerleute. Dazu mußte die Ausbildung sowohl in den Kriegs- als auch in den Handelsflotten staatlich institutionalisiert werden. Die Kosmographenschulen des ausgehenden Mittelalters dienten dabei als Anregung und Vorbild.

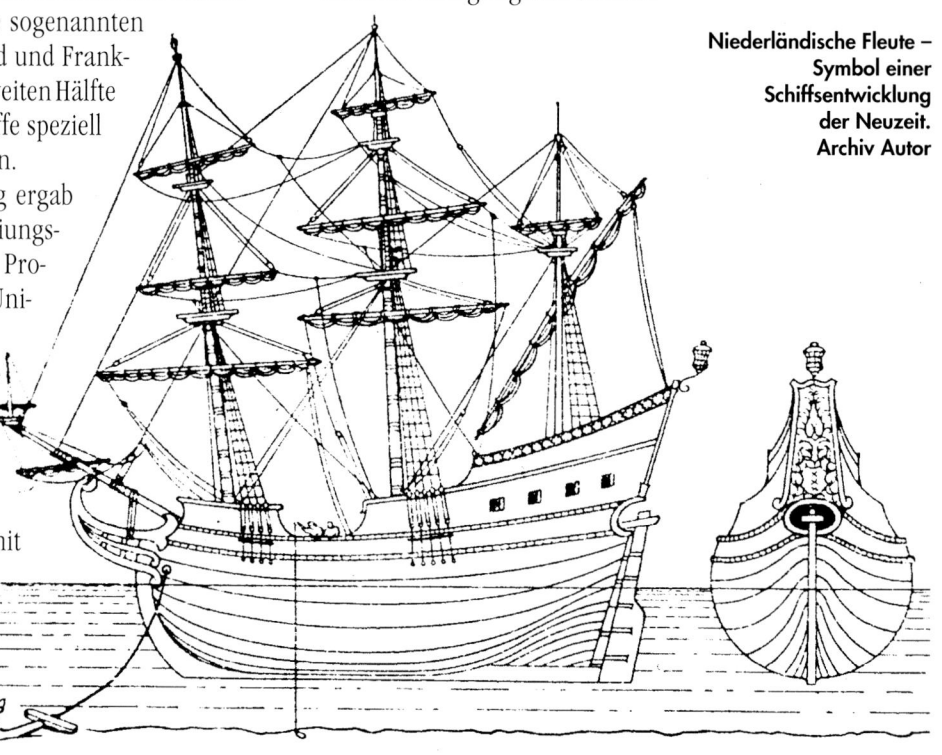

Niederländische Fleute – Symbol einer Schiffsentwicklung der Neuzeit. Archiv Autor

Beispielgebend wirkte in diesem Zusammenhang die niederländische Ostindien-Kompanie, welche ihre Steuerleute und Schiffer auf den zukünftigen Beruf vorbereitete. Dafür gab es mehrere Gründe:

- Die langen Reisen über weite Gebiete des Atlantiks und des Indiks erforderten ein hohes nautisches Wissen und Können.
- Die Intensivierung des Handels brachte es mit sich, daß zumindest die Schiffer etwas über die ökonomischen und kommerziellen Zusammenhänge wissen mußten. Daraus resultierte ein neues Verhältnis der Schiffer und Steuerleute zur Reederei.
- Trotz der sich vollziehenden Trennung in Handels- und Kriegsschiffe war bei den Ostindienfahrern wegen der häufigen Angriffe von Kaperschiffen sozusagen ein „Rückfall" zu hansischen Zuständen erforderlich: Die Schiffe stellten erneut eine Kombinationen aus beiden o.g. Typen dar, ein Umstand, der zu militärischen Anforderungen an die Ausbildung der Besatzungen führte.

Wer einmal Steuermann oder gar Schiffer bei der Ostindien-Kompanie werden wollte – und das war ein erstrebenswertes, einträgliches Ziel – mußte eine jahrelange Ausbildung an Bord der Schiffe unter besonderer Beaufsichtigung durch Schiffer und Steuerleute absolvieren. Die nicht erbberechtigten Söhne vermögender Eltern gingen deshalb gern zur See, um auf diesem Wege zu Geld und Ansehen zu gelangen. Aber ein Problem machte sich sowohl in den Niederlanden als auch später in England und den anderen Seefahrtsnationen bemerkbar:

Obwohl die Bewerber fast ausschließlich aus den besitzenden und damit aus „gleichen" gesellschaftlichen Kreisen kamen, garantierte das Schulwesen des 17. und 18. Jahrhunderts keineswegs ein einheitliches Bildungsniveau. Sogenannte Vorbereitungseinrichtungen waren nötig. Das System war einfach: Wollte ein etwa 15jähriger Junge aus den besitzenden Kreisen Seemann und dann Offizier werden, vertrauten ihn die Eltern einem ihnen bekannten Kapitän an, damit dieser ihn als Kadetten mit auf sein Schiff nahm. Wenn Nelson es bereits mit 12 Jahren schaffte, auf der Kriegsfregatte seines Onkels Suckling gemustert zu werden, so verdankte er es letztlich dem Einfluß dieses hohen Offiziers der Königlichen Marine.

Nach wenigstens drei Jahren einer harten Dienstzeit als Kadett, Adelsbursche oder Junker, in England/Großbritannien „midshipman" und in Frankreich „garde de la marine" genannt, mußte der Kandidat vor einer Kommission nachweisen, daß er zum Offizier taugte. Die Jungen unterstanden dem Kapitän und dem Ersten Offizier, ihre Ausbildung leitete ein damit beauftragter Leutnant.

„Auch hatten sie wie die Offiziere, ein Tagebuch, haben täglich einige Lehrstunden in der Steuermannskunst, stehen vor der Kajüte Schildwache, und vereinigen meistens den Dienst der Offiziere, Unteroffiziere, Matrosen und Soldaten, um in jedem Fach Kenntnisse zu sammeln, daher ist ihr Dienst nicht wenig beschwerlich" (12).

Der Autor klärt hierbei einen weitverbreiteten Irrtum auf, um nicht die Meinung aufkommen zu lassen, ein Kadett müßte nun auch wirklich „jede" Arbeit an Bord erlernen. Natürlich brauchte er weder das Vieh zu füttern noch die Abtritte (Klosetts) zu reinigen und Offiziere zu bedienen. Zu diesen „Geschäften werden die Kadetten niemals herabgewürdigt." Der Entwicklungsweg Nelsons vom Kadetten bis zum Leutnant ist ein treffendes Beispiel für eine solche Ausbildung, die sich fast ausschließlich in der Praxis vollzog:

- 29. 09. 1758 in Burnham Thorpe (Norfolk) geboren.
- 01. 01. 1771 als Kadett auf dem Schiff seines Onkels gemustert, nach wenigen Monaten Grundschule und knapp einem Jahr Privatunterricht.
- 1771/1772: Nach einigen Monaten Dienst auf diesem Kriegsschiff folgte eine Reise auf einem Handelsschiff nach Ostindien.
- 1773: Teilnahme an einer Polarexpedition, danach weitere Reisen auf britischen Kriegsschiffen.
- Am 09. 04. 1777 Leutnantsprüfung vor einer Kommission und einen Tag später Einsatz als Leutnant auf einer Fregatte.

Der französische Militärhistoriker Edmond Jurien de la Gravière faßte die Meinung der Zeitgenossen über den Bildungsstand der Marineoffiziere wie folgt zusammen: „Bei einem solchen System erhielt man vielleicht keine besonderen Federhelden, aber man bekam, was mehr wert war, tüchtige Seeleute und formte die jungen Gemüter frühzeitig für die harten Prüfungen einer eigentümlichen Lebensweise und die heilsamen Gewöhnungen des passiven Gehorsams. ...Das Seewesen erfordert geschmeidige und gelehrige Naturen, und allzuviel wissenschaftliches Gepäck dürfte beim Eintritt in eine Laufbahn, wo es so viel an Ort und Stelle anzueignen, so viel aus der Erfahrung anderer zu lernen gibt, mehr Beschwerde als Nutzen gewähren. Nelson ... sagte häufig, ein guter Offizier könne man nicht sein, ohne ‚sowohl die praktischen Kenntnisse eines Matrosen wie die Manieren eines Gentlemans' zu besitzen" (50).

Im 17. und 18. Jahrhundert spielte die Ausbildung der Matrosen keine Rolle, sie wurden ausschließlich in der Praxis „angelernt". Die meisten von ihnen waren ohnehin Analphabeten.

Jedoch verfügten Handelsschiffsmatrosen über große Erfahrungen und hervorragendes Können, weshalb sie häufig in den Dienst auf Kriegsschiffen gepreßt wurden. Sie konnten wieder auf die Handelsschiffe zurückgehen, wenn man die Kriegsschiffe in Friedenszeiten außer Dienst stellte. Schiffer, Steuerleute und Unteroffiziere rekrutierten sich aus dem Kreis der Schiffsjungen, die nur in Ausnahmefällen Kadetten und

Erstes Segelschulschiff der Welt – Fregatte **NADESCHDA** (gebaut 1766 in St. Petersburg). Archiv Autor

30

damit Schiffsoffiziere werden konnten. Unter diesen Bedingungen war der Einsatz von Schulschiffen nicht erforderlich. Erstmals im Jahre 1830 verwendete die Admiralität Großbritanniens außer Dienst gestellte Kriegsschiffe, um Kadetten vor ihrer mehrjährigen Lehrzeit in der Flotte zu einem annähernd gleichen, wenn auch relativ niedrigen Bildungsniveau heranzuführen. Die ersten Vorschulen entstanden so auf stationären Schulschiffen. Zusammenfassend kann die Entwicklung der Ausbildung für die Handels- und Kriegsflotten folgendermaßen skizziert werden:

1. Die Ausbildung von Matrosen spielte bis in die Neuzeit hinein eine untergeordnete Rolle, das Anlernen erfolgte während der Arbeit.

2. Die Ausbildung von Offizieren fand im 17. und 18. Jahrhundert ausschließlich auf den Schiffen, unter Aufsicht des Kapitäns, statt. Die „Steuermannsschüler" befanden sich in kleinen Gruppen an Bord.

3. Zu Beginn des 18. Jahrhunderts ging man in der russischen Kriegsmarine zum Einsatz fahrender Segelschulschiffe über (Benutzung ehemaliger Kriegsschiffe). Das erste spezielle Schulschiff, die Fregatte NADESCHDA, wurde 1766 gebaut.

4. Nicht mehr aktive Kriegsschiffe wurden als stationäre Einheiten zur Vorbereitung auf die Steuermannsausbildung eingesetzt.

5. Die Aufnahme von Schiffsjungen in die Kriegs- und Handelsmarinen erforderte Maßnahmen zum Einsatz von stationären oder fahrenden Schulschiffen in allen Seefahrtsnationen.

6. Eine einander weitgehend angeglichene Ausbildung für Offiziere und Unteroffiziere sowohl in den zivilen als auch in den militärischen Flotten mit entsprechenden nationalen Eigenheiten entstand durch die Gesetzgebungen und Reorganisationen besonders gegen Ende des 19. Jahrhunderts (z. B. Fisher-Reform in Großbritannien). Die immer zahlreicher entstehenden Schulen setzten zunehmend stationäre und fahrende Schulschiffe ein.

Bis heute ist eine Ausbildung von Matrosen auf Segelschulschiffen nicht üblich. Die Lehrzeit findet – seit ihrer Einführung in der Mitte des 20. Jahrhunderts – ausschließlich in Schulen an Land und auf den aktiven Schiffen der Handels- und Kriegsflotten statt. Etwaige Besonderheiten im jeweiligen Ausbildungsprozeß ändern nichts an dieser allgemeinen Einschätzung.

In neuerer Zeit werden Segelschulschiffe fast nur noch im militärischen Bereich von staatlicher Seite betrieben, während die zivile Schulschiffahrt – Ausnahme Japan – immer mehr der Privatisierung zustrebt, wenn man die in einigen Ländern bestehenden Stiftungen und Vereine mit einbezieht.

Verschwommen sind noch die Wege, welche man in den Ländern Osteuropas beschreiten wird. Doch bleibt zu hoffen, daß wenigstens die vorhandenen Schulschiffe erhalten werden können.

Im folgenden sollen die Segelschulschiffe möglichst vollständig nach Ländern erfaßt, einige von ihnen näher vorgestellt und die übrigen in Listen aufgeführt werden.

Dabei sind kurze Ausführungen zur Geschichte des jeweiligen Landes und zum System der maritimen Ausbildung unumgänglich.

Argentinien

Die Schulschiffahrt dort begann 1885, als von dem damals österreichischen Triest eine Korvette angekauft wurde, die den Namen LA ARGENTINA erhielt. Etwa 30 Jahre war bereits eine neue Verfassung in Kraft, und das Land festigte seine nationale Freiheit und Souveränität. Dazu gehörte auch eine Kriegsmarine. Das Schiff wurde nur für fünf Reisen eingesetzt und bereits 1891 wieder außer Dienst gestellt. Ein neues moderneres Schiff, das dann 1888 fertiggestellt war, gab man in Großbritannien in Auftrag.

sen über das übliche Maß hinausgehende Maschinenleistungen auf. Bis 1938 befand sich das Vollschiff ständig auf Ausbildungsreisen, die durch den Ersten Weltkrieg reduziert wurden. Bis 1961 fanden nur noch kleinere Reisen statt, ehe es endgültig als Schulschiff außer Dienst gestellt wurde. Seitdem dient dieses bemerkenswerte Schiff, das einige spektakuläre Weltreisen durchführte und den argentinischen Staat bei bedeutenden Anlässen im Ausland vertrat, als Museum, als „reliquia historica".

Die Bauzeit der Nachfolgerin erstreckte sich bis zur endgültigen Indienststellung über 6 Jahre.

Vollschiff PRESIDENTE SARMIENTO		
Baujahr:		1887/88
Bauwerft:		Cammel Laird, Birkenhead bei Liverpool
Länge über alles		85,0 m
Länge zwischen den Loten		72,6 m
Breite		13,3 m
Segel	Anzahl	23
	Fläche	3358 m
Wasserverdrängung		2850 t
Hilfsmotor - Leistung	2044 kW	= 2800 PS
Besatzung	Stamm	294 Mann
	Schüler	200 Mann

Vollschiff LIBERTAD		
Baujahr:		1953 - 1956 (Indienststellung 28. 5. 1960)
Bauwerft:		Astilleros Navales Rio Santiago, Argentinien
Länge über alles (mit Bugspriet)		103,0 m
Länge zwischen den Loten		80,0 m
Breite		13,8 m
Segel	Anzahl	27
	Fläche	2643 m
Wasserverdrängung		3765 t
Hilfsmotor - Leistung		2 x 876 kW = 2 x 1200 PS
Besatzung	Stamm	263 Mann
	Schüler	88 Mann

Da das Schiff innerhalb der Kriegsmarine den Charakter einer Fregatte hatte, war es auch mit einer beachtlichen Bewaffnung versehen. Eine leistungsstarke Dampfmaschine war nicht nur aus diesem Grund eingebaut worden. Insbesondere die Segelschulschiffe lateinamerikanischer Staaten wei-

Auch dieses Segelschulschiff erweckt mehr den Eindruck einer Kriegsfregatte. Abgesehen von einer beachtlichen Bewaffnung, deuten die beiden starken Maschinen und die hohe Zahl der Stammbesatzung darauf hin.

Die LIBERTAD wird für umfangreiche Ausbildungsreisen eingesetzt, die im Laufe der Jahre in zahlreiche Häfen und um die Erde führten. Seit 1964 nimmt sie auch sehr häufig an den Großsegler-Regatten und an Treffen der Segelschiffe teil, zum ersten Mal 1964 an der 3600-Seemeilen-Regatta von Lissabon nach den Bermudas. Während des Rennens im Jahre 1976 (Plymouth - Teneriffa –Bermudas - Newport - Boston - Plymouth) kam es zu verschiedenen Kollisionen, wovon auch die LIBERTAD betroffen war. Sie wurde nämlich vom spanischen Viermast-Toppsegelschoner JUAN SEBASTIAN DE ELCANO beim Start gerammt. 1989 nahm das Vollschiff an den Großschiffstreffen in Rouen und in Hamburg teil. Als 1992 die große Kolumbus-Regatta zum 500. Jahrestag der Entdeckung Amerikas stattfand, war die LIBERTAD natürlich ebenfalls in dem umfangreichen Geschwader der Segelschiffe der Welt anzutreffen.

Australien

Die australische Nationalgeschichte beginnt nicht erst mit der Proklamation des australischen Bundes am 17. September 1900, sondern mit der ersten Besiedlung durch Europäer vor etwas mehr als 200 Jahren.

Unter kolonialen Bedingungen entwickelten sich neben Wirtschaft und Verkehr auch die Handels- und Kriegsflotte. Einen großen Anteil daran hatten bekannte britische Reedereien, von denen Devitt and Moore aus London hervorzuheben ist. Schiffe dieser Reederei waren besonders für den Passagierverkehr eingerichtet, so daß sie sich ohne große Umbauten als Schulschiffe eigneten. Ein solches Schiff schenkte man der australischen Kriegsmarine. Der als Teeklipper 1866 bei Hall and Co. in Aberdeen gebaute Segler (Länge zwischen den Loten - 82,4 m; Breite - 12,1 m) führte den Namen SOBRAON und war meistens für Devitt and Moore in der Australienfahrt eingesetzt. Neben einer Besatzung von 68 Mann konnten 90 Passagiere der ersten und 40 der zweiten Klasse aufgenommen werden.

Ein ehemaliger Teeklipper wird Schulschiff der Royal Australian Navy – die TINGIRA.
Archiv Eschenburg

Im Jahre 1911 übernahm die Royal Australian Navy (RAN) den Klipper als Schulschiff mit dem neuen Namen TINGIRA – laut „Navy-Order Nr.87" vom 18. November 1911. Bis zu 100 junge Leute im Alter zwischen 14 1/2 und 16 Jahren konnten auf dem Schiff ausgebildet werden, und zwar nach der Methode Großbritanniens: Auf dem stationären Schulschiff erfolgte eine Vorausbildung von etwa einem Jahr, ehe die Jugendlichen als „apprentices" (Steuermannsschüler) an Bord der Kriegsschiffe gingen. Daran schloß sich die weitere, später etwas modifizierte Ausbildung an. Die letzte Gruppe von Schülern wurde 1926 aufgenommen. Während der mehr als 15-jährigen Nutzung der Schiffes liefen 2941 Jungen durch die Lehrgänge. Nach der Außerdienststellung am 3. November 1927 wurde TINGIRA verkauft, aber erst 1940 abgebrochen.

1911 ging die 1877 in Glasgow als LOCH RYAN gebaute Bark in australischen Besitz über. Die Kriegsmarine nutzte das Schiff als JOHN MURRAY sowohl stationär als auch in Fahrt. 1918 lief es auf ein Riff und ging verloren.

Erst 1988 übernahm das Verteidigungsministerium erneut ein Segelschulschiff, das allerdings nicht allein der Ausbildung von Offiziersanwärtern dient, sondern auch der Jugendorganisation „Young Endeavour Youth Scheme" Australiens zur Verfügung steht. Es wird von der RAN bereedert und ist gleichzeitig als Kriegsschiff der Tender für HMAS WATERHEN.

Brigantine YOUNG ENDEAVOUR.		
Baujahr:	1987	
Bauwerft:	Brooke Yachts Pty Ltd of Lowestoft, Suffolk (Großbritannien)	
Länge über alles (mit Bugspriet)		44,0 m
Länge zwischen den Loten		28,3 m
Breite		7,8 m
Segel	Anzahl	9
	Fläche	510 m
Vermessung		173 BRT
Wasserverdrängung		200 t
Hilfsmotor - Leistung		2 x 120 kW = 2 x 165 PS
Besatzung	Stamm	13 Personen
	Schüler	24 Personen

Ein bemerkenswertes Schiff in vielerlei Hinsicht: Erstens wurde es der australischen Kriegsmarine anläßlich des 200. Jahrestages der Besiedelung Australiens im Jahre 1788 von der britischen Regierung geschenkt. Ende 1987 segelte die Brigantine mit einer gemischten britisch/australischen Besatzung, um am 25. Januar 1988 in Sydney übergeben zu werden. Zweitens gehört zur Stammbesatzung unbedingt eine Frau,

Brigantine
YOUNG ENDEAVOUR –
ein Geschenk
Großbritanniens.
Archiv Autor

was schon auf Besonderheiten im Einsatz schließen läßt. Drittens ist die vielseitige Nutzung eines Kriegsschiffes ein Novum in der Geschichte der Segelschulschiffahrt. Neben den Erlebnisreisen für die Jugend steht es auch zur Ausbildung für die Handelsflotte zur Verfügung und kann als Passagierschiff eingesetzt werden.

Das Ausbildungsprogramm für Jugendreisen ist auf 10 Tage eingerichtet und umfaßt eine seemännische Ausbildung, wie sie auf anderen Schiffen dieser Art (adventure-sailing, outward bound) ebenfalls üblich ist. Bemerkenswert ist die Tatsache, daß auch, wie es auf der britischen Bark LORD NELSON üblich ist, Körperbehinderte an den Ausbildungsreisen teilnehmen können.

Das Reiseprogramm ist sehr vielseitig und wird für die einzelnen Bundesstaaten im Wechsel wirksam. Meistens bleibt der Segler wegen des 10-Tage-Rhythmus' in heimischen Gewässern. Ein besonderes Ereignis war die große Weltreise 1992 anläßlich des 500. Jahrestages der Entdeckung Amerikas: 30 Häfen in 20 Ländern wurden angelaufen und 72 junge Australier (drei Ablösegruppen) vertraten ihre Heimat in den besuchten Ländern.

Wenn auch die YOUNG ENDEAVOUR von allen Bundesstaaten genutzt wird, so verfügen diese doch zum Teil selbst über eigene Segler wie: ONE AND ALL – Südaustralien,
LEEUWIN II – Westaustralien,
LADY NELSON – Tasmanien.

Belgien

Als Karl V. 1519 Kaiser des „Heiligen Römischen Reiches Deutscher Nation" wurde, fiel ihm u. a. das Gebiet des heutigen Belgiens als Bestandteil der „spanischen Niederlande" zu. Insbesondere Antwerpen entwickelte sich zu einem Zentrum des Handels und zu einem Welthafen. Nach dem Frieden von Rastatt 1714 fielen die bis dahin noch zu Spanien gehörenden Provinzen an Österreich.

Infolge der französischen Julirevolution 1830 entstand Belgien als Staatsgebilde. Am 18. November 1830 verkündete der Nationalkongreß die Unabhängigkeit. Wegen seiner Bodenschätze und der günstigen Verkehrslage entwickelte sich Belgien rasch, so daß bereits 1884 ein achtzigmal größeres Territorium in Zentralafrika, das Kongo-Gebiet, unterworfen und zur Kolonie erklärt werden konnte.

Seit dem 16. Jahrhundert bestand eine bedeutende Seewirtschaft mit Werften, Häfen, Fischerei- und Handelsflotte sowie einer Kriegsmarine. Die Ausbildungssysteme waren und sind weitgehend an die Erfahrungen und Organisationsformen Frankreichs und der Niederlande gebunden. Am 29. Dezember 1903 wurde in Antwerpen ein belgischer Schulschiff-Verein, die „Zeevaartsvereiniging" (Association Maritime), gegründet. Damit begann der Einsatz von Segelschulschiffen.

Vollschiff COMTE DE SMET DE NAEYER, erstes Segelschulschiff Belgiens.   aus (46)

Die erste Ausbildungsreise als frachtfahrendes Segelschulschiff ging im Januar 1905 mit einer belgischen Ladung nach Südafrika und von dort nach Australien. Die Rücktour führte das Schiff über Chile in die Heimat. Ein Jahr dauerte diese Reise, an Bord befanden sich ein belgischer Kapitän und ein holländischer Erster Offizier, ferner ein Zweiter Offizier, drei Lehrer und 28 Kadetten neben der Stammbesatzung. In den Mitteilungen wurde vermerkt, daß die Kadetten nicht nur für

den Seemanns-, sondern auch für den Kaufmannsberuf vorbereitet wurden. 1906 sank das Vollschiff, es schlug leck. Ein Überlebender soll ausgesagt haben, eine zu schwache Bauweise habe zum Leck geführt, es sei überhaupt ein schlechtes Schiff gewesen.

Sofort kam der Vorschlag, ein neues Segelschulschiff zu bauen. Die Association Maritime gab also bei der Rickmers-Werft in Bremerhaven eine Viermast-Bark in Auftrag.

Die Viermast-Bark hatte sehr viel Ähnlichkeit mit der HERZOGIN SOPHIE CHARLOTTE (ex ALBERT RICKMERS) und der HERZOGIN CECILIE. Konnten anfangs nur 24 Kadetten unter-

Viermast-Bark L'AVENIR – frachtfahrendes Segelschulschiff.   aus (46) S. 69

gebracht werden, so erhöhte sich durch Umbauten ihre Anzahl bis 1921 auf 80. Die Ausbildungsreisen als frachtfahrendes Segelschulschiff unter belgischer Flagge gingen meist nach Australien und Südamerika. Von 1915 bis 1919 transportierte der Großsegler nur Fracht.

1932 kaufte die finnische Reederei Erikson das Schiff, welches es auch als Passagierschiff nutzen wollte. Aber das Vorhaben lohnte sich nicht. Die reine Frachtfahrt unter den Bedingungen der Reederei, daß einige Seeleute für die Reisen sogar zahlten, weil sie ihre Segelschiffszeit von 12 Monaten absolvieren mußten, brachte offensichtlich mehr ein.

1937 kaufte die HAPAG das Schiff, benannte es in ADMIRAL KARPFANGER um und setzte es als frachtfahrendes Segelschulschiff ein. Am 20. September 1937 lief die Bark nach Australien aus. Anfang November kam es ungewollt zu einer Ansammlung von fünf Seglern im südlichen Atlantik: die KOMMODORE JOHNSEN aus Bremen, die POMMERN unter finnischer Flagge, die finnische Bark WINTERHUDE, das Vollschiff SCHULSCHIFF DEUTSCHLAND und eben die ADMIRAL KARPFANGER. Natürlich begegneten sich die Schiffe nur in Einzelfällen, aber sie standen miteinander im Funkkontakt. Bemerkenswert im Zeitalter der Technik, in der Großsegler so selten waren!

Am 8. Februar 1938 begann die Rückreise mit einer Ladung von 3500 t. Zwischen dem 1. und 12. 3. 1938 wurden noch vier

Funksprüche aufgenommen, dann war Ruhe. Es gab keine Aufklärung über die Vorgänge im Seegebiet um Kap Hoorn. Erst Jahre später wurden von diesem Schiff stammende Trümmer gefunden.

Ehe die L'AVENIR in Fahrt kam, wurden belgische Offiziersanwärter 1907/08 auch auf frachtfahrenden Segelschulschiffen bei Rickmers ausgebildet. 1906 kaufte die Association Navale Belge aus Großbritannien das Vollschiff LINLITHGOWSHIRE, das als stationäres Schulschiff COMTE DE SMET DE NAEYER II bis 1934 genutzt wurde.

Nach dem Verkauf der L'AVENIR wurde ein neues, aber kleineres Segelschulschiff in Dienst gestellt.

Barkentine MERCATOR		
Baujahr:		1932
Bauwerft:		Ramage and Ferguson, Leith
		(Großbritannien)
Länge über alles (mit Bugspriet)		78,5 m
Länge zwischen den Loten		57,9 m
Breite		10,6 m
Segel	Anzahl	15
	Fläche	1255 m
Vermessung		770 BRT
		159 NRT
Hilfsmotor - Leistung	360 kW	= 500 PS
Besatzung	Stamm	55 Mann
	Schüler	45 Mann

Am 7. April 1932 erfolgte die Übergabe, dann lief das als Dreimast-Toppsegelschoner getakelte Schiff nach Ostende aus. Aber eine Grundberührung verursachte nicht nur ein Leck im Vorschiff, sondern auch starke Schäden in der Takelage. Nach der Instandsetzung und der Umtakelung zur Barken-

tine begann am 5. September 1932 die erste Ausbildungsreise, der bis 1940 weitere mit einer Gesamtstrecke von 161 686 Seemeilen folgten. Interessant war eine Forschungsreise 1936, die das Schiff 1200 km den Amazonas aufwärts führte.

1940 befand sich die MERCATOR während einer Ausbildungsreise nach Westindien und Südamerika auf der Heimfahrt und lief Boma in Belgisch-Kongo an. Die britische Kriegsmarine übernahm den Segler am 11. Januar 1943 und nutzte ihn in Freetown als U-Boot-Mutterschiff. 1947 brachte man das Schiff in Schlepp nach Antwerpen und setzte es dort wieder instand, so daß es ab 20. Januar 1951 in See gehen konnte. 1956, 1958 und 1960 nahm es an den Regatten der Operation Sail teil, dann fand noch eine Reise anläßlich des 500. Todestages von Heinrich dem Seefahrer nach Lissabon und Sagres statt, 1961 wurde es aufgelegt. Am 25. Mai 1961 wurde der Verein „Mercator" gegründet, der nicht nur das Schiff erhalten will, sondern auch das Andenken an den großen belgischen Kartographen Gerard Mercator (1512-1594) ehrt. Aus diesem Grund blieb die

Barkentine MERCATOR – Gedenken an den großen Geographen.　　aus (46) S. 111

MERCATOR noch bis 1963 in Antwerpen, denn dort sollte sie 1962, im Jahr des 450. Geburtstages von Mercator, liegen. Seit 1963 befindet sich das ehemalige Segelschulschiff mit dem großen Namen in Ostende als Museumsschiff.

Zwei kleine Segelschiffe der Kriegsmarine sind noch zu erwähnen: In den Listen werden ein 300-Tonnen-Segler EUREKA und eine Bermudaketsch ZENOBE GRAMME geführt. Letztere wurde erst 1961 gebaut; sie verdrängt 149 t Wasser und wird nicht nur zur Ausbildung, sondern auch zu ozeanografischen Forschungen eingesetzt.

Brasilien

Verschafft man sich einen Überblick über die brasilianischen Segelschulschiffe, stellt man überrascht zwei Tatsachen fest:
1. Vor dem Ersten Weltkrieg besaß die Kriegsmarine eine beachtliche Schulflotte, die hauptsächlich aus Briggen bestand. Man legte großen Wert auf eine gute Ausbildung auf Segelschulschiffen.

2. Die Ausbildung auf Segelschulschiffen ist wohl bereits 1964 eingestellt worden, wenn man vom gegenwärtigen Einsatz zweier kleiner Segler absieht.

Im Weyer von 1905 werden die Briggen CARAVELLAS, GUARARAPES, PAQUEQUER, PIRAJA und RECIFE genannt, dazu kommen die Korvette AMAZONAS und die Bark BENJAMIN CONSTANT. Erst 1933 haben die Brasilianer wiederum den Versuch unternommen, Segelschulschiffe einzusetzen.

**Viermast-Toppsegelschoner
ALMIRANTE SALDANHA.**

Baujahr:		1934
Bauwerft:		Vickers-Armstrong, Barrow-in-Furness (Großbritannien)
Länge über alles (mit Bugspriet)		107,0 m
Länge zwischen den Loten		79,7 m
Breite		15,8 m
Segel	Anzahl	19
Fläche		2184 m
Vermessung		3190 BRT
Wasserverdrängung		3825 t
Hilfsmotor - Leistung	1030 kW	= 1400 PS
Besatzung	Stamm	420 Mann
	Schüler	40 Mann

Wie bei den Schwesterschiffen JUAN SEBASTIAN DE EL-CANO und ESMERALDA, so stammt der Entwurf dieses Schiffes ebenfalls von der britischen Firma „Camper and Nicholson Ltd., Naval Architects and Yachtbuilders" in Southampton. Das Schiff fuhr immerhin 30 Jahre für die brasilianische Kriegsmarine. 1964 fand die letzte Reise als Segelschulschiff statt. Danach erfolgte der Umbau zum Motorschiff, das ausschließlich ozeanografischen Forschungen dient. Sein Name: NAVIO OCEANOGRAFICO ALMIRANTE SALDANHA.

Nach dem Zweiten Weltkrieg übernahmen die USA außer der deutschen Bark HORST WESSEL auch die Bark ALBERT LEO SCHLAGETER. Letztere gaben sie 1947 an Brasilien weiter. Unter dem neuen Namen GUANABARA sollte sie der Ausbildung von Handelsschiffsoffizieren dienen. Bis 1961 fuhr die Bark unter brasilianischer Flagge, dann wechselte sie den Besitzer: Die Portugiesen kauften sie. Dort segelt sie noch heute als SAGRES II. Die Schiffslisten nennen gegenwärtig noch zwei kleine Segler, die der brasilianischen Kriegsmarine zur Verfügung stehen: CISNE BRANCO und ALBATROS. Damit dürfte dieses Land aus dem Kreis der Betreiber großer Segelschulschiffe ausgeschieden sein.

Viermast-Toppsegelschoner ALMIRANTE SALDANHA.
aus (46) S. 119

Bulgarien

Der Russisch-Türkische Krieg von 1877 bis 1878 brachte die Befreiung Bulgariens von der türkischen Herrschaft, die durch den Frieden von San Stefano und den Berliner Kongreß 1878 bestätigt wurde. Bereits am 1. August 1879 stieg die bulgarische Flagge am Mast des Gaffelschoners KELASURA empor. Das 1859 gebaute Schiff von 306 t Wasserverdrängung gehörte während des Befreiungskrieges zur russischen Mittelmeerflotte und wurde Bulgarien zur Verfügung gestellt. Unter dem Kommando russischer Offiziere gingen damit 49 junge bulgarische Seeleute, darunter 38 Matrosenpraktikanten, zur ersten Reise in See. In Warna entstand damals der bulgarische Flottenstützpunkt, gleichzeitig entwickelte sich eine Donauflotte. Als die KELASURA 1880 außer Dienst stellte, war das Bedürfnis nach einem Segelschulschiff sehr groß – das russische Vorbild wirkte nachhaltig. 1891 war es endlich so weit, der ehemalige, 1856 gebaute Frachtsegler ASSEN ging in den Besitz der Kriegsmarine über.

Brigantine ASSEN I.		
Baujahr:	1856	
Bauwerft:	Werft in Großbritannien	
Länge über alles (mit Bugspriet)		38,0 m
Breite		6,0 m
Segel	Anzahl	7
	Fläche	310 m²
Wasserverdrängung		250 t
Besatzung	Stamm	22 Mann
Schüler		35 Mann

Der Segler fuhr von 1856 bis 1891 unter verschiedenen Namen für mehrere Reedereien. Von 1891 bis 1900 und von 1903 bis 1904 war er in Russe an der Donau stationiert, 1900 bis 1903 nutzte ihn die Offiziersschule in Warna. 1906 wurde dieses eigentlich erste Segelschulschiff Bulgariens in Russe abgewrackt.

Die Brigantine ASSEN I
(gebaut 1856) war
bulgarisches Segelschulschiff
von 1891 bis 1903.
Archiv Autor

40

Als Ersatz stellte die bulgarische Kriegsmarine 1906 die Gaffelyawl STRELA (28 t Wasserverdrängung) in Dienst, die erst 1941 aus der Schiffsliste gestrichen wurde.

Die Fischerei setzte ab 1927 einen Gaffelschoner ein, der 1912 gebaut, als Frachtsegler gelaufen war, und nannte ihn ASSEN II. 1931 übernahm ihn die bulgarische Kriegsmarine und nutzte ihn bis 1956. Zwei Jahre später ist er in Warna abgebrochen worden.

Nach dem Zweiten Weltkrieg stellten die Bulgaren drei Segelschulschiffe in Dienst, und zwar
- Gaffelschoner WESLITZ:
  Segelschulschiff der Kriegsmarine von 1949 bis 1953 und 1955 bis 1958, in den Jahren dazwischen (1953 - 1955) nutzte ihn die zivile Seefahrtschule; von 1958 bis 1972 gehörte er einer Jugendorganisation, sowie den
- Dreimast-Gaffelschoner N. I. WAPZAROW:
  Segelschulschiff der Kriegsmarine von 1951 bis 1958, danach bis 1982 als Motorschiff im Einsatz.

Ab 1984 ging man in Bulgarien wieder zur Ausbildung auf einem Segelschulschiff über und gab in Polen eine Barkentine in Auftrag, die zur Gruppe des Typs B-79 (POGORIA und ISKRA II) gehört.

Barkentine KALIAKRA (siehe Bild Seite 21)

Baujahr:	1984	
Bauwerft:	Schiffswerft Danzig	
Länge über alles (mit Bugspriet)		49,0 m
Länge zwischen den Loten		36,0 m
Breite		8,0 m
Segel	Anzahl	15
	Fläche	884 m²
Vermessung		289 BRT
		41 NRT
Wasserverdrängung		341 t
Hilfsmotor · Leistung	226 kW	- 310 PS
Besatzung	Stamm	21 Mann
	Schüler	30 Mann

Die Barkentine wird von der Schiffahrts-Akademie in Warna bereedert und zur Ausbildung von Handelsschiffsoffizieren eingesetzt. Bis 1989 unternahm das Schiff hauptsächlich im Schwarzen Meer und im Mittelmeer die erforderlichen Ausbildungsreisen und beteiligte sich an einigen Segelschiffstreffen. Als es im Frühjahr 1989 zur großen Reparatur nach Danzig ging, lief es auf der Rückreise in Rouen – anläßlich des 200. Jahrestages der Französischen Revolution – ein.

Chile

Wie in allen lateinamerikanischen Ländern konnten sich nationale Marinen erst nach der Befreiung aus spanischer Vormundschaft entwickeln. So war es auch in Chile, das ab 1817 selbständige Republik wurde und eine eigene Flotte ausbauen konnte. Von 1818 bis 1823 stand sie unter der Führung des Engländers Thomas Cochrane, dessen engster Mitarbeiter der deutsche Seemann Karl Friedrich Bromme (genannt Brommy), erster deutscher Admiral und Begründer der deutschen Bundesflotte 1849, war.

Der Ruf nach einer nationalen Ausbildungsstätte wurde immer stärker. Von Anfang an galt der Grundsatz, daß eine Seefahrtschule gleichermaßen für beide Flotten auszubilden habe.

Zwar gab es seit dem 3. Juli 1868 bereits eine Schule für Schiffsbesatzungen auf dem Prahm THALEBA in Valdivia und die Schiffsjungenschule „Alejandro Navarrete Cisternas". Aber das entsprach nicht den Vorstellungen der Regierung. Am 20. August 1890 kam es zur Gründung der neuen Schule, die aber wegen des Bürgerkrieges von 1891 nicht eröffnet werden konnte. Erst 1893 wurde der Ausbildungsbetrieb auf der alten Korvette O'HIGGINS, die im Hafen von Ancud lag, aufgenommen. Das Schiff wurde 1894 nach Talcahuano verlegt und Seeoffiziersschule genannt. Nach der Außerdienststellung der O'HIGGINS nutzte man die Kriegsschiffe PILCOMAYO und ABTAO, wobei die letztere in Coquimbo lag.

1898 erwarb die Kriegsmarine einen alten, in Großbritannien gebauten Segler, der den Namen GENERAL BAQUEDANO erhielt und zur Ausbildung der Schiffsjungen stationär genutzt wurde. Aber im Streben nach einem fahrenden Segelschulschiff erhielt die englische Werft Armstrong den Auftrag, eine Bark mit einer starken Dampfmaschine zu bauen. Die Kiellegung erfolgte am 8. Mai 1897, der Stapellauf und die Taufe auf den Namen GENERAL BAQUEDANO am 5. Juli 1898.

Als Parameter seien kurz genannt: Wasserverdrängung 2500 t, Leistung der Dampfmaschine 1500 PS und Geschwindigkeit 12 Knoten. Mit insgesamt 333 Mann Besatzung, darunter auch Offiziersschüler, begann das Schiff am 22. August 1899 die erste Ausbildungsreise von England aus: Über Plymouth, Cherbourg und Brest ging es zu den Kanarischen Inseln und nach Argentinien, am 12. 3. 1900 erreichte die BAQUEDANO den Hafen von Valparaiso.

In jedem Jahr fand eine große Reise von mehreren Monaten statt, die das Schiff und seine Besatzung in viele Häfen der Welt führten. Die bemerkenswerteste Reise, eine Weltreise, fand von 1903 bis 1905 statt. Sie begann am 9. September 1903 und endete am 12. Januar 1905. Fähnriche und Schiffsjungen hatten daran teilgenommen, 39 617 Seemeilen waren zurückgelegt worden.

Der Erste Weltkrieg unterbrach diese Aktivitäten. Erst 1921 wurden die Ausbildungsreisen weitergeführt, und ab 1931 waren nur noch Kurzreisen im Programm. 1936 wurde das Schiff endgültig aus der Fahrt genommen und nur noch stationär in Valparaiso genutzt. Später ging es in Schlepp nach Talcahuana, wo es bis zum 15. Dezember 1959 als Schule für Schiffsjungen diente.

Während des Zweiten Weltkrieges kam Chile zu einem Segelschulschiff, das jedoch nur wenige Jahre in der Fahrt war. Im September 1939 erreichte die deutsche Viermast-Bark PRIWALL, frachtfahrendes Segelschulschiff der Hamburger Reederei Laeisz, den Hafen von Valparaiso. Dieser berühmte P-Liner war seit vielen Jahren in chilenischen Häfen bekannt. Er wurde interniert. Die deutsche Regierung übergab ihn am 23. Mai 1941 an Chile, am 6. Juni 1941 wurde er in die chilenische Kriegsmarine eingereiht und erhielt den Namen LAUTARO. Es war schon bemerkenswert, daß ein Kriegsschiff dieses Staates als Segelschulschiff eine beachtliche Größe hatte und nicht bewaffnet war. Infolge der Kriegsbedingungen und verstärkt durch den Überfall der Japaner auf Pearl Harbour am 7. Dezember 1941, kam es zu einem ungewöhnlichen Einsatz: Das Segelschulschiff einer Kriegsmarine fuhr Fracht. Es brachte Salpeter nach den USA sowie nach Mexiko und nahm als Rückfracht Ausrüstungen für die chilenische Armee. Dies war auch der Grund, daß 1942 in San Francisco ein Dieselmotor mit einer Leistung von 12 000 PS eingebaut wurde.

Die Bark
GENERAL BAQUEDANO
aus Chile passiert 1928
den Nord-Ostsee-Kanal.
Archiv Autor

Zu Beginn des Jahres 1945 befand sich die LAUTARO, eine Ladung Salpeter an Bord, auf einer Ausbildungsreise mit Fähnrichen und Schiffsjungen von Chile nach einem USA-Hafen, Kapitän war der erfahrene Arturo Young Ward, der schon 1934 die BAQUEDANO geführt hatte. 340 Seemeilen westlich von Pisco an der peruanischen Küste brach am 28. Februar 1945 ein starkes Feuer aus, das durch Schweißarbeiten entstanden sein soll.

Jahrzehnte später schrieb die chilenische Zeitung „Mercurio" in einem Gedenkartikel: „auf der Fregatte LAUTARO, dem Schulschiff der Nationalen Kriegsflotte, brach am 28. Februar 1945 ein heftiges Feuer in den Laderäumen aus ... 20 Seeleute fanden den Tod durch Feuer, drei weitere werden vermißt."

Unter den Toten befanden sich der Zweite Kommandant, zwei Leutnants, vier Fähnriche, vier Unteroffiziere, fünf Matrosen und vier Schiffsjungen, die ihr Leben für die Rettung des Schiffes einsetzten. Der argentinische Kreuzer RIO JACHAL rettete 221 Mann aus dem Wasser und aus den Rettungsmitteln.

Nach dem Zweiten Weltkrieg und Herausnahme der Bark BAQUEDANO aus der Fahrt bemühte sich die chilenische Regierung darum, ein neues Segelschulschiff zu kaufen. Sie zeigte Interesse für ein Schiff vom Typ des spanischen Viermast-Toppsegelschoners JUAN SEBASTIAN DE ELCANO. In Spanien hatte man 1946 ein zweites Schiff dieser Art gebaut, das beim Stapellauf nach dem Sieger der Seeschlacht von Lepanto (7. Oktober 1571) JUAN D'AUSTRIA benannt worden war. Ein Vertrag zwischen beiden Regierungen vom 23. Oktober 1952 besiegelte die Übernahme des noch unfertigen Schiffes, das am 28. Oktober 1952 den Namen ESMERALDA erhielt.

Viermast-Toppsegelschoner ESMERALDA.

Baujahr	1953 (Fertigstellung)	
Bauwerft:	Echevarietta y Larrinaga,	
	Cadiz (Spanien)	
Länge über alles (mit Bugspriet)		113,0 m
Länge zwischen den Loten		79,0 m
Breite		13,0 m
Segel	Anzahl	20
	Fläche	2500 m²
Wasserverdrängung		3675 t
Hilfsmotor - Leistung	1095 kW	= 1500 PS
Besatzung	Stamm	271 Mann
	Schüler	80 Mann

Viermast-Toppsegelschoner
ESMERALDA
der chilenischen Kriegsmarine.
Archiv Autor

Im Mai 1954 verließ die ESMERALDA Spanien und lief nach New Orleans (USA), wo noch einige Arbeiten an der Maschine zu erledigen waren. Sie erreichte Chile am 30. Juli 1954. Von 1955 an fanden zahlreiche Ausbildungsreisen statt, die Schiff und Besatzung in viele Länder der Welt brachten. Erstmalig nahm die ESMERALDA 1964 am „Tall-Ships-Race" von Lissabon nach New York teil und siegte vor der CHRISTIAN RADICH (Norwegen) sowie der SAGRES II (Portugal). Die 18. Reise führte im Frühjahr 1973 in die Ostsee und auch nach Warnemünde.

Da die chilenischen Militärs das Schiff während des Putsches im September 1973 zur Unterbringung von Gefangenen nutzten, blieben 1976, als der Schoner zum 200. Gründungstag der USA nach New York kam, Proteste gegenüber der Besatzung nicht aus. 1977 erfolgte eine umfassende Reparatur in einer Werft der Republik Südafrika.

Seitdem fanden weitere erfolgreiche Ausbildungsfahrten in alle Welt statt, um die großen Traditionen der chilenischen Schulschiffahrt fortzusetzen.

Dänemark

Eroberungszüge der Wikinger, wie die Eroberung Englands um 994 und 1013 sowie die Bildung eines Handelszentrums in Haithabu, sind u. a. Beweise einer umfangreichen dänischen Schiffahrt vor mehr als 1000 Jahren. 1425 waren die Dänen sogar in der Lage, die Schiffahrt Europas durch Einführung des Sundzolls zu kontrollieren.

Die Dänen bezeichnen die Seeschlacht bei Bornholm am 9. August 1511 als den Gründungstag ihrer Kriegsflotte der Neuzeit, so daß bereits 1701 eine Seekadetten-Akademie in Holm gegründet wurde, die 1728 nach Ostre Landsret und später nach Kongens Nytorp umzog. Handels- und Kriegsmarine gingen im 19. und 20. Jahrhundert zur Ausbildung auf Schulschiffen über. Von 1850 bis 1860 nutzte man die Korvette VALKYRIEN als Kadettenschulschiff, gleichzeitig verwendete man kleinere Schiffe wie FLORA und NAJADEN. Auch als die Zahl der Dampfschiffe größer wurde, legte man großen Wert auf die Ausbildung auf Segelschiffen. Navigationsschulen entstanden in Kopenhagen, Svendborg, Marstal, Fanö, Aalborg, Bogö und Rönne. So bildete sich ein wirksames System von maritimen Bildungsstätten für die Königliche Marine, die Handelsflotte und die Fischerei heraus.

Kriegsmarine und Handelsflotte stellten in den achtziger Jahren neue Segelschulschiffe in Dienst: Am 17. August 1880 lief z. B. eine Brigg vom Stapel, die den Namen OERNEN erhielt und am 27. Oktober an die Königliche Marine als Schulschiff für Unteroffiziersschüler übergeben wurde. Bis 1908 war dieses am stärksten bewaffnete Segelschiff Dänemarks im Dienst (Länge 27,5 m, Breite 7,8 m, 103 Mann Besatzung einschließ-

lich der 77 Schüler). Bis nach dem Ersten Weltkrieg fuhr ein weiteres Kriegsschiff für die Ausbildung von Offiziersanwärtern.

Korvette INGOLF.		
Baujahr:	1876 (Stapellauf 1. 9. 1876)	
Bauwerft:	Werft von Jaern	
Länge		60,0 m
Breite		8,5 m
Wasserverdrängung		1012 t
Dampfmaschine	489 kW	= 670 PS
Besatzung		125 Mann

Die INGOLF war Kreuzer 3. Klasse und bis 1890 fast ausschließlich in den nördlichen Gewässern (Farörer, Island und Grönland) eingesetzt. Danach folgte eine Reise nach Westindien. Am 17. August 1896 legte eine königliche Anordnung fest, den Kreuzer als Kadettenschulschiff einzusetzen. Bis zum Beginn des Krieges 1914 führten die Reisen vor allen Dingen nach Westindien, aber auch in andere Seegebiete. 1911 - 1914 nutzte die Marineleitung das Schiff zur Ausbildung von Unteroffizieren (Konstablen). Während des Krieges diente es dem Schutze Kopenhagens, um ab 1920 wieder die Aufgabe als Segelschulschiff zu übernehmen. Mehrere Ausbildungsreisen führten bis 1926 besonders in südliche Gewässer, bis es am 23. Oktober 1926 außer Dienst gestellt und in Marstal verschrottet wurde.

1882 baute die Werft Burmeister und Wain in Kopenhagen ein Vollschiff, das der dänischen Handelsmarine als GEORG STAGE zur Ausbildung diente:

GEORG STAGE

Länge über alles		46,8 m
Länge zwischen den Loten		30,6 m
Breite		7,6 m
Segel	Anzahl	20
	Fläche	650 m²

1905 sank der Segler nach einer Kollision und fuhr nach seiner Hebung und Instandsetzung von 1906 - 1916 als Frachtsegler. 1934 kaufte ihn der bekannte Marineschriftsteller Alan Villiers und unternahm unter dem neuen Namen JOSEPH CONRAD mit jungen Leuten an Bord eine Weltreise. Sie ist als Beginn des modernen „Adventure-Sailing" anzusehen, heute in zahlreichen Länder betrieben. 1939 übernahmen die USA das Vollschiff, nutzten es bis 1945 als Segelschulschiff der Handelsmarine und legten es dann als stationäres Schulschiff und Museum in den Hafen von Connecticut.

Als Ersatz für die GEORG STAGE sollte eine Viermast-Bark dienen, die 1906 ebenfalls bei Burmeister und Wain gebaut und auf den Namen VIKING getauft wurde. Aber beim Stapellauf kenterte sie. 1907 - 1916 lief sie noch als Frachtschiff, 1929 - 1949 gehörte die Bark zur Reederei Erikson auf den Alands-Inseln und wurde 1951 an Schweden verkauft.

Also mußte neuer Ersatz her, deshalb kaufte man das 1882 gebaute Vollschiff STRONSA von einem britischen Reeder und setzte es ab 1916 unter dem Namen VALKYRIEN als frachtfahrendes Segelschulschiff ein, 1923 wurde es abgebrochen. 1939 kaufte die Seefahrtschule Svendborg den 1908 in der Bretagne gebauten Gaffelschoner ARKEN, der zur Ausbildung noch einige Rahen erhielt und so zu einem Toppsegelschoner wurde. Allerdings erfolgte nur eine stationäre Nutzung. Ein Segelschulschiff, die KJØBENHAVN, ist auf alle Fälle zu nennen, da es von dieser Art nur sieben Schiffe auf der Welt gab.

Fünfmast-Bark KJØBENHAVN

Baujahr		1921
Bauwerft:		Remage and Ferguson, Leith (Großbritannien)
Länge über alles (mit Bugspriet)		138,2 m
Länge zwischen den Loten		112,4 m
Breite		15,0 m
Segel	Anzahl	42
	Fläche	5200 m²
Vermessung		3901 BRT
		2815 NRT
Hilfsmotor - Leistung	102 kW	= 139 PS
Besatzung	Stamm	23 Mann
	Schüler	60 Mann

Fünfmast-Bark KJØBENHAVN – 1928 mit 80 Kadetten auf der Reise nach Australien verschollen.
aus (46) S. 91

Die KJØBENHAVN war das jüngste Fünfmast-Rahschiff, wie aus folgender Tabelle hervorgeht:

Name	Baujahr	Vermessung	Verlust
FRANCE I	1890	3 784 BRT	1901 im Sturm gesunken
MARIA RICKMERS	1892	3 822 BRT	1892 auf der 1.Reise verschollen
POTOSI	1895	4 026 BRT	1925 brennend versenkt
PREUSSEN	1902	5 081 BRT	1910 nach Kollision gesunken
R.C. RICKMERS	1905	5 548 BRT	1917 unter britischer Flagge von deutschem U-Boot versenkt
FRANCE II	1911	5 633 BRT	1922 gestrandet
KJØBENHAVN	1921	3 965 BRT	1928 verschollen

Vollschiff DANMARK und Vollschiff GEORG STAGE II

		DANMARK	GEORG STAGE II
Baujahr		1933	1935
Bauwerften in Dänemark		Nakskov	Frederikshavn
Länge über alles		77,0 m	51,1 m
Länge zwischen den Loten		54,5 m	37,6 m
Breite		10,0 m	8,4 m
Segel	Anzahl	26	20
	Fläche	1636 m²	860 m²
Vermessung		790 BRT	298 BRT
Hilfsmotor - Leistung		354 kW	90 kW
		486 PS	122 PS
Besatzung	Stamm	16 Mann	12 Mann
	Schüler	80 Mann	80 Mann

Nur einer der sieben Fünfmaster war als Vollschiff getakelt, nämlich die PREUSSEN. Aber alle sind sie gesunken.

Die KJØBENHAVN fuhr als frachtfahrendes Segelschulschiff für die dänische Ostasien-Kompanie. Der Bau begann bereits 1914, jedoch verhinderte der Kriegsausbruch die Fertigstellung und die Auslieferung. So lag der Rumpf als Hulk im Hafen von Gibraltar. Die Briten bauten ein zweites Schiff, das am 21. März 1921 vom Stapel lief.

Seit dem 14. Dezember 1928, als es sich auf der Reise von Montevideo nach Australien befand, hat es sich nicht mehr gemeldet. Offensichtlich ist es bei Kap Hoorn gesunken.

Nach diesem Unglück entstanden zwei neue, kleinere Vollschiffe: die DANMARK 1933 und die GEORG STAGE II 1935. Beide Schiffe befinden sich heute noch im Einsatz.

Das Vollschiff GEORG STAGE fährt für die dänische Handelsflotte. **Archiv Autor**

Neben diesen beiden Vollschiffen gab es in der dänischen Handelsflotte noch weitere Segelschulschiffe: Zuerst seien die beiden Segler genannt, die als Segelschulschiffe für die bekannte dänische Reederei Lauritzen fuhren, und zwar die beiden Dreimast-Toppsegelschoner FANÖ und RÖMÖ. Letzterer ging 1940 nach Spanien, fuhr dort als ESTRELLA POLAR und wurde 1960 an Großbritannien verkauft. Als CLIPPER CUTTY SARK war er auch dort noch im Einsatz und sank am 11. Juni 1964.

Ferner ist der Toppsegelschoner LILLA DAN zu erwähnen, der 1950 in Svendborg gebaut wurde. Ursprünglich hatte Lauritzen den Segler übernommen, aber dann ging er 1967 an die Seefahrtschule Kogtved und wird ebenfalls von der Seefahrtschule Svendborg genutzt. Er ist 23,9 m lang, 6,3 m breit und mit 95 BRT vermessen. Das Schiff führt eine typische Besegelung von 274 m² – vier Vorsegel, am Fockmast eine Breitfock, darüber ein Mars- und ein Bramsegel sowie ein Gaffelsegel, am Besanmast ein Gaffelsegel und ein Gaffeltoppsegel.

Auch Dänemark verfügt über Freizeitsegler bzw. Erziehungsschiffe. Der Schoner BRITA LETH entstand 1911 auf einer Werft in Svendborg und fuhr bis 1915 als Frachtsegler, dann setzten ihn die Schweden von 1921 - 1927 als RAA ein. Nach einem wechselvollen Schicksal kaufte ihn 1972 die Familie Leth zurück, gab ihm den alten Namen und setzte ihn wieder als Frachtsegler ein. 1977 erfolgte eine Modernisierung in Zusammenarbeit mit der Stadt Arhus, um ihn als Traditionsschiff zu erhalten und für junge Leute zur Freizeitgestaltung einzusetzen.

Ein interessantes Schiff sei zum Schluß genannt. Der Schiffer Mogens Frohn Nielsen war seit seinem 17. Lebensjahr auf den Segelschulschiffen GEORG STAGE und DANMARK gefahren. Als 1960 der Dreimast-Gaffelschoner ODYSSEUS für einen Film umgerüstet und dann nicht mehr gebraucht wurde, entstand sein Plan, diesen und einen zweiten Dreimast-Gaffelschoner sozusagen doppelt zu nutzen – als Museums- und als Erziehungsschiff. Leider wurde ODYSSEUS ins Ausland verkauft. Aber damit die ganze Vorbereitung nicht umsonst sein sollte, konzentrierte er seine Kräfte auf den zweiten Schoner, den er FULTON nannte. In Zusammenarbeit mit dem Direktor des National-Museums wurde das Projekt angegangen und zum guten Ende geführt, 1970 konnte der Schoner die erste Reise antreten. Das Schiff ist 26,4 m lang, 6,6 m breit und mit 115 BRT vermessen. Die 10 Segel ergeben eine Fläche von 460 m². Ein halbes Jahr lang geht er auf Kurzreisen, an Bord befinden sich jeweils ein Schiffer, ein Steuermann und ein Zimmermann, dazu 5 - 6 Langzeiteleven und 70 Jungen im Alter von 15 - 18 Jahren, die auf diese Weise eine Lebenshilfe erhalten und so resozialisiert werden sollen.

Eine alte Seefahrernation setzt also die Segelschiffahrt – übrigens auch mit zahlreichen Traditionsschiffen – fort und mißt der Ausbildung auf Segelschiffen einen großen Wert bei.

Deutschland

Da der deutsche Nationalstaat erst 1871 entstand, beziehen sich schiffahrtshistorische Betrachtungen bis zu diesem Zeitpunkt ausschließlich auf die deutschen Teilstaaten, wenn man von dem kurzen Zeitraum einer Flotte des Deutschen Bundes von 1848 bis 1852 absieht.

Gestützt auf die Traditionen der Hanse hatten sich in den deutschen Küstenstaaten Handelsflotten von beachtlicher Größe entwickelt, so daß mit ihnen auch Einrichtungen zur Ausbildung von Steuerleuten und Schiffern entstanden. Es ist erwiesen, daß die Schifferkompanien in einigen Hafenstädten zu Kristallisationspunkten eines späteren Systems von Navigationsschulen (seit 1916 Seefahrtschulen) wurden. Diese bereits im 15. Jahrhundert gegründeten Vereinigungen (Lübeck 1401, Danzig 1481, Stralsund 1488, Hamburg 1492, Emden 1495) übernahmen spätestens ab Mitte des 18. Jahrhunderts gewisse Bildungsaufgaben.

1749 war auf Initiative der Admiralität in Hamburg die erste deutsche Navigationsschule nach dem Vorbild anderer Seefahrtsnationen gegründet worden, weitere folgten in anderen deutschen Staaten:

Ort	Gründung	Staat
Emden	1782	Preußen
Stettin	1789	Preußen
Bremen	1790	Bremen
Lübeck	1808	Lübeck
Tönning	1800	Schleswig-Holstein (Dänemark)
Vegesack	1815	Bremen
Danzig	1817	Preußen

18 weitere Navigationsschulen entstanden in den Folgejahren, wurden jedoch im Laufe der Zeit zum Teil auch wieder geschlossen. In den deutschen Teilstaaten gab es vor 1800 keine Schulschiffe, weder fahrende noch stationäre. Erfahrungen aus den Niederlanden, Großbritannien, Schweden oder Rußland konnten noch nicht genutzt werden, da die Handelsflotte zersplittert war und eine deutsche Kriegsmarine nicht existierte.

Nach den Befreiungskriegen wurde Preußen in der Schiffahrt zunehmend führend, denn als eine der Siegermächte hatte es beachtliche Gebietsgewinne mit Meeresküsten erzielt. Die 1817 gegründete Navigationsschule Danzig, die als Hauptschule für die bestehenden preußischen Einrichtungen dienen sollte, führte auf Anregung des ersten Direktors, des aus Altona stammenden Mathematikers und Astronomen Dr. Hermann Tobiesen, sogenannte Übungsfahrten für die Steuermannsschüler ein. Friedrich Wilhelm IV., der preußische König, unterstützte dieses Vorhaben, indem er den 1816 gebauten Kriegsschoner STRALSUND zur Verfügung stellte.

Schoner STRALSUND.

Baujahr:	1816	
Bauwerft:	J. A. Meyer, Stralsund	
Länge		24,13 m
Breite		7,31 m
Segel	Anzahl	5
	Fläche	583 m²
	mit Leesegeln	+ 150 m²

Am 1. August 1818 lief das Schiff zu seiner ersten und einzigen Übungsreise mit Schülern der preußischen Navigationsschulen aus. Damit begann erstmals in einem deutschen Land die Ausbildung für angehende Schiffsoffiziere der Handelsflotte auf einem fahrenden Schulschiff. Das ist deshalb bemerkenswert, weil in anderen Ländern die Ausbildung in den Kriegsmarinen ihren Ausgang nahm. Zwar wurde ein Kriegsschiff benutzt, was zur Folge hatte, daß alle für Übungsfahrten eingesetzten Schiffe die preußische Kriegsflagge zu führen hatten – auch die privaten, aber es existierte zu dieser Zeit in Preußen noch keine Kriegsmarine. Alle staatlichen und privaten Fahrzeuge erhielten während ihres Einsatzes für die Navigationsschulen die Bezeichnung „Königlich Preußisches Übungsschiff". Da STRALSUND nur für eine Reise zur Verfügung stand, mußten private Schiffe gechartert oder staatliche Fahrzeuge vorübergehend eingesetzt werden. Um diesen Zustand zu beenden, bemühte sich die Leitung der Navigationshauptschule Danzig, ein spezielles Schulschiff zu erhalten. Am 17. Mai 1844 konnte die AMAZONE endlich mit 50 Schülern der preußischen Navigationsschulen in See gehen.

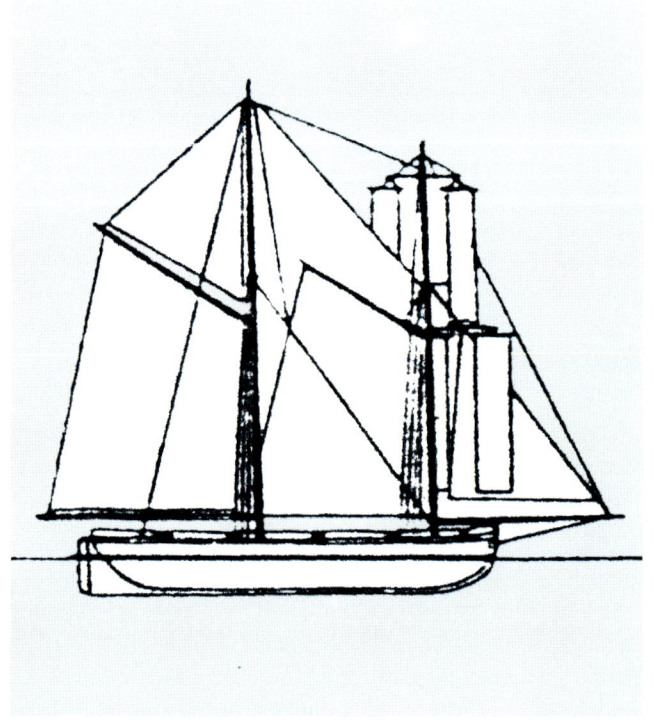

Kriegsschoner STRALSUND
als erstes erstes Segelschulschiff
eines deutschen Landes (Preußen).
Archiv Autor

Korvette AMAZONE, ab 1844 Schulschiff der preußischen Navigationsschulen. Archiv Autor

Schulkorvette AMAZONE.

Baujahr:	1842 - 1844	
Bauwerft:	Werft in Stettin	
	(Konstrukteur Elbertzhagen)	
Länge		33,49 m
Breite		8,99 m
Segel	Anzahl	15
	Fläche	876 m²
Wasserverdrängung		380 t
Bewaffnung		12 Kanonen
Besatzung	Stamm	51 Mann
	Schüler	55 Mann

Seinem Rang als Kriegsschiff entsprechend, bezeichnete man das Schiff als „Korvette". Nach Weisung der preußischen Regierung mußte das Schulschiff den Charakter eines Kriegs- schiffes haben und – wie alle bisher für die Navigationsschulen eingesetzten Schiffe – unter der preußischen Kriegsflagge fahren, die als „Stralsund-Flagge" bezeichnet wurde, weil sie auf diesem Schiff zum ersten Mal gesetzt worden war.

Die AMAZONE wurde von 1844 bis 1846 für vier Reisen ins Mittelmeer als Schulschiff der preußischen Navigationsschu- len entsandt. Die Reise im Jahre 1847 hatte New York zum Ziel. Durch die revolutionären Ereignisse in Preußen fanden 1848 und 1849 keine Ausbildungsreisen statt, denn die Korvette wurde als Kriegsschiff benötigt. Am 13. Mai 1850 ging sie dann endgültig aus der Zivilverwaltung in den Besitz der neuge- gründeten preußischen Kriegsmarine über und diente aus- schließlich als Kadettenschulschiff. Als erstes größeres Kriegs- schiff der preußischen Kriegsmarine, das ab 1852 mit GEFION und MERKUR das erste preußische Geschwader bildete, wurde es von den Seeleuten liebevoll als „Großmutter der Flotte" bezeichnet. 1861 wurde festgelegt, die Ausbildungsreisen während des Winters in südliche Seegebiete zu verlegen. Am 30. Oktober 1861 lief AMAZONE mit insgesamt 107 Mann Besatzung (davon 19 Kadetten und 36 Schiffsjungen) nach

Portugal aus. Am 12. oder 13. November 1861 strandete sie an der niederländischen Küste in einem schweren Sturm. Kein einziges Mitglied der Besatzung konnte gerettet werden.

Seit die AMAZONE von der preußischen Kriegsmarine übernommen worden war, entwickelte sich eine gut organisierte und wirksame Schulschiffahrt, die von der späteren Kaiserlichen Marine weitergeführt wurde. 1909 wurde das letzte Segelschulschiff der Kriegsmarine, die Korvette CHARLOTTE, aus der Fahrt genommen. Alle Segelschulschiffe der preußisch-deutschen Kriegsmarine sind im Anhang zusammengefaßt, jedoch soll ein Schiff dieser Zeit – stellvertretend für all die anderen – als Beispiel vorgestellt werden.

Fregatte NIOBE.

Baujahr:	1849	
Bauwerft:	Königliche Werft Portsmouth (Großbritannien)	
Länge		43,2 m
Breite		12,8 m
Segel	Anzahl	
	Fläche	1650 m²
Wasserverdrängung		1270 t
Besatzung	Stamm	310 Mann
	Schüler	40 Mann

Die Fregatte
NIOBE
ersetzte 1861 das gesunkene
Schulschiff AMAZONE.
Archiv Autor

Die Schulkorvette
CHARLOTTE
war letztes Segelschulschiff
der Kaiserlichen Marine.
Archiv Schödler

Erstes Segelschulschiff des
Deutschen Schulschiff-Vereins –
das Vollschiff GROSSHERZOGIN ELISABETH.
Archiv Autor

Vollschiff GROSSHERZOGIN ELISABETH

Baujahr:		1901
Bauwerft:		Tecklenborg, Geestemünde
Länge über alles (mit Bugspriet)		92,0 m
Länge zwischen den Loten		69,0 m
Breite		11,9 m
Segel	Anzahl	24
	Fläche	1650 m²
Vermessung		1260 BRT
		721 NRT
Besatzung	Stamm	18 Mann
	Schüler	150 Mann

Das Vollschiff gehörte dem Deutschen Schulschiff-Verein und fuhr keine Fracht. Das traf auch für die anderen Schiffe dieses Vereins zu. Die niedrige Zahl der Stammbesatzung ist dadurch zu erklären, daß die Schüler jeweils drei Jahre an Bord blieben und dadurch je zu einem Drittel Matrosen, Leichtmatrosen und Schiffsjungen zur Verfügung standen.

Viermast-Bark HERZOGIN CECILIE

Baujahr:		1902
Bauwerft:		Rickmers A.G., Bremerhaven.
Länge über alles (mit Bugspriet)		116,0 m
Länge zwischen den Loten		95,7 m
Breite		15,0 m
Segel	Anzahl	29
	Fläche	4100 m²
Vermessung		3242 BRT
		2786 NRT
Besatzung	Stamm	24 Mann
	Schüler	60 Mann

Die Viermast-Bark gehörte dem Norddeutschen Lloyd und wurde gemeinsam mit der Viermast-Bark HERZOGIN SOPHIE CHARLOTTE (ex ALBERT RICKMERS) als frachtfahrendes Segelschulschiff eingesetzt.

Die Hamburger Reederei A.G. Freitas und Co. ließ 1904 von der britischen Werft Dockyard and Co. in Greenock zwei Viermast-Schonerbarken, MOZART und BEETHOVEN, bauen, die als frachtfahrende Segelschulschiffe genutzt wurden. Sie waren 79,25 m lang, 12,35 m breit und mit 2005 BRT vermessen.

Der preußische Staat kaufte 1861 dieses Schiff als Ersatz für die AMAZONE von Großbritannien und setzte es als Kadettenschulschiff ein. Bis 1890 fuhr es unter preußischer und deutscher Flagge, dann wurde es in Kiel abgewrackt. 1923 stellte die deutsche Reichsmarine wieder eine NIOBE als Segelschulschiff in Dienst.

Für die zivile Ausbildung standen erst nach 1900 Segelschulschiffe zur Verfügung, als der „Deutsche Schulschiff-Verein" gegründet wurde und einige deutsche Reedereien, voran der Norddeutsche Lloyd in Bremen, frachtfahrende Segelschulschiffe einsetzten.

Aus der großen Zahl dieser Segelschulschiffe (siehe Tabelle im Anhang) sollen drei Beispiele genannt werden.

Neben einer Stammbesatzung von 18 Mann (davon acht Matrosen) befanden sich bis zu 21 Schüler an Bord. Nach dem Ersten Weltkrieg, mit dem auch die kommerzielle Segelschiffahrt bis auf wenige Reste beendet war, mußten fast alle Segelschulschiffe Deutschlands ausgeliefert werden. Zwischen 1918 und 1945 nutzten sowohl die Handelsflotte als auch die Kriegsmarine erneut Segelschulschiffe.

Für den Deutschen Schulschiff-Verein fuhr das Vollschiff GROSSHERZOGIN ELISABETH noch bis 1932. Erst 1945 war es an Frankreich zu übergeben. 1927 gab der Schulschiff-Verein das Vollschiff SCHULSCHIFF DEUTSCHLAND in Auftrag, das seit 1952 in Bremen stationär zur Ausbildung von Matrosen der Handelsflotte dient.

Vollschiff SCHULSCHIFF DEUTSCHLAND – gebaut 1926.

Archiv Autor

Vollschiff SCHULSCHIFF DEUTSCHLAND		
Baujahr:	Tecklenborg, Bremerhaven (Geestemünde)	
Länge über alles (mit Bugspriet)		86,2 m
Länge zwischen den Loten		65,2 m
Breite		11,9 m
Segel	Anzahl	25
	Fläche	1900 m²
Vermessung		1257 BRT
Besatzung	Stamm	20 Mann
	Schüler	120 Mann

Von 1927 bis 1938 fanden die Ausbildungsfahrten – alter deutscher Tradition folgend – während des Sommers in Nord- und Ostsee sowie im Winter in südlichen Meeren statt. Die Kriegsjahre 1939 - 1945 banden das Segelschulschiff an die Ostsee, wo es auch als Lazarett- und Wohnschiff diente. 1947 verlegte man es als Ersatz für die abgelieferte GROSSHERZOGIN ELISABETH zur Ausbildung von Handelsschiffsmatrosen nach Bremen. Die umfangreiche Instandsetzung und Modernisierung 1987 erfolgte nicht nur wegen der durch die lange Liege- und Einsatzzeit entstandenen Mängel, sondern auch wegen der starken Schäden aus dem Winter 1986/87. Am 15. Januar 1987 brachen im schweren Eisgang die Leinen der oberhalb des Segelschulschiffes liegenden Binnenschiffe, welche manövrierunfähig gegen die DEUTSCHLAND trieben und sie erheblich beschädigten. Ab 15. November 1987 konnte der Ausbildungsbetrieb wieder voll aufgenommen werden.

Die Reedereien setzten nach wie vor frachtfahrende Segel-

52

schulschiffe ein, wodurch ab 1921 in einigen Fällen ein unseriöser Segelschulschiffbetrieb entstand, in zahlreichen Protokollen und Veröffentlichungen treffend als „wilde Schulschiffahrt" bezeichnet. Ursache dafür war vor allen Dingen der sogenannte „Segelschiffs-Paragraph" von 1887, wonach eine Zulassung zur Steuermannsausbildung nur nach einer Vollmatrosen-Fahrzeit von 12 Monaten auf einem großen Frachtensegler möglich war. Die schwierigen Nachkriegsbedingungen (Verlust fast der gesamten deutschen Handelsflotte) verbunden mit diesen durchaus nicht mehr zeitgemäßen Bestimmungen, führten dann zu dubiosen Machenschaften. Nach 1925 wurde diese Art, Seeleute „auszubilden", endlich durch eine neue Seegesetzgebung unterbunden. Die Schiffe der großen Reedereien sind im Anhang (Tabellen) zusammengefaßt. Nur zwei Segelschulschiffe, die noch im Einsatz sind, sollen erwähnt werden.

Viermast-Bark MAGDALENE VINNEN

Baujahr:		1921
Bauwerft:		Krupp Germania, Kiel
Länge über alles (mit Bugspriet)		117,5 m
Länge zwischen den Loten		100,2 m
Breite		14,6 m
Segel	Anzahl	32
Fläche		4192 m²
Vermessung		3709 BRT
		2972 NRT
Wasserverdrängung		2094 t
Hilfsmotor - Leistung	400 kW	= 550 PS
Besatzung	Stamm	20 Mann
	Schüler	60 Mann

Von 1921 bis 1935 lief die Viermast-Bark als frachtfahrendes Segelschulschiff für die Vinnen-Reederei, dann wurde sie in England aufgelegt, ehe sie ab 1936 unter dem Namen KOMMODORE JOHNSEN vom Norddeutschen Lloyd wieder als frachtfahrendes Segelschulschiff in Dienst gestellt wurde. 1945 sollte das Schiff an Großbritannien abgeliefert werden, aber wegen der Festlegungen im Potsdamer Abkommen erhielt es schließlich die Sowjetunion. Dort fährt es heute noch als „reines" Segelschulschiff SEDOW für die Fischereiflotte. Bis 1991 war es in Riga registriert, dann verlegte man es nach Murmansk.

1926 ließ die Reederei Laeisz in Hamburg, welche ab 1920 die Ausbildung auf frachtfahrenden Segelschulschiffen (PAMIR, PASSAT, PEKING und PRIWALL) wieder aufgenommen hatte, eine weitere Viermast-Bark bauen, die am 24. Juni 1926 vom Stapel lief und den Namen PADUA erhielt. Bis 1945 fuhr sie unter deutscher Flagge und wurde dann an die Sowjetunion abgeliefert. In Rußland ist sie gegenwärtig unter dem Namen KRUSENSTERN im Dienst und seit 1991 in Königsberg registriert.

Die Deutsche Reichsmarine knüpfte an die 1909 unterbrochene Tradition der Ausbildung auf Segelschulschiffen an, als sie am 30. April 1923 die NIOBE in Dienst stellte.

Jackassbark NIOBE

Baujahr:		1913
Bauwerft:		Skibsvaerft und Flydedock Buhl und Co., Frederikshaven, Dänemark Umbau 1922/23 Marinewerft Wilhelmshaven
Daten nach dem Umbau:		
Länge über alles (mit Bugspriet)		58,0 m
Länge zwischen den Loten		42,9 m
Breite		9,1 m
Segel	Anzahl	15
	Fläche	953 m²
Vermessung		367 BRT
Wasserverdrängung		724 t
Hilfsmotor - Leistung	175 kW	= 240 PS
Besatzung	Stamm	34 Mann
	Schüler	65 Mann

1913 bis 1915 fuhr der Viermast-Gaffelschoner als MORTEN JENSEN unter dänischer und dann bis 1916 als TYHOLM unter norwegischer Flagge. Am 21. November 1916 brachte ihn das deutsche Unterseeboot UB 41 als Prise auf. Nun war der Schoner unter deutscher Flagge im Einsatz, bis er ab 6. Februar 1922 zum Umbau in die Werft ging. Nach seiner Umbenennung in NIOBE wurde er am 19. 12. 1923 als Segelschulschiff der Reichsmarine registriert.

Der Umbau zum Dreimaster brachte eine Takelung mit sich, die in den letzten Jahren des 19. Jahrhunderts in verschiedenen Varianten auftrat, man nannte solche Schiffe „Polka-

barken" oder – wie in diesem Falle – auch Jackassbark mit der folgenden Segelanordnung:
- Fockmast - Focksegel, ein Marssegel, doppelte Bramsegel;
- Großmast - über dem Gaffelsegel ein Marssegel und doppelte Bramsegel;
- Besanmast - Gaffel- und Gaffeltoppsegel.
Zwischen Groß- und Fockmast befanden sich zwei Stagsegel sowie vor dem Fockmast drei Vorsegel.

Jährlich fanden vier Lehrgänge für Unteroffiziers- und Offiziersanwärter statt. Die Ausbildungsreisen führten in die Nord- und Ostsee, mitunter in den Atlantik. Am 26. Juli 1932 erfaßte den Segler eine plötzliche Bö, die ihn eine Seemeile östlich des Feuerschiffes Fehmarn-Belt zum Kentern brachte: 69 Seeleute fanden den Tod, nur 40 konnten gerettet werden.

Vorübergehend standen einige kleinere Fahrzeuge zur Verfügung, aber ab 1933 begann die Ausbildung erneut auf einem großen Schiff, denn die Bark GORCH FOCK war fertiggestellt

worden. Ihr folgten weitere Barken, die alle bei Blohm und Voss in Hamburg gebaut wurden und noch heute im Einsatz sind:

Name	In Dienst	Heute
GORCH FOCK	27. 6. 1933	TOWARISCHTSCH II Sowjetunion/Rußland
HORST WESSEL	17. 6. 1936	EAGLE - USA
ALBERT LEO SCHLAGETER	14. 2. 1938	SAGRES II - Portugal

Zu den zivilen und militärischen Segelschulschiffen erscheinen Angaben in den Tabellen des Anhangs. Einige Fahrzeuge tauchen bei den Beschreibungen der heutigen Besitzerländer auf.

In der DDR wurde ein Segelschulschiff gebaut, das den Namen WILHELM PIECK erhielt und von der Gesellschaft für Sport und Technik betrieben wurde. Es diente der Vorausbildung von Offiziersanwärtern der Volksmarine und der Handelsflotte.

Schonerbrigg GREIF (ex WILHELM PIECK)

Baujahr:		1951
Bauwerft:		Warnow-Werft Rostock-Warnemünde
Länge über alles (mit Bugspriet)		41,0 m
Länge zwischen den Loten		29,8 m
Breite		7,4 m
Segel	Anzahl	15
	Fläche	500 m²
Vermessung		178 BRT
Wasserverdrängung		290 t
Hilfsmotor - Leistung	73 kW	= 100 PS
Besatzung	Stamm	10 Mann
	Schüler	35 Mann

Die Ausbildungsreisen fanden fast ausschließlich in der Ostsee statt. Nur 1957 führte eine Reise in den Atlantik und durch das Mittelmeer ins Schwarze Meer. 1974 nahm das Schiff an der Operation-Sail von Kopenhagen nach Gdynia teil, an Bord befand sich eine Klasse von Offiziersanwärtern der Handelsflotte (Betriebsschule der Deutschen Seereederei). 1991 übernahm die Hansestadt Greifswald die Schonerbrigg und gab ihr den Namen GREIF. Nach einer gründlichen Instandsetzung in der Warnow-Werft 1991 führte der Segler am 28. Juli 1991 die Segelschiffsparade zur „Hanse-Sail Rostock '91" an.

In der Bundesrepublik Deutschland begann die Ausbildung von Handelsschiffsoffizieren trotz der schlechten Erfahrungen erneut mit frachtfahrenden Segelschulschiffen. Die beiden Viermast-Barken PAMIR (gebaut 1905) und PASSAT (gebaut 1911), die in Antwerpen zur Verschrottung lagen, wurden 1951 von der Reederei Schliewen gekauft. Ihr Einsatz erfolgte ab 1952 durch die „Stiftung PAMIR und PASSAT" als frachtfahrende Segelschulschiffe in der Getreidefahrt nach Argentinien. Erst als am 28. September 1957 die Viermast-Bark PAMIR westlich der Azoren sank – nur sechs von 86 Seeleuten konnten gerettet werden – und wenig später auch die PASSAT in ähnliche Schwierigkeiten geriet, wurde die frachtfahrende Segelschulschiffahrt endgültig verboten. Die PASSAT wurde aus der Fahrt genommen und liegt seitdem in Lübeck-Travemünde als stationäres Schul- und Museumsschiff. Seit dieser Zeit wird in Deutschland kein Segelschulschiff mehr für die Handelsschiffahrt betrieben.

Die 1955 gebildete Bundesmarine gab am 6. April 1957 der Werft Blohm und Voss in Hamburg den Auftrag, eine Bark

Die Brigantine GREIF läuft aus, um an der Segler-Parade der Rostocker Hafentage 1992 teilzunehmen.
Foto: Autor

nach den bekannten und bewährten Konstruktionsunterlagen der Segelschulschiffe aus der Vorkriegszeit zu bauen. Am 17. Dezember 1958 wurde GORCH FOCK II in Dienst gestellt.

Bark GORCH FOCK II

Baujahr	1958	
Bauwerft:	Blohm und Voss, Hamburg	
Länge über alles (mit Bugspriet)		89,3 m
Länge zwischen den Loten		70,2 m
Breite		12,0 m
Segel	Anzahl	23
Fläche		1952 m²
Vermessung		1499 BRT
		918 NRT
Wasserverdrängung		2000 t
Hilfsmotor - Leistung	584 kW	= 800 PS
Besatzung	Stamm	74 Mann
	Schüler	160 Mann

Die Bark lief am 3. August 1959 zur ersten Ausbildungsreise nach Santa Cruz aus, woran sich zahlreiche weitere Reisen anschlossen. Ferner nahm das Schiff seit 1960 an allen „Tall Ship Races" im Rahmen der Operation Sail teil und konnte am häufigsten die Sieger-Trophäe erringen. Typisch für diese seit 1936 gebauten Barken – außer der GORCH FOCK I – ist das geteilte Gaffelsegel am Besanmast, das auch „deutscher Besan" genannt wird.

In Deutschland gibt es derzeit eine beachtliche Anzahl von Segelschiffen, die in dieser oder jener Form zur Ausbildung verwendet werden, wenn es auch nicht immer einfach ist, ihre wahre Aufgabe zu definieren und die Grenze zwischen Schulschiff und Passagierschiff zu finden. Auf alle Fälle sind diese Fahrzeuge in die dritte Gruppe der eingangs aufgestellten Systematik einzuordnen.

Bei näherer Betrachtung kann man zwei Untergruppen definieren:

1. Schiffe, die im Rahmen der Freizeitpädagogik eingesetzt werden (adventure-sailing, outward-bound-schools) und

Bark GORCH FOCK II während der Windjammerparade vor Warnemünde am 28. Juli 1991. Foto: Autor

Dreimast-Gaffelschoner
AMPHITRITE:
Traditions- und Schulsegler
(gebaut 1887).
Foto: Autor

2. Schiffe für eine zielgerichtete Erziehung.

Bei den zur ersten Untergruppe gehörenden Fahrzeugen ist es schwierig, eine Grenze zwischen Segelschulschiff und Passagierschiff zu ziehen. Als typisches Beispiel sei hier der Dreimast-Toppsegelschoner THOR HEYERDAHL genannt, der einem privaten Reeder aus Bremen gehört. Er setzt ihn im Sommer für Ausbildungsreisen ein, im Winter führt er damit Passagierfahrten in der Karibik durch.

Andere Segler dagegen werden fast ausschließlich zu Fahrten für die Ausbildung Jugendlicher benutzt, die nicht immer den Beruf eines Seemannes ergreifen wollen. Dies gilt zum Beispiel für den Dreimast-Gaffelschoner AMPHITRITE und den Dreimast-Toppsegelschoner ALBATROS, die dem 1973 gegründeten Bremer Verein „Clipper - Deutsches Jugendwerk zur See e.V." gehören.

Dreimast-Gaffelschoner AMPHITRITE

Baujahr:		1887
Bauwerft:		Chamber and Nicholson,
		Gosport (Großbritannien)
Länge über alles		42,3 m
Länge (Wasserlinie)		32,6 m
Breite		5,7 m
Segel	Anzahl	10
	Fläche	534 m²
Vermessung		110 BRT
Hilfsmotor - Leistung		2 x 130 kW = 2 x 180 PS
Besatzung	Stamm	10 Mann
	Schüler	

ROALD AMUNDSEN –
erste deutsche Brigg seit 1909.
Foto: Autor

Bark ALEXANDER VON HUMBOLDT –
Flaggschiff der Sail Training Association of Germany besucht Rostock.
Foto: Autor

Der Segler war ursprünglich als Barkentine getakelt und hat unter verschiedenen Eignern den unterschiedlichsten Zwecken gedient. Als er 1975 in den Besitz des Vereins „Clipper" gelangte, erfolgte neben einer gründlichen Instandsetzung auch die Umtakelung zum Dreimast-Gaffelschoner. Auf diese Weise werden historisch wertvolle Segelschiffe erhalten.

Zur zweiten Untergruppe zählen Segler, die man als „Erziehungsschiffe" bezeichnen kann. 1988 benutzte ein Verein die Schonerbrigg OUTLAW dazu, mit vorbestraften Jugendlichen eine Reise zu den Azoren zu unternehmen, um ihnen die Chance zur Eingliederung in die Gesellschaft zu geben.

Auch der Gaffelschoner UNDINE dient bereits seit Jahren dem Zweck, gefährdeten Jugendlichen während normaler Frachtreisen von insgesamt sechs Monaten den Weg zu einer sinnvollen Lebensgestaltung zu weisen. In Zusammenarbeit mit dem Jugendamt Hamburg werden sie ausgewählt, um sich auf See zu „bewahren". Ähnliche Projekte schließen sich an.

Im Sommer 1992 ist der in der Peene-Werft Wolgast umgebaute Dreimast-Toppsegelschoner FRIDTJOF NANSEN zu seiner ersten Reise ausgelaufen. Der Hamburger Verein „LebenLernen auf Segelschiffen e.V." hat 1993 ein zweites Schiff, den Tanklogger VILM der ehemaligen Volksmarine, für diese Aufgabe vorbereitet. Es ist eine schmucke Brigg entstanden – die erste deutsche Brigg seit 84 Jahren. Sie heißt ROALD AMUNDSEN und soll wie die NANSEN in einer begrenzten Frachtfahrt eingesetzt werden. Als Trainees sollen auch gefährdete Jugendliche an Bord genommen werden, allerdings ist hier das soziale Spektrum größer. Beide Schiffe gehören jetzt dem Verein „Segelschiff FRIDTJOF NANSEN e. V." in Wolgast sowie dem genannten Hamburger Verein.

In dieser dritten Gruppe befinden sich nicht nur kleinere Fahrzeuge; auch „ausgewachsene" Rahsegler fahren als Freit-zeitschiffe, wie die Bark ALEXANDER VON HUMBOLDT beweist. Sie gilt als Flaggschiff der deutschen Sektion der „Sail Training Association" (STAG).

Bark ALEXANDER VON HUMBOLDT

Baujahr:	1906	
Bauwerft:	Werft A.G. „Weser", Bremen.	
Maße nach dem Umbau:		
Länge über alles (mit Bugspriet)		62,6 m
Länge zwischen den Loten		46,6 m
Breite		8,0 m
Segel	Anzahl	25
	Fläche	1035 m²
Vermessung		369 BRT
Wasserverdrängung		829 t
Hilfsmotor - Leistung	375 kW	= 510 PS
Besatzung	Stamm	15 Mann
	Schüler	45 Personen

Das Fahrzeug entstand 1906 als Feuerschiff und wurde nach der Außerdienststellung 1986 zum Segler umgebaut und am 30. September 1986 von der STAG übernommen.

Die Traditionen der deutschen Segelschulschiffausbildung reichen bis zum 1. August 1818 zurück. Seitdem hat sich das System auf verschiedenen Ebenen gut entwickelt und mit unterschiedlicher Zielstellung gefestigt. Die gegenwärtig unter deutscher Flagge fahrenden Segelschulschiffe tragen dazu bei, daß die Tradition der Seefahrt und speziell der Segelschiffahrt weiterleben, und daß die Möglichkeiten der Ausbildung sowie der Erziehung auf Segelschiffen optimal genutzt werden.

Ekuador – Columbien – Venezuela – Mexiko

Diese vier lateinamerikanischen Länder betreiben Segelschulschiffe, welche auf der gleichen Werft nach den gleichen Konstruktionsgrundlagen gebaut wurden. Als Columbien 1968 der spanischen Werft Astilleros y Tallares Celaya S.A. in Bilbao (Spanien) den Auftrag gab, ein Segelschulschiff zu bauen, griffen die Konstrukteure auf die Bauunterlagen von Blohm und Voss in Hamburg zurück. Von dort kamen ja vor und nach dem Zweiten Weltkrieg die GORCH-FOCK-Schiffe. Die fünf Fahrzeuge dieser „Familie" sind noch heute in fünf verschiedenen Ländern im Einsatz und haben sich bestens bewährt. Natürlich stimmen diese lateinamerikanischen Segler nicht in allen Details mit der GORCH FOCK II sowie untereinander überein.

In der folgenden Tabelle sind ihre wichtigsten Daten zusammengefaßt.

Als GLORIA fährt die Bark für die Kriegsmarine Columbiens und ist oft zu den internationalen Großschiffregatten und Segelschiffstreffen zu bewundern.

1974 ließ die Regierung Ekuadors bei der o. g. spanischen Werft ebenfalls ein Segelschiff bauen, das am 23. September 1976 auf den Namen GUAYAS getauft wurde. Klassifiziert nach den Vorschriften des Germanischen Lloyd, stieg am 23. Juli 1977 während einer feierlichen Zeremonie die Flagge Ekuadors am Mast empor. Danach folgte die erste Überquerung des Atlantiks zum Heimathafen Guayaquil. Die „Dama Blanca", wie der Segler auch genannt wird, lief am 4. März 1978 zu ihrer ersten Ausbildungsreise aus, um sich in den Ländern Südamerikas vorzustellen. Die Reise endete am 18. 8. nach insgesamt 14 638 Seemeilen. Die zweite große Reise 1980 war bereits mit der Teilnahme an internationalen Regatten verbunden, zu denen auch die „Operation Sail 1980" gehörte. Von den weiteren Reisen sind die der Jahre 1987/88 sowie 1992 besonders hervorzuheben: 1987/88 ging es nach Australien zur 200-Jahr-Feier und zur Teilnahme an der Operation Sail 1988. Dies war die längste Reise nach der Dauer und den zurückgelegten Seemeilen: acht Monate und 25 622 Seemeilen. Am 28. Februar 1992 lief die GUAYAS aus, um an der großen Regatta „Colon-92 V. Centario" teilzunehmen. Ihre Fahrt führte durch den Panama-Kanal in die Karibik und von dort über den Atlantik nach Lissabon, das sie am 23. April 1992 erreichte. Weiter ging es nach Cadiz zum Start der großen Regatta Europa-Amerika. Am 25. Juli 1992 kehrte das Schiff in die Heimat zurück.

Von 1978 bis 1991 hatte die GUAYAS insgesamt 128 946 Seemeilen während ihrer Ausbildungsreisen zurückgelegt, Fähnriche, Kadetten und Schiffsjungen erhielten dabei eine gediegene Ausbildung. Das Schiff unternimmt jährlich Schulreisen in nationalen Gewässern, während alle zwei Jahre Reisen ins Ausland stattfinden, an denen die Offiziersschüler kurz vor dem Studienabschluß teilnehmen.

Übrigens werden in Ekuador die Offiziere und Matrosen aus der Kriegsmarine in die Handelsflotte übernommen. Im vergangenen Jahrhundert wurden jedoch zivile Segelschiffe genutzt, um auf ihnen im praktischen Einsatz Seeleute auszubilden.

Venezuela übernahm 1979 die Bark SIMON BOLIVAR, während für die Kriegsmarine von Mexiko 1981 eine Bark mit dem Namen CUAUTHEMOC fertiggestellt wurde. Vier Länder – mit vier „Beinahe-Schwestern", denn beim Vergleichen der Bilder erkennt der Fachmann die Unterschiede deutlich.

Bark GLORIA aus Columbien beim 800. Hafengeburtstag Hamburgs 1989. Foto: Autor

Übersicht Columbien, Ekuador, Venezuela, Mexiko.

Name	Bau-jahr	Länge Breite	Segel m²	Wasser-verdr.	Motor kW/PS	Besatzung Stamm/Schüler
GLORIA	1968	76,0 m 10,6 m	1400	1300 t	386 kW/ 530PS	51/ 88
GUAYAS	1976	78,4 m 10,1 m	1410	1300 t	511 kW/ 700 PS	60/84
SIMON BOLIVAR	1979	82,4 m 10,6 m	1650	1260 t	547 kW/ 750 PS	110/84
CUAUHTEMOC	1981	90,4 m 10,5 m	1750	1760 t	822 kW/ 1125 PS	185/80

Länge: Länge über alles mit Bugspriet.
Außer den vier Barken werden für Columbien die Ketsch LA ARTEVIDA und für Mexiko die 1871 gebaute Korvette ZARAGOZA als Segelschulschiffe genannt.

Finnland

Bis zum Zweiten Weltkrieg verfügte Finnland über die größte Flotte von Tiefwasserseglern. Allein die Reederei Erikson in Mariehamn (Alands-Inseln) besaß 25 Segelschiffe: drei Schoner (davon zwei Viermast-Schoner), drei Barkentinen (davon zwei Viermast-Barkentinen), acht Barken und elf Viermast-Barken. Die Segelschiffahrt hat in diesem Land große Traditionen. 1907 setzte die „A/B Finska Skolskeppsrederiet" in Helsinki die Bark FAVEL als Segelschulschiff ein.

Die finnische Bark FAVEL fuhr unter zwei Flaggen als Segelschulschiff, der russischen bis 1917 und der finnischen bis 1934. aus (46) S. 41

Bark FAVEL

Baujahr:		1895
Bauwerft:		Charles Hills & Sons, Bristol, Großbritannien
Länge über alles (mit Bugspriet)		92,5 m
Länge zwischen den Loten		72,4 m
Breite		11,0 m
Segel	Anzahl	18
	Fläche	1350 m²
Vermessung		1309 BRT
Besatzung	Stamm	25 Mann
	Schüler	30 Mann

Bereits 1897 hatte eine Reederei in Rauma das Schiff gekauft, von der es 1907 die o. g. „Schulschiffsreederei" übernahm. Trotz der Veränderungen 1917, als Finnland eine selbständige Republik wurde, blieb es noch bis 1934 als Segelschulschiff unter finnischer Flagge in Fahrt. 1934 wurde es nach einer Havarie aus der Fahrt genommen und verschrottet.

Ab 1912 setzte die Skolskeppsrederiet ein größeres Segelschulschiff ein. Sie kaufte die 1892 in Belfast gebaute Viermast-Bark GOODRICH (2243 BRT, 86,6 m lang, 12,8 m breit), die den Namen FENNIA erhielt und unter russischer Flagge fuhr, denn Finnland war damals Bestandteil des russischen Zarenreiches. Die revolutionären Vorgänge des Jahres 1917 brachten Finnland zwar die staatliche Selbständigkeit, aber das Schiff übernahmen die Briten, die es zum Tanker umbauten und als FIONA SHELL in Fahrt setzten. Ab 1923 lag der ehemalige Segler als Ölhulk in Gibraltar und wurde 1941 von einem italienischen Torpedoboot versenkt. Um dieses Schiff zu ersetzen, wurde wiederum eine Viermast-Bark gekauft. Die 1902 in Le Havre gebaute Bark fuhr als CHAMPIGNY für einen französischen Reeder (3112 BRT, 95,1 m lang, 13,7 m breit). Sie erhielt ebenfalls den Namen FENNIA und ging als frachtfahrendes Segelschulschiff in die Westamerikafahrt. 1927 wurde der Segler in einem schweren Sturm am Kap Hoorn so schwer beschädigt, daß ihn Schlepper nach Port Stanley (Falkland-Inseln) bringen mußten. Da sich eine Reparatur nicht lohnte, wurde er kondemniert. Bis 1967 lag der einst stolze Segler als Hulk in Port Stanley, dann sollte er Museumsschiff in San Francisco werden. Offensichtlich wurde er 1977 abgebrochen.

Ein weiteres Segelschulschiff ist zu nennen, das 1893 in Glasgow gebaut und 1908 in Finnland registriert wurde. Bis 1925 fuhr es unter dem Namen GLENARD unter finnischer Flagge und wurde danach an Großbritannien verkauft.

1902 wurde in Frankreich ein Segler gebaut, der schließlich 1931 nach Finnland gelangte und noch heute als stationäres Schulschiff der Seefahrtschule Turku schwimmt.

Vollschiff SUOMEN JOUTSEN

Baujahr:		1902
Bauwerft:		Chantiers de la Loire de Saint Nazaire, Nantes (Frankreich)
Länge über alles (mit Bugspriet)		96,0 m
Länge zwischen den Loten		80,0 m
Breite		12,2 m
Segel	Anzahl	27
	Fläche	2250 m²
Vermessung		2259 BRT
Hilfsmotor - Leistung		2 x 146 kW = 2 x 200 PS
Besatzung (in Fahrt)	Stamm	27 Mann
	Schüler	bis 90 Mann

Beim Stapellauf erhielt das Vollschiff den Namen LAENNEC. Es fuhr bis 1921 für eine französische Reederei und wurde bis 1923 aufgelegt, um dann an die Hamburger Reederei H. H. Schmidt verkauft zu werden. Wie Großbritannien stellte auch Frankreich um 1921 die große Segelschiffahrt endgültig ein und verkaufte oder verschrottete alle Tiefwassersegler. Deutschland und Finnland betrieben die Segelschiffahrt in größerem Umfang weiter. Häufig wurde dabei die Frachtfahrt mit der Ausbildung verknüpft, denn der Besuch einer Steuermannsschule setzte eine mindestens 12monatige Fahrzeit als Vollmatrose auf Großseglern voraus. Von Erikson sagte man, daß es an Bord seiner Segler oft mehr Seeleute gegeben habe, welche für ihre Arbeit bezahlen mußten, als solche, die eine ordentliche Heuer bekommen hätten.

In Deutschland schlossen sich kleinere Reedereien zu Interessengemeinschaften zusammen, um frachtfahrende Segelschulschiffe zu betreiben. Das o. g. Vollschiff sollte unter dem Namen OLDENBURG diese Aufgabe übernehmen, aber es absolvierte nur drei Ausbildungsreisen für eine solche Gemeinschaft. Dann kaufte es 1928 die Reederei „Seefahrt GmbH" in Bremen, die es jedoch bereits 1931 an die finnische Regierung

Vollschiff SUOMEN JOUTSEN
(ex LAENNEC,
ex OLDENBURG),
heute stationäres Schulschiff
in Turku.
aus (46) S. 53

weiterverkaufte. Unter SUOMEN JOUTSEN fuhr der Segler als Schulschiff der Kriegsmarine bis 1954, nachdem er so umgebaut worden war, daß er nun bis zu 90 Schüler aufnehmen konnte. Als während des Krieges keine Ausbildungsreisen mehr möglich waren, diente er abgetakelt als Kasernenschiff.

Ab 1954 übernahm die finnische Handelsflotte das Vollschiff, hielt es noch bis 1960 in Fahrt und übergab es dann der Seefahrtschule Turku als stationäres Schulschiff. Ab 1988 wurde es zur Besichtigung freigegeben. Übrigens liegt in der Nähe die hölzerne Bark SIGYN als Museumsschiff, die 1887 in Göteborg gebaut und 1939 dem Seefahrtsmuseum, der „Abo Akademi", in Turku geschenkt wurde.

Auch Finnland besitzt kleinere Segelschulschiffe, die dem „adventure sailing" zur Verfügung stehen. Dazu gehört ein Toppsegelschoner ELISABETH, der 1920 in den Niederlanden gebaut worden ist. 1984 erfolgte ein weitgehender Umbau: Länge 38,4 m, Breite 6,6 m, 250 t Wasserverdrängung und 550 m² Segelfläche. Neubauten verschiedener Größe kamen hinzu. Schoner, wie die LOKKI (gebaut 1984) und die RAAHEN FIIA (gebaut 1989) sind lediglich zu erwähnen, da ihre Größe unter 50 t liegt. Jedoch sollen zwei weitere Neubauten kurz

vorgestellt werden. Seit 1988 setzt die Skeppsföreningen Albanus einen Schoner ein, der im gleichen Jahr in Mariehamn gebaut wurde: 29,7 m lang, 80 t Wasserverdrängung, Segelfläche 320 m². ALBANUS heißt dieser Segler.

Das jüngste finnische Segelschiff ist der Schoner HELENA, der 1992 gebaut wurde.

Schoner HELENA

Baujahr:	1992	
Bauwerft:		
Länge über alles		38,7 m
Länge zwischen den Loten		
Breite		6,6 m
Segel	Anzahl	7
	Fläche	530 m²
Wasserverdrängung		98 t
Hilfsmotor - Leistung	219 kW	= 300 PS
Besatzung	Stamm	4 Mann
	Schüler	24 Personen

63

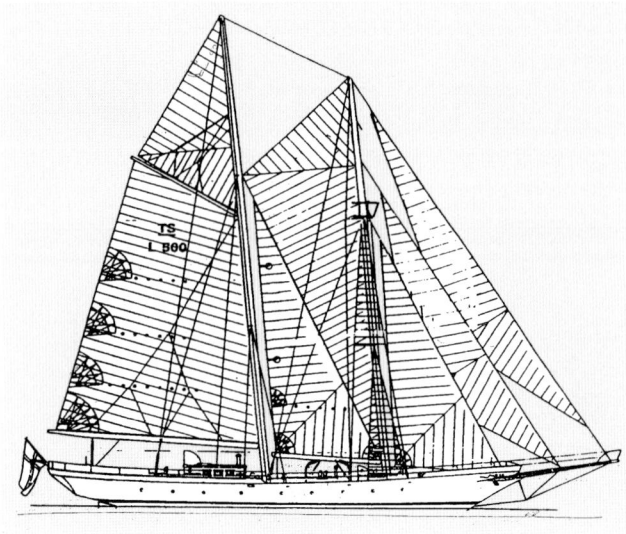

Bemerkenswert ist die Takelung aus Stagsegel am Fockmast und Gaffelsegel am Großmast. An diesen Beispielen zeigt sich ebenfalls, daß die traditionellen Auffassungen über Segelschulschiffe nicht mehr vollständig zutreffen.

Schoner HELENA –
jüngstes finnisches Segelschulschiff
(gebaut 1992).
Archiv Autor

Frankreich

Die Ausbildung von Schiffsoffizieren hat in Frankreich eine lange Tradition, denn bereits im 16. Jahrhundert entstanden nach dem Vorbild der Schulen in Sagres (Portugal) und Sevilla (Spanien) die ersten Kosmographenschulen. So ließ der Herzog René d'Anjou, als die Schiffahrt nach dem hundertjährigen Krieg mit England wieder aufblühte, eine solche Schule einrichten. Anfang des 16. Jahrhunderts gründete der Reeder Jehan Ango in Dieppe eine Navigationsschule, die bald einen hervorragenden Ruf genoß, denn dort lehrten bekannte französische Geographen und Mathematiker. Am 15. März 1584 forderte ein Edikt des Königs Heinrich III., daß alle „maâtres" und „patrons", wie die Steuerleute und Schiffer genannt wurden, ein Examen abzulegen hatten. Zur Amtszeit Richelieus führte dies ab 1629 zur Gründung weiterer Schulen, wie der école d'hydrographique.

Als Colbert (1619 - 1683) die Flotte im Auftrag Ludwigs XIV. reorganisierte, wurde die Ausbildung weiter intensiviert und qualifiziert. Der Beruf des Schiffsoffiziers entstand 1681. Fünf Jahre Ausbildung in Theorie und Praxis waren erforderlich, um ihn zu erlangen. Eine Prüfungskommission aus zwei erfahrenen Kapitänen, zwei Offizieren der Admiralität und einem Lehrer für Meereskunde mußte entscheiden, ob der Prüf-

ling fähig ist, ein Schiff über See zu führen. Im Grunde genommen bestehen solche Kommissionen heute noch, wenn sich auch der Ausbildungsgang änderte. So führte man mit Wirkung vom 13. Oktober 1740 die Prüfung in drei Stufen ein: Große Fahrt, Große Küstenfahrt und Kleine Küstenfahrt. Es ist bemerkenswert, daß zwischen den Offizieren der Handels- und der Kriegsmarine eine Art Gegensatz bestand, der mit ihrer Herkunft zusammenhing. Denn die Offiziere der Kriegsmarine rekrutierten sich, wie in Spanien oder England, ausschließlich aus dem Adel. Eine Erscheinung, die später auch in Deutschland sichtbar wurde.

Ab 1776 erfolgte eine Neuordnung der Offiziersausbildung in der Kriegsmarine: Im Alter von 14 bis 18 Jahren konnten die Aspiranten in die Flotte eintreten, um $2^1/_2$ Jahre auf Kriegsschiffen zur See zu fahren. Dann erfolgte die Beförderung zum Fähnrich (enseigne). Die weitere Ausbildung fand auf stationären und zunehmend auf seegehenden Schulschiffen statt.

Schiffsjungenschulen (école des mousses) entstanden ebenfalls im 19. Jahrhundert. Jährlich nahm die Kriegsmarine 800 Jungen im Alter von 14 - 15 Jahren auf, die auf stationären Schulschiffen ihre erste Ausbildung erhielten. 1901 wurde die Schiffsjungen-Schulfregatte MELPOMENE, die im gleichen Jahr bei der Banc de Saint Marc strandete, jedoch wieder freigeschleppt werden konnte, erwähnt. Eine Spezialausbildung fand auf Trainings- und Versuchsschiffen statt, von denen insbesondere die 1860 gebaute Fregatte COURONNE zu nennen ist, welche ab 1906 als Artillerieschulschiff eingesetzt wurde.

Für Frankreich ist es schwierig, den Beginn des Einsatzes von stationären und fahrenden Schulschiffen zu datieren, weil bereits vom 17. Jahrhundert an eine Ausbildung sogenannter Steuermannsschüler auf den Kriegs- und Handelsschiffen stattfand.

Auch in Frankreich begann die Ausbildung spätestens zu Beginn des 19. Jahrhunderts auf Schulhulks, also auf alten, stillgelegten Linienschiffen, zwei von ihnen sollen genannt werden: Das 1853 gebaute, ehemalige Linienschiff INTREPIDE erhielt gegen Ende des 19. Jahrhunderts den Namen BORDA und diente als Schule für Seekadetten in Brest. Die 1887 gebaute Brigg SYLPHE übernahm dabei die Aufgabe eines Tenders, d. h., sie war fahrendes Schulschiff für die Hulk. Das 1861 gebaute Linienschiff GIRONDE wurde umbenannt in TROUVILLE und als Schulhulk genutzt.

Fahrende Segelschulschiffe kamen erst in der zweiten Hälfte des 19. Jahrhunderts auf. Als Beispiel kann die Glattdeckfregatte IPHIGENIE mit einer Wasserverdrängung von 3 431 t dienen, die sich 1899 auf einer Nordmeer-Reise mit Kadetten der Marineschule Brest befand. Am 6. Juli 1899 stattete ihr der deutsche Kaiser Wilhelm II. in einem norwegischen Hafen einen Besuch ab und lud die Kadetten auf seine Yacht HOHEN-ZOLLERN ein.

Anstelle der gestrandeten Fregatte MELPOMENE benutzte die Kriegsmarine das hölzerne Linienschiff BRETAGNE als stationäre Einheit. 1928 nahm die Kriegsmarine die Schoner AILEE, LA GRANDE HERMINE und LE MUTIN als Segelschulschiffe in Dienst.

Da sich Frankreich in der Handelsschiffahrt und insbesondere bei der Kriegsmarine von den Segelschiffen abgewendet hatte, bestand nach dem Ersten Weltkrieg wenig Neigung, Segelschulschiffe zur Ausbildung einzusetzen. Dennoch unternahm die Handelsmarine 1924 einen Versuch, ein frachtfahrendes Segelschulschiff einzusetzen, da Frankreich aus der Kriegsbeute nach dem Ersten Weltkrieg unter anderem den Laeisz-Segler POLA zugesprochen bekam.

**Die Viermast-Bark RICHELIEU
fuhr einst als POLA für die Laeisz-Reederei in Hamburg.
Archiv Meyer, Bremen**

Viermast-Bark RICHELIEU		
Baujahr:		1914 - 1916
Bauwerft:		Blohm und Voss, Hamburg
Länge über alles (mit Bugspriet)		120,2 m
Länge zwischen den Loten		98,3 m
Breite		14,3 m
Segel	Anzahl	33
	Fläche	2750 m²
Vermessung		3116 BRT
Besatzung	Stamm	12 Mann
	Schüler	28 Mann

Die Hamburger Reederei Laeisz hatte den Großsegler während des Krieges bauen lassen, konnte ihn aber nicht mehr einsetzen. 1919 war der Neubau an Frankreich abzuliefern. Ab 1921 lief er kurze Zeit für die S.A. de Navigation „Les Armateurs Francais" in Dünkirchen als RICHELIEU in der Frachtfahrt. Bereits 1924 übernahm die S.A. des Navires écoles in Nantes das Schiff, baute es um und setzte es als frachtfahrendes Segelschulschiff ein. Am 1. Januar 1927 brannte es in Baltimore aus. Der Rumpf diente noch bis 1933 als Leichter und wurde dann abgebrochen. Als Ersatz nutzte die Handelsflotte 1930 - 1932 vorübergehend den Dreimast-Schoner CHARLES DANIELOU. Danach beendete man die Ausbildung auf Segelschiffen.

Die Kriegsmarine setzte für kurze Zeit das 1920 an Frankreich abgelieferte Segelschulschiff PRINZESS EITEL FRIEDRICH des Deutschen Schulschiff-Vereins, ab 1921 als stationäres Schulschiff COLBERT, in St. Nazaire ein. 1926 übernahm es ein Baron de Forrest, ehe es 1929 an Polen verkauft wurde. Bis 1940 hat die Kriegsmarine noch den 60-Tonnen-Segler MESANGE besessen.

Nach dem Ersten Weltkrieg betrieb die Kriegsmarine einige Segelschulschiffe, die meist vor dem Krieg gebaut worden waren. 1927 entstanden zwei als Ketsch getakelte Fahrzeuge mit einer Wasserverdrängung von 54 t, die noch 1986/87 in den Schiffslisten zu finden waren. 1932 wurden in der Normandie-Werft von Fécamp zwei Toppsegelschoner gebaut, die bis heute im Einsatz sind: LA BELLE POULE und L'ETOILE.

Toppsegelschoner LA BELLE POULE

Länge über alles		37,5 m
Länge zwischen den Loten		25,3 m
Segel	Anzahl	9
	Fläche	424 m²
Wasserverdrängung		275 t
Hilfsmotor - Leistung	73 kW	= 100 PS
Besatzung	Stamm	18 Mann
	Schüler	30 Mann

Der Name LA BELLE POULE ist in Frankreich berühmt, denn es gab insgesamt vier Schiffe dieses Namens in der Kriegsmarine. Der Name soll, so erklärte man den Offiziersschülern beim Stapellauf, auf ein schönes Mädchen namens Paule de Viguier (um 1533) zurückgehen. Auf alle Fälle war es eine LA BELLE POULE, die 1840 die sterblichen Überreste Napoleons von Helena nach Frankreich überführte. Beide Segler werden von der Ecole Navale in Brest bereedert. Sie nahmen bereits mehrmals an den Regatten der Sail Training Association teil.

Nach dem Zweiten Weltkrieg war das Vollschiff GROSSHERZOGIN ELISABETH des Deutschen Schulschiff-Vereins an Frankreich abzuliefern, wo es den Namen DUCHESSE ANNE erhielt und nach der Abtakelung als stationäres Schulschiff in Brest genutzt wurde. Ferner ist noch ein Dreimast-Schoner zu erwähnen, der als Freizeitsegler fährt.

Dreimast-Schoner BEL ESPOIR II

Baujahr:		1944
Bauwerft:		J. Ring-Andersen, Svendborg (Dänemark)
Länge über alles		36,5 m
Länge zwischen den Loten		27,4 m
Breite		7,0 m
Segel	Anzahl	9
	Fläche	465 m²
Vermessung		189 BRT
Hilfsmotor - Leistung	125 kW	= 170 PS
Besatzung	Stamm	5 Mann
	Schüler	24 Personen

Der Segler ist als Viehtransporter gebaut worden und fuhr unter den Namen NETTE S. und PEDER MOST bis 1955. Dann kaufte ihn die britische „Outward Bound Trust" als Ersatz für die ausgemusterte PRINCE LOUIS I und übertrug ihm diesen Namen. 1968 erwarb ihn die französische Kinderorganisation „Les Amis de Jeudi-Dimanche" und nannte den Schoner BEL ESPOIR II. Außer dem „adventure sailing" unternimmt der Segler auch Fahrten bei verschiedenen Regatten.

Ein ehemaliges französisches Schiff kehrte 1979 wieder in die Heimat zurück – die BELEM. Sie wird beim Abschnitt „Italien" näher beschrieben, denn in diesem Land hatte die ehemalige Barkentine seit 1952 unter dem Namen GIORGIO CINI als Schulschiff für die Handelsflotte gedient. 1979 übernahm sie die Organisation „Caisse d'Epagne", gab dem Fahrzeug den Namen BELEM zurück und takelte es wieder zur Bark um. Zuerst brachte man den Segler nach Paris als Museumsschiff, aber dann stationierte man ihn in einem Hafen und setzte ihn ab 1985 wieder in Fahrt, 1986 nahm die Bark an der „Operation Sail" nach New York teil.

Vom Viehtransporter zum
französischen Schulsegler:
Dreimast-Schoner
BEL ESPOIR II.
aus (46) S. 139

Griechenland

Griechische Seefahrtstraditionen reichen bis in die Antike zurück. aber erst gegen Ende des 18. Jahrhunderts entstand zögernd eine griechische Handelsschiffahrt, deren Schiffe nach 1774 häufig noch die russische Flagge führten. Am 25. März 1821 begann der bewaffnete Aufstand gegen die türkische Fremdherrschaft, und 1822 folgte die Erklärung der Unabhängigkeit Griechenlands auf der Konferenz von Epidaurus. Erste Zusammenstöße auf See zwischen Türken und Griechen fanden ihren Höhepunkt in der Schlacht von Navarino im Oktober 1827, als eine vereinigte Flotte von Großbritannien, Frankreich und Rußland das türkische Aufgebot vernichtend schlug und damit den Vertrag von Adrianopel 1829 ermöglichte, durch den die Souveränität Griechenlands besiegelt wurde. Ab 1825 entstand die griechische Kriegsmarine, als in Großbritannien und in den USA zwei Kriegsschiffe gekauft wurden. Von 1827 bis 1828 war der Engländer

Thomas Cochrane, der bereits in Chile und in Brasilien gewirkt hatte, Befehlshaber der griechischen Seestreitkräfte. Ihm zur Seite stand der deutsche Seemann Karl Rudolf Bromme (genannt Brommy), der bereits als Kommandant der Korvette HYDRA an der Seeschlacht von Navarino teilgenommen hatte. Nach 1832 gründete Brommy die Marineschule von Piräus, deren Kommandant er bis 1848 war. Danach ging er nach Deutschland zurück.

Die Ausbildung von Seekadetten und Fähnrichen erfolgte auf Schulschiffen, wie der HELLAS (gebaut 1859) und der NAUARCHOS MIAULIS (gebaut 1879). Der 1927 von der französischen Mittelmeer-Werft in La Seyne gebaute Dreimast-Rahsegelschoner ARES war bis 1943 im Einsatz, dann sank er durch Kriegseinwirkungen. Der Segler war 77 m lang, 12 m breit, hatte eine Maschine von 1000 PS und eine Wasserverdrängung von 2200 Tonnen. Zur Besatzung von 400 Mann gehörten 100 Kadetten und 150 Schiffsjungen. Bis 1965 hat die Kriegsmarine dann kein Segelschulschiff mehr eingesetzt.

Dreimast-Toppsegelschoner EUGEN EUGENIDES

Baujahr:		1929
Bauwerft:		Denny Brothers, Dumbarton
		(Großbritannien)
Länge über alles (mit Bugspriet)		59,4 m
Länge zwischen den Loten		49,6 m
Breite		9,1 m
Segel	Anzahl	12
	Fläche	1040 m²
Vermessung		634 BRT
		226 NRT
Wasserverdrängung		1300 t
Hilfsmotor - Leistung	292 kW	= 400 PS
Besatzung	Stamm	22 Mann
	Schüler	70 Mann

Als Privatyacht für Lord Runciman gebaut, fuhr der Schoner unter dem Namen SUNBEAM. 1945 übergaben ihn die Briten an die Abraham-Rydberg-Stiftung in Stockholm, die ihn als Segelschulschiff bis 1952 nutzte. Dann charterte die Stiftung den 1946 gebauten Schoner FALKEN. Die SUNBEAM lag bis 1955 auf, um von nun an unter dem Namen FLYING CLIPPER für die Reederei Einar Hansen in Malmö zur Ausbildung des eigenen Offiziersnachwuchses zu dienen.

1965 übernahm die griechische Marineakademie in Piräus den Schoner und setzt ihn seitdem unter dem Namen EUGEN EUGENIDES ein. Der Segler läuft im Sommer zu dreimonatigen Ausbildungsreisen aus. Während des Winters finden nur Kurzreisen in heimatlichen Gewässern statt.

Der Dreimast-Toppsegelschoner EUGEN EUGENIDES läuft noch heute als griechisches Segelschulschiff.
aus (46) S. 101

Großbritannien

Die alte Seefahrernation Großbritannien, welche 1955 die „Sail Training Association" ins Leben gerufen hatte, mußte sich zur Teilnahme an der ersten „Operation Sail" dieser Organisation im Jahre 1956 einen Segler für die Royal Navy ausborgen. Es handelte sich um den Stagsegelschoner CREOLE, der 1927 in Southampton als Privatyacht gebaut worden war (Länge zwischen den Loten = 50,8 m, Breite = 9,4 m, 10 Segel mit 2040 m², 434 BRT). Zwar hatte er während des Zweiten Weltkrieges der Navy als Hilfsschiff gedient, war aber 1951 an den griechischen Reeder Niarchos verkauft worden. Von ihm lieh sich die Navy das Schiff aus, besetzte es mit britischen Kadetten und schickte es ins Rennen. Mit anderen Worten – Großbritannien hatte also seit 1918 weitgehend auf fahrende Segelschulschiffe verzichtet.

Wie bereits erwähnt, erfolgte die Ausbildung im 18. Jahrhundert auf aktiven Schiffen. In der ersten Hälfte des 19. Jahrhunderts ging man dazu über, ausgediente Kriegsschiffe zu Vorausbildung in bestimmten Häfen vor Anker zu legen, um auf ihnen ein möglichst ausgeglichenes Bildungsniveau bei den damals adligen Bewerbern zu erreichen. Die Ausbildung erhielt einen höheren Stellenwert.

Das hing natürlich mit dem Wachstum der Kriegsmarine nach 1815 und der neuen Aufgabe zur Sicherung des britischen Imperiums zusammen. Im Grunde verlief der Entwicklungsweg in der Marine immer noch wie zu Nelsons Zeiten, jedoch waren die Anforderungen wegen der zahlreichen technischen Neuerungen erheblich gestiegen. Als man 1830 die erste Flottenschule gegründet hatte, legte man auch Kriegsschiffe, wie das Linienschiff QUEEN CHARLOTTE, vor Anker, das als stationäres Artillerie-Schulschiff den Namen EXELLENT erhielt. Die Zahl der stationären Schulschiffe stieg seitdem beachtlich.

Erstmals 1877 setzte die Royal Navy ein fahrendes Segelschulschiff, die 1843 gebaute Fregatte EURYDIKE, ein, welche ein Jahr später auf der Rückreise von Madeira sank, nur zwei Mann von 400 konnten gerettet werden. Im gleichen Jahr wurde die Fregatte ATALANTA als Schulschiff übernommen, sie verschwand 1880 auf der Rückreise von der dritten Ausbildungsfahrt spurlos.

Offenbar erst 1889 wurde wieder ein fahrendes Schulschiff genutzt, nämlich die 1865 in Dienst gestellte AGINCOURT. Sie diente der Ausbildung bis 1909, anschließend soll sie bis 1960 als Kohlenhulk genutzt worden sein.

Das ehemalige Flaggschiff Nelsons, die Fregatte FOUDROYANT, sollte ebenfalls ein Segelschulschiff werden. Sie sank jedoch 1893 bei der Überführung im Sturm. Die Kriegsmarine kaufte das 1817 in Bombay gebaute Vollschiff TRINCOMALEE, welches seit 1861 der Royal Navy Reserve in Sunderland als stationäres Schulschiff diente, man nannte es FOUDROYANT und legte es in Portsmouth neben HMS IMPLACABLE, letztere wurde 1949 im Kanal ehrenvoll versenkt. Ab Mitte des 19. Jahrhunderts ordnete die Navy den stationären Schulschiffen fahrende Briggen oder Brigantinen zu, zum Beispiel:
- IMPREGNABLE in Devonshire – NAUTILUS, PILOT, KING FISHER,
- ST. VINCENT in Portsmouth – MARTIN,
- BOSCAWEN in Portland – SEALARK, SEAFLOWER, SUNFLOWER,
- EXMOUTH I in Grays – STEADFAST,
- CUMBERLAND und EMPRESS in Rhu (Clyde) – CUMBRIA und SELENE,
- FORMIDABLE in Bristol – POLLY,
- INTEFATIGABLE in Liverpool – JAMES BIBBY.

Sie wurden vor dem Ersten Weltkrieg jedoch wieder außer Dienst gestellt. Abschließend sei die 1878 gebaute Fregatte GANNET genannt, die unter dem Namen MERCURY von 1904 bis 1916 der Royal Naval Reserve als Übungsschiff diente. Danach legte man sie in den Hamble River als stationäres Schulschiff. Seit 1968 heißt sie wieder GANNET und wird als Hulk genutzt.

In der Handelsflotte setzten die großen Reedereien um 1880 eigene Schiffe als frachtfahrende Segelschulschiffe ein. 1873 bis 1901 fuhr das Vollschiff EUTERPE für die Reederei Shaw, Savill and Co. als frachtfahrender Schulsegler. Nach 1890 begann die Australien-Reederei Devitt, Moore and Co. mit der Ausbildung auf Segelschulschiffen in großem Stil. Dabei kam der Reederei zugute, daß die eingesetzten Schiffe mit vielen Passagierplätzen leicht für eine große Anzahl von Kadetten genutzt werden konnten. Zwei 1873 gebaute Vollschiffe, die HESPERUS und die HARBINGER, machten den Anfang in der Handelsschiffahrt.

Der Klipper HESPERUS
war eines der ersten
frachtfahrenden Segelschulschiffe
in Großbritannien (1892).
aus (46) S. 29

Vollschiff HESPERUS

Baujahr:		1873
Bauwerft:		Steele in Greenock
Länge über alles (mit Bugspriet)		100,7 m
Länge zwischen den Loten		79,3 m
Breite		12,1 m
Segel	Anzahl	25
	Fläche	1600 m²
Vermessung		1859 BRT

Zwanzig Jahre lang verkehrten die beiden Klipper zwischen London und Melbourne.

Dann kam ab 1892 die neue Aufgabe – Ausbildung künftiger Handelsschiffsoffiziere. Der Reeder setzte sie als frachtfahrende Segelschulschiffe ein. Auch dann fuhren beide noch schnelle Reisen, 1894 legte HESPERUS die Strecke Sydney – London in 92 Tagen zurück. 1899 wurde das Schiff an Rußland verkauft, um dort als erstes Segelschulschiff der Handelsflotte unter dem Namen GROSSFÜRSTIN MARIE NIKOLAJEWA zu fahren.

Die HARBINGER ging 1897 nach Finnland, also ebenfalls unter russische Flagge. Nachfolgerinnen waren die MAC QUARIE (gebaut 1875 bei Green als MELBOURNE aus dem überschüssigen Material eines Panzerschiffes) für HARBINGER, und die ILLAWARRA (gebaut 1881) für HESPERUS. Letztere wurde 1907 an Norwegen verkauft, wo sie zur Bark umgeriggt wurde. Bis 1909 fuhr sie als Tramp, um dann bis 1953 als Kohlenhulk zu dienen. Die MAC QUARIE blieb bis 1917 in Dienst, als das Nautical College Pangbourne gegründet wurde.

Da die Kapazität beider Schiffe nicht ausreichte, übernahm die Reederei 1906 die Viermast-Bark PORT JACKSON, die 1917 an der irischen Küste von einem deutschen U-Boot versenkt wurde. Ferner kauften Devitt and Moore 1910 die unter der Flagge Uruguays als Segelschulschiff fahrende Viermast-Bark AMA BEGNAKOA und setzten sie als MEDWAY zur Ausbildung ein. Sie ging 1918 nach dem Umbau zum Motortanker an die Anglo Saxon Petroleum Co. Sie fuhr noch von 1922 bis 1933 und wurde dann in Japan verschrottet. Die „White Star Line" nahm ab 1908 ebenfalls ein frachtfahrendes Segelschulschiff, das Vollschiff MERSEY, in Dienst.

Aber auch stationäre Schulschiffe wurden durch die Marine Society für die Handelsflotte übernommen: Bis 1904 war das zum Beispiel die EXMOUTH I, die dann durch die EXMOUTH II ersetzt wurde, die in diesem Jahr als stationäres Schiff gebaut worden war. Ihm waren vor dem Krieg 1939 bis 1945 mehrere kleinere Yachten für die Fahrausbildung (WORCESTER CADET und KATRIN) zugeordnet. 1942 beschlagnahmte es die Royal Navy als Mutterschiff für Minensuchboote in Scapa Flow nach entsprechendem Umbau. Als das Thames Nautical Training College der Handelsflotte das Fahrzeug wieder in den zivilen Dienst übernahm, erhielt es den Namen WORCESTER. Die Vollschiffe CONWAY und WARSPITE sind in diesem Zusammenhang noch zu nennen, da sie den Offiziersanwärtern zur Vorausbildung für ihren späteren Einsatz auf den frachtfahrenden Segelschulschiffen oder den aktiven Schiffen dienten. Die Offiziersausbildung für die Handelsflotte hatte man nach 1904 neu organisiert: Die Jungen aus „guter Familie" absolvierten auf den beiden o.g. Schiffen eine Vorausbildung, welche jährlich 1600 bis 2000 Mark kostete. Anschließend nahm sie der Reeder auf seine Schiffe. Waren keine Segelschulschiffe vorhanden, fuhr der Junge 3 bis 4 Jahre als „apprentice", danach konnte er als Steuermann eingesetzt

werden. Auch dafür hatten die Eltern beachtliche Ausbildungsgelder aufzubringen. Eine gute und lange Ausbildung hatte ihren Preis. Nach 1918 blieb das System erhalten, obwohl keine Segelschulschiffe mehr vorhanden waren. Aber die Reederei Devitt and Moore übernahm bereits 1919 den 1890 bei

Die 1861 in Dienst gestellte Fregatte WARRIOR repräsentiert eines der alten Kriegsschiffe, wie sie als stationäre Schulschiffe in der britischen Schiffahrt genutzt wurden. aus (44) S. 133

Ramage and Ferguson Ltd. in Leith gebauten Dreimast-Toppsegelschoner ST. GEORGE (694 BRT) und setzte ihn von 1920 bis 1928 als Segelschulschiff ein. Er wurde auch als „Tender des Pangbourne Nautical College" bezeichnet.

Das deutsche Vollschiff WALTRAUTE aus Hamburg ging 1919 als Kriegsbeute an Großbritannien. In Leith diente es als Wohnschiff für das Personal der abzuliefernden deutschen Schiffe. Anschließend „tauften" die Briten das Schiff VINDICATRIX und übergaben es der Gravesend Sea School. Am 13. Januar 1967 wurde es abgewrackt.

Die legendäre CUTTY SARK
diente 1922 bis 1954
als Schulschiff.
aus (22) S. 13

Die berühmte CUTTY SARK war, ehe sie 1954 Museumsschiff in Greenwich wurde, ein stationäres Schulschiff. 1869 gebaut, erhielt es den Namen „Kurzes Hemd" und fuhr bis 1895 für ihren englischen Reeder, der sie dann nach Portugal verkaufte. Ihr offizieller Name war FERREIRA, aber die portugiesischen Seeleute nannten sie liebevoll PEQUEÑA CAMISOLA („Kurzes Hemd").

1922 lief die FERREIRA wegen eines Sturmes den Hafen von Falmouth an. Obwohl das Schiff nach einer Entmastung am Kap der Guten Hoffnung zur Barkentine umgetakelt worden war, erkannte es der englische Kapitän Wilfred Dowman, welcher in Cornwall eine Segelschule betrieb, wieder. Er kaufte es, ließ es in den alten Zustand zurückversetzen und nutzte es als stationäres Schulschiff. Nach seinem Tode übergab seine Witwe den traditionsreichen Segler 1937 an das Incorporated Thames Nautical Training College als stationäres Schulschiff.

Die Marine Navigation Company des Sir William Garthwaite legte großen Wert auf eine gediegene Segelschiffsausbildung, weshalb auf den GARTH-Schiffen – wie in alten Zeiten – immer mehrere „apprentices" fuhren. Eines seiner Schiffe, die GARTHPOOL, kann als Segelschulschiff bezeichnet werden, und zwar als eines der letzten großen dieser Art in Großbritannien. Es handelte sich um den 1891 gebauten Frachtsegler JUTEOPOLIS, den er 1920 kaufte und in GARTHPOOL umbenannte. Leider ging das Schiff am 11. November 1929 verloren, als es bei den Cap-Verde-Inseln auf ein Riff lief und sank.

Ein bekannter deutscher Frachtsegler, der P-Liner PEKING, kam über mehrere Stationen 1932 nach Großbritannien, als ihn die „Shaftsbury Homes and Training Ship" kaufte und ihn, umbenannt in ARETHUSA, auf den Medway bei Rochester als stationäres Schulschiff legte. 1974 kaufte es das South Street Seaport Museum in New York. Dort dient es heute als Museumsschiff.

Als weitere Segelschulschiffe sind noch die LADY QUIRK und die JAMES HALL zu nennen, die für Seefahrtschulen eingesetzt wurden. Die Royal Navy hatte nach 1918 zwei stationäre Schulschiffe übernommen, welche beide heute noch schwimmen:

– Vollschiff CARRICK – 1864 gebaut als CITY OF ADELAIDE für Devitt and Moore, 1914 von der Navy als CARRICK übernommen und als stationäres Schulschiff zu verschiedenen Zwecken eingesetzt, bis es ab 1947 als Offiziers-Klub in Glasgow benutzt wurde.

– Bark DISCOVERY – 1901 als Forschungsschiff gebaut, wurde es 1937 als stationäres Schulschiff der Sea Scout Association übergeben. Ab 1955 benutzte es die Navy für die Royal Naval Reserve. Heute liegt das Schiff im St. Kathrine's Dock in London als Museum für die Geschichte der geographischen Entdeckungen des National Maritime Museum.

Eine kleine Gaffelketsch ist im Zusammenhang mit der Royal Navy zu nennen, nämlich die ENGLISH ROSE. Da während des Krieges auch Frauen und Mädchen eingesetzt werden mußten, bildete man diese im „Girl's Naval Training Corps" (später „Girl's National Training Corps") aus. Bestandteil war eine Bordausbildung, für die diese Ketsch (ein 1910 als HELVETIA gebauter Frachtensegler) zur Verfügung stand. Von 1947 bis 1949 diente das Fahrzeug dem Freizeitsegeln unter dem Namen RHODA MARY. Damit tritt eine neue Form der Schulschiff-fahrt ins Blickfeld, die 1934 mit dem Einsatz des Vollschiffes JOSEPH CONRAD in den USA unter Alan Villiers begann – das Freizeitsegeln, das „adventure sailing". Auch in Großbritannien gab es vor dem Zweiten Weltkrieg bereits Ansätze dafür, als der Schoner MAISIE GRAHAM bis 1938 für die Sea Training School in Scarborough fuhr. Jährlich fanden zwei Reisen mit Schülern zwischen 12 und 16 Jahren statt. Danach ging das Schiff in den Besitz des Internats Gordonstoun School bei Elgin (Schottland) über und erhielt den Namen PRINCE LOUIS. Übrigens war der Herzog von Edinburgh einer der ersten Schüler auf diesem Schiff. Als 1940 die „Outward Bound School" in Aberdovey gegründet wurde, ging PRINCE LOUIS in deren Besitz über. Hinzu kam später noch der ehemalige französische Krabbenfänger GARIBALDI.

Abgesehen von den älteren stationären und als Museum genutzten Schulschiffen, gab es nach 1945 keine Fahrzeuge dieser Art. Die CREOLE übernahm zeitweilig diese Aufgabe. Aber das war Anlaß genug, etwas zu unternehmen. Das London Sailing Project des Lord Amury, der die 1895 gebaute Holzketsch RONA (ex AURA, ex ALVER) einsetzte, fand keine Resonanz. Weder die Navy noch die Handelsflotte zeigten Interesse an einer Ausbildung auf Segelschiffen. Zwar hielt das College of Maritime Studies in Southampton 1943 die Gaffelketsch MOYANA für die Ausbildung in Dienst und konnte diese 1956 bei der Operation Sail einsetzen, aber tragischerweise sank das Schiff auf der Rückreise von Lissabon, wo es als Sieger der kleinen Segler angekommen war, am 29. Juli 1956 im Sturm (50 Meilen WSW von Scilly-Isles). Die Besatzung konnte abgeborgen werden. Als Ersatz nutzte man die Ketsch HALCYON.

1955 stellte der Outward Bound Trust einen Dreimast-Gaffelschoner in Dienst, den 1944 in Dänemark gebauten PEDER MOST, und gab ihm den Namen PRINCE LOUIS II. Er wurde in der Outward Bound Moray Sea School von Burghead (Moray Firth) stationiert und 1967 der Seefahrtschule Dartmouth übergeben. 1968 kauften ihn die Franzosen, dort fährt er als BEL ESPOIR II.

Aber das war einer Seefahrernation nicht würdig, größere Schiffe mußten gebaut werden. Die Sail Training Association ging mit gutem Beispiel voran und ließ in Hessle das folgende Segelschulschiff bauen.

Dreimast-Toppsegelschoner SIR WINSTON CHURCHILL		
Baujahr:		1965/66
Bauwerft:		Richard Dunston Ltd. Haven Shipyard, Hessle (Humberside, Yorkshire)
Länge über alles		45,4 m
Länge zwischen den Loten		30,4 m
Breite		8,1 m
Segel	Anzahl	14
	Fläche	818 m²
Wasserverdrängung		281 t
Hilfsmotor - Leistung	176 kW	= 240 PS
Besatzung	Stamm	11 Mann
	Schüler	44 Mann

Der Einsatz des Schoners war so erfolgreich, daß bereits ein Jahr später ein Schwesterschiff in Auftrag gegeben wurde. Es erhielt den Namen MALCOLM MILLER. Damit verfügt die STA Großbritanniens über zwei repräsentative Segler, auf denen Jungen und Mädchen im Alter zwischen 16 und 21 Jahren die Grundlagen der Seefahrt erlernen können.

Diesem Beispiel folgten bald weitere Institutionen. Die R. Gordon School of Navigation in Aberdeen ließ 1968 einen Bermuda-Stagsegelschoner von 60 BRT namens ROBERT GORDON bauen. 1971 schloß sich der Dreimast-Toppsegelschoner CAPTAIN SCOTT an, der allerdings 1977 bereits wieder nach Oman verkauft wurde. 1971 folgte eine Brigg für das Sea Cadet Corps, mit der man eine neue Ära des Baues von Segelschiffen in Großbritannien einleitete.

Brigg ROYALIST

Baujahr:	1971	
Bauwerft:	Groves and Gutteridge Ltd., Cowes (Insel Wight)	
Länge über alles		29,5 m
Länge zwischen den Loten		17,8 m
Breite		5,9 m
Segel	Anzahl	10
	Fläche	596 m²
Thames Measurement (Themse-Maß)		110 t
Hilfsmotor - Leistung		2 x 73 kW = 2 x 100 PS
Besatzung	Stamm	10 Mann
	Schüler	22 Mann

Das Schiff, von Colin Murdie entworfen, trägt ein Rigg von Morin Scott, der die Brigg auch zu verschiedenen Anlässen führte. Außer den Ausbildungsfahrten für die Navy sowie für die Handels- und die Fischereiflotte gibt es auch solche, die von „Square Rigger Club" für Jungen und Mädchen organisiert werden. Jährlich sind es etwa 1000 Jugendliche, die an Reisen von ein bis zwei Wochen Dauer teilnehmen.

Seit 1971 entstanden in Großbritannien mehrere Segelschiffe sowohl für eigene Bedürfnisse als auch für andere Länder, wie die VARUNA für Indien, die YOUNG ENDEAVOUR für Australien oder die TUNAS SAMUDERA für Malaysia. Auch die irische Brigantine ASGARD gehört dazu.

Eine weitere, bereits 1921 in Holland gebaute Brigg konnte im Juli 1988 für „The Astrid Trust of Ocean Village Marina" in Southampton in Fahrt gehen. Die ASTRID wurde ab 1977 nach einem Brand (sozusagen aus Schrott) wieder aufgebaut und kann als das letzte in Dienst gestellte Segelschulschiff in Großbritannien gelten.

Ein Schiff, in das Colin Mudie sein Können investierte, ist die Bark LORD NELSON. Dieses besondere Schiff forderte seine ganze Phantasie und sein Einfühlungsvermögen heraus, denn es wurde gebaut, um stark körperbehinderten Jugendlichen das Erlebnis „Seefahrt" zu ermöglichen. So ist zum Beispiel der

Die Brigg ROYALIST dokumentiert die Vorliebe für diesen Typ in Großbritannien. Archiv Autor

Bark LORD NELSON –
Segelschulschiff für
Körperbehinderte.
Archiv Autor

Bugspriet so konstruiert, daß Körperbehinderte, in ihrem Selbstfahrer sitzend, am Vorsegel arbeiten können. Mit einer Rumpflänge von 43,0 m und einer Breite von 8,5 m hat die Bark eine Wasserverdrängung von 400 t. Die 18 Segel stellen eine Fläche von 845 m² dar. Bei einer Stammbesatzung von 10 Mann werden 40 Schüler (20 Körperbehinderte und 20 Gesunde) für jede Reise an Bord genommen. Die Leitung des „Jubilee Sailing Trust" gab für das Einsatzjahr 1991/92 einen sehr optimistischen Bericht: 1368 Schüler, davon 540 Körperbehinderte (einschließlich 204 Rollstuhlfahrer). Das Durchschnittsalter betrug 39 Jahre. 88 Häfen wurden besucht und 16 200 Seemeilen zurückgelegt. Die Mitglieder der Stammbesatzung fuhren meist freiwillig und ohne Heuer. Insgesamt waren 235 Mann während des Jahres an Bord. Der Bericht sagt aus, daß die Reisen auf dem Schiff sehr beliebt sind, und junge sowie ältere Menschen gern teilnehmen.

Neben Reisen in den Gewässern um Großbritannien finden auch solche nach Übersee statt. 1985 in Wivenhoe (Essex) gebaut, hat LORD NELSON in sechs Jahren 84 000 Seemeilen zurückgelegt.

Ein edles, bemerkenswertes Unternehmen im Rahmen der Freizeitpädagogik – würdig einer großen Seefahrernation.

Hongkong

In dem fernöstlichen Stadtstaat entstand 1977 die „Adventure Ship Organisation", welche im Februar 1978 ein Segelschulschiff zur angewandten Freizeitpädagogik in Dienst stellte. Der Segler ist wie eine dreimastige Dschunke getakelt, obwohl der Schiffskörper weitgehend europäischen Zuschnitt hat. Das Dschunkensegel, im 13. Jahrhundert erstmalig von Marco Polo beschrieben, war wohl ursprünglich ein primitives Rahsegel, dessen Rah schließlich so angebracht wurde, daß sich die Segelfläche zu etwa 15 bis 30 % vor dem Mast befand. Daraus entstand ein Segel mit wesentlich größeren

Anwendungsmöglichkeiten, als es das einfache Rahsegel besitzt: Es wirkt sowohl als Rah- wie auch als Schratsegel. Bei großen Segeln werden noch Latten eingezogen, die einzeln oder paarig durch Schoten in ihrer Stellung verändert werden können. Da die Masten oft nicht abgestagt sind, lassen sich die Segel in kürzester Zeit den Windbedingungen anpassen. Das für den ostasiatischen Raum typische Segel tauchte erst spät in Europa auf und wurde für Fischereifahrzeuge genutzt. Typisch dafür waren die in Frankreich üblichen Lugger (Logger, Lougre) des 18. Jahrhunderts, wie sie in der Bretagne und später in England gebaut wurden. Heute findet man diese Form des Luggersegels auch noch auf den Zeesbooten der Ostsee.

Die als Segelschulschiff eingesetzte Dschunke war ursprünglich als Passagierschiff gebaut worden und erhielt den Namen HUAN.

Dschunke HUAN		
Baujahr:	1973	
Bauwerft:	Chui Kee Werft Lei Yue Mun, Kowloon	
Länge über alles		27,5 m
Breite		7,0 m
Segel	Anzahl	3
	Fläche des Hauptsegels	280 m²
	(die beiden anderen Segel sind wesentlich kleiner)	
Wasserverdrängung		250 t
Hilfsmotor - Leistung	136 kW	= 185 PS
Besatzung	Stamm	5 Mann
	Schüler	55 Mann

Nach den notwendigen Umbauarbeiten wollte die „Adventure Ship Organisation" den Jugendlichen „skill and character development with sea adventures" (Entwicklung von Gewandtheit und Charakter durch Seeabenteuer) vermitteln. Die Reisen führten meist nach China und zu den Philippinen. Das Schiff beteiligt sich aber auch an Regatten und Segelschiffstreffen im ostasiatischen Raum. So segelte es 1980, 1982 und 1988 beim „China Sea Race" mit. Bis 1988 nahmen etwa 6000 junge Leute an den Ausbildungslehrgängen teil.

Baulich interessant, weil der Großmast ein Bermudasegel führt (Fläche bei 10 Segeln beträgt 598 m²), ist die in Hongkong registrierte Brigantine JI FUNG, welche im November 1980 vom Stapel lief. Mit diesem „Göttlichen Wind", so die Übersetzung des Schiffsnamens, können jeweils 40 Jungen und Mädchen an Freizeitreisen des „Outward Bound Trust" teilnehmen.

Dschunke HUAN –
„adventure sailing" für die Jugend Hongkongs.
Archiv Autor

Irland

Die Iren führen ihre maritimen Traditionen bis ins 6. und 7. Jahrhundert zurück. Damals stieß eine Gruppe von Mönchen mit einem kleinen Segelboot von der irischen Atlantikküste in westliche Richtung vor. Diese Reise, deren Erfolg oder Mißerfolg im dunkeln liegt, ist in der „Navigatio Sancti Brendani" (Die Seefahrt von St. Brendan) beschrieben worden. Der lateinische Urtext wurde in viele Sprachen übersetzt.

In der wechselvollen Geschichte des kleinen Inselstaates hat dieses Ereignis jedoch eine zentrale Bedeutung. Somit spielen dort Seeschiffahrt und Hochseefischerei eine große Rolle bis auf den heutigen Tag. Sogar eine Kriegsmarine ist vorhanden. Wenn man sich auf die Segelschulschiffe bezieht, dann sind seit Beginn dieses Jahrhunderts drei Fahrzeuge zu nennen: ASGARD I, CREIDNE und ASGARD II.

1905 ließ der US-Amerikaner Hamilton Osgood aus Boston auf einer norwegischen Werft in Larvik eine Gaffelketsch bauen, die er seiner Tochter schenkte, als diese den Sohn des Irischen Präsidenten Childers heiratete. Die ASGARD war also eine Privatyacht, aber im Juli 1914 lief sie nach Hamburg aus, um für den irischen Freiheitskampf Waffen zu holen. Diese Reise begründete den Ruhm des Schiffes. Nach dem Verkauf 1926 lief der Segler durch mehrere Hände, ehe ihn die irische Regierung wegen eben dieser „patriotischen Verdienste" kaufte. Bis 1974 fuhr er dann als Schulsegler, um 1979 dem Kilmainham Jail Historical Museum übergeben zu werden.

Von 1975 bis 1980 benutzte die „Naval Reserve" die Bermuda-Ketsch CREIDNE für Schulzwecke. Seit 1981 steht nunmehr die ASGARD II zur Verfügung.

Obwohl das Verteidigungsministerium der Eigentümer ist, wird das Schiff vom „Coiste an Asgard" zur Freizeitsegelei für Jugendliche im Alter von 16 bis 25 Jahren eingesetzt. Die Reisen finden meist in den Gewässern um Großbritannien, aber auch zu ferneren Häfen statt. So waren die jungen Leute 1985 in den USA und 1988 in Australien. 1992 fand eine große Reise nach Lissabon statt. 1991 gewann die ASGARD II den Siegerpreis des Tall Ship Race '91 rund um Großbritannien.

Die Brigantine ASGARD II des irischen Verteidgungsministeriums fährt auch für die Jugend des Landes. Archiv Autor

Brigantine ASGARD II		
Baujahr:		1981
Bauwerft:		Jack Tyrell, Arklow (Irland)
Länge über alles (ohne Bugspriet)		34,4 m
Länge zwischen den Loten		27,5 m
Breite		6,4 m
Segel	Anzahl	10
	Fläche	370 m²
Wasserverdrängung		120 t
Hilfsmotor · Leistung	88 kW	= 140 PS
Besatzung	Stamm	5 Mann
	Schüler	20 Mann

Sail Training In Ireland

Italien

Ähnlich wie Deutschland gelang es auch Italien erst in der zweiten Hälfte des 19. Jahrhunderts, die nationale Einheit zu erringen. Am 17. März 1861 wurde Victor Emanuel II. zum König von Italien gekrönt. Natürlich hatten italienische Teilstaaten, wie Venedig, Genua, Neapel und andere, bereits wesentlich früher eine große Rolle in der Schiffahrt gespielt, aber eine gesamtstaatliche Kriegsmarine und Handelsflotte entstanden erst nach 1861. Schulen, insbesondere zur Ausbildung von Offizieren, wurden gegründet. Die erste war die Marineschule von Genua, der die 1841 gebaute Fregatte SAN MICHELE, das erste italienische Segelschulschiff, zur Verfügung gestellt wurde. Als Flaggschiff einer ganzen Schulflotte diente ab 1882 die Fregatte VITTORIO EMANUELE (gebaut 1856 in Genua, außer Dienst gestellt am 10. Juni 1900).

Weitere Marineschulen entstanden ab 1881 in Livorno und Neapel. Bis 1913 wurden die Ausbildungsprogramme einander so angeglichen, daß eine einheitliche Ausbildungs-Ordnung für Seeoffiziere und für Technische Offiziere beschlossen werden konnte. Ab 1926 führten die Italiener die einheitliche Ausbildung aller Schiffsoffiziere der Kriegsmarine ein, wie sie vor 1914 bereits in Großbritannien durch die Fisher-Reform entstanden war. Seit 1968 haben die Ausbildungsstätten der Kriegsmarine Universitätsrang.

Der Einsatz von Segelschulschiffen hat bei der Kriegsmarine große Traditionen, die im allgemeinen auf die SAN MICHELE zurückgeführt werden. Bei der Handelsflotte reduziert sich das auf zwei Schiffe. Eines der beiden, die PATRIA, war ein ehemaliger deutscher Frachtsegler mit der auffälligen fünfmastigen Vinnentakelung,

die SUSANNE VINNEN (gebaut 1922). Die Italiener kauften das Schiff 1930. Zwei Jahre später lief es zur ersten Ausbildungsreise aus. Das zweite Schiff kam 1952 aus Frankreich.

Barkentine GIORGIO CINI

Baujahr:	1896	
Bauwerft:	A. Dubigeon, Nantes (Frankreich)	
Länge über alles		58,0 m
Länge zwischen den Loten		51,0 m
Breite		8,8 m
Segel (als Barkentine)	Anzahl	13
	Fläche	670 m²
Vermessung		562 BRT
Wasserverdrängung		750 t
Hilfsmotor - Leistung		2 x 219 kW = 2 x 300 PS
Besatzung	Stamm	15 Mann
	Schüler	25 Mann

Die Barkentine GIORGIO CINI kehrte 1979 aus Italien wieder nach Frankreich zurück. aus (46) S. 43

Das Schiff war als Bark zum Transport von Kakao aus Südamerika gebaut, daher der Name BELEM (Hauptstadt des brasilianischen Bundesstaates Part in der Amazonas-Mündung). 1914 kaufte der Herzog von Westminster, Sir A.E. Guiness, das Schiff und ließ es zur Privatyacht umbauen, die er 1921 FANTOME II nannte. 1952 wurde die Bark an die italienische Schule und Stiftung Giorgio Cini verkauft, und als Barkentine getakelt.

Nun nutzte man das Fahrzeug – meist stationär – zur Ausbildung von Waisen der Seeleute und Fischer. Das Schiff lag bis 1979 vor dem Schulgebäude auf der Insel San Giorgio bei Venedig. Dann übernahm es die französische Organisation „Caisse d'Epagne", gab ihm den alten Namen BELEM zurück und takelte es wieder zur Bark um. Zuerst legte man den Segler als Museumsschiff nach Paris, brachte ihn dann aber an's Meer, so daß er seit 1985 wieder segelt. 1986 nahm er an der „Operation Sail" nach New York teil.

Wesentlich vielfältiger war der Einsatz von Segelschulschiffen in der Kriegsmarine. Aus der großen Anzahl sollen nur einige wenige vorgestellt werden. Die übrigen sind in der Liste der Anlage aufgeführt.

Zwei Schulschiffe führten den Namen CRISTOFORO COLOMBO, die erste war 1875 im Arsenal Venedig als Barkentine gebaut worden. 1928 folgte das zweite Schiff dieses Namens, welches als Vollschiff entstand. Auf zahlreichen Ausbildungsreisen seit 1928 zeigte es die Flagge Italiens in vielen Häfen der Welt. 1945 war es an die Sowjetunion abzuliefern, wo es noch bis 1967 als DUNAY im Einsatz war.

Drei weitere Segelschulschiffe stehen in enger Beziehung zueinander: FLAVIO GIOIA sowie AMERIGO VESPUCCI I und II. Die beiden ersten waren fast Schwesterschiffe, denn sie hatten annähernd gleiche technische Daten, wenn sie auch auf unterschiedlichen Werften entstanden (FLAVIO GIOIA in Castellammare di Stabio 1881 bzw. AMERIGO VESPUCCI im Arsenal von Venedig 1882). Die Länge zwischen den Loten betrug für beide 78,0 m, die Breite 12,8 m. Obwohl sie als Schraubenkorvetten bezeichnet wurden, hatten sie eine Barktakelung. Die FLAVIO GIOIA fuhr ab 1892 als Kadetten-Schulschiff. Sie wurde 1925 außer Dienst gestellt und verschrottet. Die AMERIGO VESPUCCI lief als Schulschiff von 1893 bis 1927 und wurde dann verschrottet. Ab 1928 stand nämlich eine CRISTOFORO COLOMBO zur Verfügung, ehe 1931 die zweite AMERIGO VESPUCCI eingesetzt werden konnte.

Vollschiff AMERIGO VESPUCCI –
Stolz der italienischen Kriegsmarine.
Archiv Autor

Vollschiff AMERIGO VESPUCCI II

Baujahr:	1930 (Stapellauf 22. 2. 1931)	
Bauwerft:	Castellammare di Stabia	
Länge über alles (mit Bugspriet)		101,0 m
Länge zwischen den Loten		70,0 m
Breite		15,5 m
Segel	Anzahl	23
	Fläche	2800 m²
Wasserverdrängung		4146 t
Hilfsmotor - Leistung	1387 kW	= 2350 PS
Besatzung	Stamm	400 Mann
	Schüler	150 Mann

Im Sinne der Taditionen bei der Ausbildung von Kadetten und Fähnrichen auf Segelschulschiffen ist die AMERIGO VESPUCCI II wie ein altes Linienschiff gebaut, sie ist reich verziert und und hat drei Decks, die durch weiße Streifen hervorgehoben werden. 1964, 1973 und 1984 wurde das Schiff instandgesetzt und weitgehend modernisiert. Seit 1931 befindet sich das Vollschiff fast jedes Jahr auf Ausbildungsreise, nimmt an Regatten sowie an Seglertreffen teil und ist wegen seiner Schönheit ein gern gesehener Gast in allen Häfen der Welt.

Zwei weitere Segelschulschiffe sind die PALINURO I und II. Die erste PALINURO entstand 1887 auf der Werft Castellammare di Stabia und war eine Brigantine. Im gleichen Jahr wurde auch das Schwesterschiff MISENO gebaut. Nach einigen Jahren im militärischen Einsatz dienten beide ab 1891 als Segelschulschiffe und wurden 1920 an private Eigner verkauft.

Die PALINURO II lief 1934 bei Dubigon in Nantes (Frankreich) vom Stapel und fuhr als JEAN MARC ALINE sowie später als COMMANDANT LOUIS RICHARD unter französischer Flagge, 1951 kaufte die italienische Kriegsmarine das Schiff, baute es 1954 bis 1955 zum Segelschulschiff um und setzte es unter dem Namen PALINURO ein. Auf ihm werden Steuermannsschüler ausgebildet. Einige technische Daten gehen aus der angefügten Schiffsliste hervor. Als Besatzung werden vier Offiziere, 16 Mann Stammbesatzung und 27 Schüler angegeben.

Es ist bemerkenswert, daß die italienische Kriegsmarine einige neuere, aber kleine Segelfahrzeuge betreibt, deren Wasserverdrängung knapp unter 50 t liegt: So entstand die CORSARO II 1960 auf der Werft Costaguta in Genua und wurde am 6. Januar 1961 von der Kriegsmarine übernommen. Die STELLA POLARE dagegen wurde auf der Sangermani-Werft in Levagua 1965 gebaut.

Japan

Die Macht der Shogune endete 1867 mit der Meiji-Restauration, als der Tenno nach jahrhundertelangem Schattendasein wieder in seine angestammten Rechte eingesetzt wurde. Dadurch war der Weg zu einem modernen Industriestaat geebnet. Zu Zeiten der Militärherrscher hatte sich eine Kriegsmarine entwickelt, die weitgehend unter niederländischem Einfluß stand. So gelangte das Dampfsegelschiff SOEM BING, gebaut 1850 in den Niederlanden, als Schulschiff nach Japan. Ab 1852 erhielten auf ihm japanische Offiziere und Besatzungen ihre Ausbildung. Als 1856 die Marineschule in Nagasaki entstand, wurde das Schiff dieser Einrichtung übergeben und in KANKO MARU umbenannt. Die Bark mit ihren dampfgetriebenen Seitenrädern und den sechs Kanonen war damit nicht nur das erste Schulschiff der sich entwickelnden Kriegsmarine, sondern auch eines der ersten Kriegsschiffe Japans überhaupt. 1868 ging es in den Besitz des Staates über und wurde erst 1876 abgewrackt.

1856 ließen die Japaner ein Kriegsschiff auf einer niederländischen Werft bauen, das anfangs den Namen JAPAN erhielt, aber 1857 in KANRIN MARU umbenannt wurde. Dann diente es bis 1867 als Segelschulschiff, ehe es - „entwaffnet" - als reines Frachtschiff bis 1871 fuhr. Die veränderten Bedingungen nach der Meiji-Restauration führten zu einem intensiven Aufbau der Kriegsflotte. Die CHIYODAGATA und die FUJIYAMA MARU dienten ab 1868 bzw. ab 1871 als Segelschulschiffe. Offensichtlich hat es später keine Segelschulschiffe der Kriegsmarine mehr gegeben.

Die Zahl der für die Handels- und die Fischereiflotte eingesetzten Segelschulschiffe ist bis auf den heutigen Tag beachtlich. Da nach 1868 die USA und Großbritannien zunehmenden Einfluß auf das Land der aufgehenden Sonne erlangten, übernahmen die Japaner für ihre Flotten weitgehend die entsprechenden Methoden der Ausbildung. Sie nutzten ab 1875 einen 1862 in Großbritannien gebauten Dreimast-Schoner, der - 1876 in eine Bark umgeriggt - als stationäres Schulschiff für die „Universität der Handelsmarine" in Tokio diente. Ein Segelschiff galt als der beste Ausbildungsplatz für einen Seemann. So wurde nach Außerdienststellung dieses Schiffes an einem Gebäude der nun an Land befindlichen Bildungsstätte eine Tafel mit der Aufschrift „Geburtsort der Seemannserziehung" angebracht. Die Schule übernahm 1883 den Toppsegelschoner HITOKAPPU MARU als zweites stationäres Schulschiff. Es wurde 1887 gegen das ehemalige Kriegsschiff MENG CHUN, das die Kriegsmarine der Handelsflotte geschenkt hatte, ausgewechselt. 1897 folgte ihm dann das Vollschiff MEIJI MARU.

Vollschiff MEIJI MARU

Baujahr:	1874
Bauwerft:	Werft Napier in Glasgow (Großbritannien)
Länge zwischen den Loten	72,7 m
Breite	8,5 m
Vermessung	1038 BRT
Hilfsmotor - Leistung	1117 kW = 1530 PS

Als schonergetakelter und dampfgetriebener Leuchtturmtender gebaut, erlangte das Schiff nationale Bedeutung: Am 20. Juli 1877 besuchte der Kaiser Meiji an Bord der MEIJI MARU während einer Inspektionsreise Yokohama. 1941 wurde die-

ser Tag zum „Tag des Meeres" für Japan bestimmt. 1896 erfolgte ein Umbau zum Vollschiff, um das Fahrzeug als stationäres Schulschiff zu nutzen. 1945 von den USA beschlagnahmt und 1951 wieder zurückgegeben, blieb es noch bis 1954 offiziell im Dienst. Aber nach einer erneuten Instandsetzung erklärten es die Japaner zum „bedeutenden Kulturdenkmal" und legten es an den ursprünglichen Ankerplatz als Museumsschiff.

Ab 1884 ging man in der Handelsflotte zur Ausbildung auf fahrenden Segelschulschiffen über. Die Reederei Kyodo Unyu Co. ließ speziell zu Ausbildungszwecken eine Bark bauen, welche von der „Universität der Handelsmarine" in Tokio gechartert wurde. Bis zum 17. September 1890, als sie bei Ijima auf Grund lief, war die RAISHIN MARU Schulschiff.

Die weiteren Segelschulschiffe sind in der Tabelle im Anhang aufgeführt. Dennoch muß auf einige Schiffe näher eingegangen werden.

Die MEIJI MARU war von 1896 bis 1954 Schulschiff, dann wurde sie zum „Kulturdenkmal" erklärt.
Archiv Autor

Bark UNYO MARU

Baujahr:	1909	
Bauwerft:	Osaka Iron Works	
Länge über alles (ohne Bugspriet)		41,12 m
Länge zwischen den Loten		40,30 m
Breite		8,70 m
Segel	Anzahl	21
	Fläche	540 m²
Vermessung		444 BRT
Hilfsmotor - Leistung	219 kW	= 300 PS
Besatzung	Stamm	32 Mann
	Schüler	40 Mann

1889 war in Japan ein Fischerei-Institut gegründet worden, das 1901 den Schoner KAIYO MARU als Segelschulschiff in Dienst stellte. 1909 sank er und wurde von der Bark UNYO MARU ersetzt, die bis 1929 als fahrendes Schulschiff genutzt wurde. Dann ging sie als stationäres Schulschiff endgültig vor Anker. Seit 1970 dient sie als Museum der „Nordfischerei".

Das folgende Schiff erlebte eine Metamorphose vom Segler zum Motorschiff.

Die Bark UNYO MARU war Segelschulschiff der Fischerei und ist seit 1970 Museum der Nordfischerei. Archiv Autor

Viermast-Barkentine SHINTOKU MARU		
Baujahr:	1923	
Bauwerft:	Mitsubishi Shosen Kaisha in Kobe	
Länge über alles (mit Buspriet)		109,1 m
Länge zwischen den Loten		85,3 m
Breite		13,4 m
Segel	Anzahl	23
	Fläche	2713 m²
Vermessung		2518 BRT
		1173 NRT
Hilfsmotor - Leistung	2 x 456 kW =	2 x 625 PS
Besatzung	Stamm	72 Mann
	Schüler	120 Mann

Die Barkentine ist für die 1917 gegründete Seefahrtschule Kobe gebaut worden. Ihre Jungfernreise führte im Mai 1926 nach Nordamerika und Hawaii. Seit diesem Zeitpunkt fanden bis 1942 insgesamt 42 Reisen mit einer Fahrstrecke von 311 000 Seemeilen statt, 733 zukünftige Handelsschiffsoffiziere erhielten dabei ihre Ausbildung. 1943 wurden alle Segelschulschiffe in das neu eingerichtete „Institut für See-Ausbil-

Viermast-Barkentine SHINTOKU MARU: von 1917 bis 1946 Segler und von 1947 bis 1962 Motorschiff, stets jedoch Schulschiff. Archiv Autor

dung" (damals Teil des Ministeriums für Kommunikation, heute des Transportministeriums) überführt, so die SHINTOKU MARU, die TAISEI MARU, die NIPPON MARU und die KAIWO MARU. Ihrer Takelage entledigt, zog man diese Fahrzeuge im Seto-See zusammen und nutzte sie zum Kohlentransport von Wakamatsu nach Osaka, Amagasaki und Kobe.

Im August 1944 verholte SHINTOKU MARU in die Werft, um endgültig in ein Dampfschiff umgewandelt zu werden. Am 24. Juli 1945 erfolgte ein Bombenangriff von Trägerflugzeugen der US-Marine auf das ankernde Schiff. Es strandete und wurde durch Feuer zerstört. Dabei starben sechs Seeleute und 11 wurden verwundet. 1946 erfolgte nach der Bergung des Schiffes eine Instandsetzung, so daß es bereits vom 30. Mai 1947 an wieder als Dampfer SHINTOKU MARU im Rahmen der Ausbildung für das „Institut für Seeausbildung" fuhr. 1962 wurde es außer Dienst gestellt und durch das moderne Motorschiff SHINTOKU MARU II ersetzt.

Die Seemannsausbildung für die Handelsflotte spielt in Japan nach wie vor eine große Rolle und wird durch den Staat wahrgenommen. 1930 ließ das Transport-Ministerium zwei Viermast-Barken in Kobe bauen, welche bis vor wenigen Jahren im Dienst waren: die NIPPON MARU und die KAIWO MARU.

NIPPON MARU I

Viermast-Bark NIPPON MARU I –
Segelschulschiff der Handelsflotte von 1930 bis 1984.
Archiv Autor

Viermast-Bark NIPPON MARU

Baujahr:		1930
Bauwerft:		Kawasaki-Werft in Kobe
Länge über alles		97,0 m
Länge zwischen den Loten		79,2 m
Breite		12,9 m
Segel	Anzahl	35
	Fläche	2397 m²
Vermessung		2239 BRT
		878 NRT
Hilfsmotor - Leistung		2 x 438 kW = 2 x 600 PS
Besatzung	Stamm	66 Mann
	Schüler	120 Mann

Beide Schiffe verfügen nahezu über gleiche technische Daten und wurden 1931 in Dienst gestellt. Sie dienten der Ausbildung der Offiziersschüler der Handelsflotte aller 11 japani-

NIPPON II und KAIWO II off Honululu HR.

schen Seefahrtschulen. Bis zum Jahre 1941 fanden jeweils 24 große Ausbildungsreisen sowie mehrere Kurzreisen statt. Dann „verbrachten" die Fahrzeuge wie alle Segelschulschiffe die Kriegsjahre als Kohlentransporter. Nach dem Krieg fuhren beide als „Passagierschiffe", um von 1946 bis 1951 japanische, chinesische und koreanische Soldaten wieder in ihre Heimatländer zurückzuführen. Auf 34 Reisen beförderten sie insgesamt 24 449 Japaner und 4611 ausländische Soldaten. Ab 1952 erfolgte das Instandsetzen und Wiederaufriggen der NIPPON MARU, die 1953 erneut auf Ausbildungsreise ging. Die KAIWO MARU folgte später, sie war erst 1955 fertig und lief 1956 zur ersten Ausbildungsreise nach dem Krieg aus. Beide Schiffe nahmen an zahlreichen Seglertreffen, vor allem im pazifischen Raum, teil. Die NIPPON MARU unternahm im Juni 1984 die letzte Reise, welche sie nach Hawaii führte. Damit endete eine 54jährige Einsatzzeit.

Die KAIWO MARU blieb noch bis 1989 in Dienst. Dann wurde auch sie durch ein neues Segelschulschiff ersetzt. Beide Segler dienen, nun in Trockendocks liegend, zur Vorausbildung der Jugend. 1984 und 1989 entstanden zwei Viermast-Barken, um die Traditionen der japanischen Schulschiffahrt fortzusetzen. Die Seefahrtschulen des Landes verfügen ferner über acht moderne Dampf- bzw. Motorschiffe zur Ausbildung.

Viermast-Bark KAIWO MARU II		
Baujahr:	1989	
Bauwerft:	Sumitomo H/I Uraga in Yokosuka	
Länge über alles (mit Bugspriet)		110,0 m
Länge zwischen den Loten		86,0 m
Breite		13,8 m
Segel	Anzahl	35
	Fläche	2760 m²
Vermessung		2600 BRT
Hilfsmotor - Leistung		2 x 1095 kW = 2 x 1500 PS
Besatzung	Stamm	69 Mann
	Schüler	130 Mann

Beide Schiffe, 1984 (NIPPON MARU II) bzw. 1989 gebaut, weisen wiederum nahezu gleiche technische Daten auf. Übrigens führen beide Schiffe am Besanmast einen sogenannten „deutschen" Besan, also ein geteiltes Gaffelsegel. Nach wie vor gehören die Segelschulschiffe Japans dem „Institut für See-Ausbildung" im Transport-Ministerium. Als jüngstes Segelschulschiff stellte sich während der Kolumbus-Sail 1992 die 1990 in Elbing (Polen) gebaute Brigantine KAYSAY vor. Die japanische Kriegsmarine hat keine Segelschulschiffe im Einsatz. Sie setzt ausschließlich auf moderne Motorkriegsschiffe.

Die Viermast-Bark
KAIWO MARU II
ersetzte 1989 die
gleichnamige Vorgängerin –
eines der modernsten
Segelschulschiffe der Welt.
Archiv Autor

Kanada

Der Einsatz von Segelschulschiffen, meistens kleineren Fahrzeugen, erstreckt sich auf die Ostküste, die Westküste und die Großen Seen. Allerdings befinden sich gegenwärtig keine kanadischen Segelschulschiffe an der Ostküste im Einsatz. Die entsprechenden Organisationen chartern während der Sommermonate Segler aus den USA. In den letzten Jahren waren das der Dreimast-Toppsegelschoner OUR SVANNAN und der Toppsegelschoner ANNE KRISTINA. Beide Schiffe stehen seit 1991 nicht mehr zur Verfügung. Das erstere wurde verkauft und letzteres ging auf See verloren.

Wenn man den Gaffelschoner BLUENOSE II den Schulschiffen der Ostküste zuordnet, stimmt das nur bedingt, denn in den Unterlagen wird er als regierungseigenes Passagierschiff, als ein „goodwill ambassador" für die Provinz Nova Scotia, bezeichnet und zur Ausbildung von „seamen apprentices" (Auszubildende im Rahmen der praktischen Arbeit) genutzt.

An der Westküste werden von der SALT-Organisation (Sail and Life Training Society) drei Fahrzeuge eingesetzt, und zwar
- der Gaffelschoner ROBERTSON II – 1940 als einer der letzten Fischerei-Schoner gebaut und ab 1974 für die Ausbildung eingesetzt.
- der Toppsegelschoner PACIFIC SWIFT – als Segelschulschiff 1986 für SALT gebaut, 10tägige Fahrten mit 20 bis 30 Schülern vermitteln Können auf den Gebieten der Navigation, der Seemannschaft und zum Führen kleiner Segler.
- die Brigantine SPIRIT OF CHEMAINUS – gebaut 1985.

Zur Westküste gehört auch der einzige Schulsegler, die ORIOLE, bereedert von der kanadischen Kriegsmarine. Als Privatyacht gebaut, wurde der Segler 1940 von der Kriegsmarine übernommen, die ihn bis 1948 zur Ausbildung von Kadetten auf den Großen Seen einsetzte. Als der Krieg vorüber war, segelte die ORIOLE durch den Panama-Kanal zur Westküste.

Ketsch ORIOLE –
Segelschulschiff der Royal Canadian
Navy seit 1940.
Archiv Autor

Ketsch ORIOLE

Baujahr:	1921	
Bauwerft	Owens in New York	
Länge über alles		31,1 m
Länge (Wasserlinie)		19,2 m
Breite		5,8 m
Segel	Anzahl	5
	Fläche	2276 m²
	Spinnaker	6020 m²
Wasserverdrängung		78 t
Hilfsmotor - Leistung	120 kW	= 165 PS
Besatzung	Stamm	6 Mann
	Schüler	12 bis 15 Mann

Vor dem Zweiten Weltkrieg fuhr an der Ostküste der Drei-mast-Gaffelschoner VENTURE, der bis 1941 für die Ausbildung zur Verfügung stand, dann jedoch als Wachschiff Kriegs-dienste tat. 1945 wurde er verkauft, um bis 1951 Kohle zu transportieren. Dabei ging er durch Feuer auf See verloren. Auf den Großen Seen fahren drei Brigantinen und ein Schoner. Die Teilnehmer an den Fahrten im Alter von etwa 12 bis 18 Jahren gehen später meistens zur Kriegsmarine oder zur Handelsflot-te. Sie erwerben die Grundlagen für ihren zukünftigen Beruf:
- Brigantine PATHFINDER (gebaut 1962 als Segelschul-schiff): Jährlich werden 10tägige Reisen über insgesamt 4000 Seemeilen durchgeführt.
- Brigantine PLAYFAIR (gebaut 1974 als Schulsegler): ähnli-cher Einsatz wie beim PATHFINDER.
- Brigantine ST. LAWRENCE (gebaut 1953).
- Schoner TRADITION II (gebaut 1974).

ST. LAWRENCE II

Brigantine ST. LAWRENCE

Baujahr:	1953	
Bauwerft:	Kingston Shipyards	
Länge über alles		21,7 m
Länge zwischen den Loten		14,6 m
Breite		6,6 m
Segel	Anzahl	8
	Fläche	231 m²
Wasserverdrängung		39 t
Hilfsmotor - Leistung	116 kW	= 160 PS
Besatzung		insgesamt
		24 Mann

Die ST. LAWRENCE sowie ihre beiden jüngeren Schwesterschiffe PATHFINDER und PLAYFAIR sind Eigentum der „Brigantine Incorporated" in Kingston (Ontario).

Das Schiff diente ursprünglich den „Kingston Sea Cadets" zur Ausbildung, ehe durch den neuen Verein Jungen und Mädchen im Alter von 13 bis 18 Jahren das „Adventure Sailing" ermöglicht wurde. Auf zahlreichen Reisen zeigte es die kanadische Flagge nicht nur auf den Großen Seen, sondern auch an der nordöstlichen Atlantikküste. Allein und ab 1976 gemeinsam mit den beiden Schwesterschiffen gestaltete sich die Teilnahme an zahlreichen Regatten und Seglertreffen zu bedeutenden Ereignissen. Nach einer intensiven Instandsetzung vor einigen Jahren soll ST. LAWRENCE weitere 35 Jahre lang im Dienst bleiben.

Während der Kolumbus-Sail 1992 stellte sich die im gleichen Jahr gebaute Barkentine CONCORDIA vor.

Niederlande

Man kann sagen, daß die moderne maritime Ausbildung in den Niederlanden entstand, wo zukünftige Steuerleute und Schiffer sowie die Offiziere der Kriegsschiffe in Gruppen auf den fahrenden Einheiten praxisnah auf ihren Beruf vorbereitet wurden. Offensichtlich steht jedoch der Anfang in der Schulschiffahrt erst in unmittelbarem Zusammenhang mit der Gründung der Amsterdamer Schulvereinigung im Jahre 1849, als die niederländische Regierung das Vollschiff DORDRECHT für Ausbildungszwecke zur Verfügung stellte. Dem folgten: 1861 Brigg VENUS,
                1871 Korvette AJAX,
                1883 Brigg ZEEHOND,
                1913 Brigg POLLUX I.
Die POLLUX I war bis 1940 aktiv und wurde dann durch den Neubau POLLUX II abgelöst.

Die Bark POLLUX II
ist als stationäres Schulschiff 1940 gebaut worden.
aus (46) S. 135

Die Kriegsmarine stellte um 1900 einige Segelschulschiffe in Dienst, wie z. B. die Segelkorvetten NAUTILUS und URANIA von je 1050 t Wasserverdrängung.

Die Fischereischule in Scheveningen nutzte ab 1930 einen Logger als Schulschiff, den 1912 gebauten ZEEAREND. Erst 1976 wurde er außer Dienst gestellt und dem Nederlands Scheepvaart Museum Amsterdam als Museumsschiff geschenkt.

Die o. g. Bark POLLUX II, als stationäres Schulschiff gebaut, befindet sich noch heute im Dienst.

Bark POLLUX II		
Baujahr:	1940	
Bauwerft:	Verschure, Amsterdam	
Länge über alles (mit Bugspriet)		77,3 m
Länge zwischen den Loten		57,7 m
Breite		11,0 m
Vermessung		747 BRT
Besatzung	Stamm	5 Mann
	Schüler	80 Mann

Das Schiff verfügt zwar über eine komplette Barktakelage mit doppelten Mars- und einfachen Bramsegeln, aber es wird niemals segeln können, da der flache Rumpf nicht dazu geeignet ist. 1943 übernahm die deutsche Kriegsmarine das Fahrzeug. Nach 1945 mußte es von Grund auf überholt werden, um wieder der Vorausbildung zukünftiger Seeleute (im Alter von 14 bis 16 Jahren) zu dienen. Von 1923 bis 1954 hatte die Handelsflotte den Toppsegel-Schoner BESTEVAER als Schulschiff im Einsatz, der jedoch an die USA verkauft wurde.

Nach dem Zweiten Weltkrieg kam für die Kriegsmarine wiederum ein Schoner in Fahrt, der bereits 1928 gebaut und 1938 von der Königlichen Marine für die Ausbildung auserkoren wurde. Bei der Instandsetzung erfolgte seine Umtakelung zum Bermudaschoner. So ist er noch heute im Einsatz.

Neben den Schonern EENDRACHT I und II sind der Schoner ALBATROS (ex ALK) und der Dreimast-Gaffelschoner FRYA zu nennen, die ebenfalls zur Ausbildung eingesetzt werden.

Die beiden EENDRACHT's sind näher zu beschreiben, denn der Name hat in der niederländischen Handelsflotte einen guten Klang. 1616 entdeckten die Seeleute einer EENDRACHT unter Leitung von Jacob Le Maire und Kapitän Schouten eine schmale Durchfahrt zwischen der großen Insel Feuerland und der Isla de los Estados, die sie zu Ehren ihres Expeditionsleiters „Le-Maire-Straße" nannten. Wenige Tage später umrundeten sie einen Felsen, den sie als südlichste Spitze des amerikanischen Kontinents erkannten und nach dem Heimatort ihres Kapitäns als „Kap Hoorn" bezeichneten.

Die Stiftung „Het Zeilend Zeeschip" ließ 1974 einen Toppsegel-Schoner (eine Rah im Fockmast, Großmast Bermudasegel) bauen, der eben diesen Namen erhielt. Die acht Segel haben eine Fläche von 947 m², der Rumpf ist 32,0 m lang und verdrängt 220 t. Die Ausbildungsreisen führten Schiff, Besatzung (11 Mann) und Schüler (26 Mann) sommers in die westeuropäischen Gewässer und während des Winters ins Mittelmeer. 1989 kaufte der Bremer Verein „Clipper - Deutsches Jugendwerk zur See" den Segler und benannte ihn in JOHANN SMIDT um.

Ein Jahr zuvor hatte die „Dutch National Sailing Association - Het Zeilend Zeeschip" in Scheveningen den Bau eines neuen Schoners in Auftrag gegeben.

Dreimast-Toppsegelschoner EENDRACHT II		
Baujahr:		1988
Bauwerft:		Damen-Werft Gorinchen
		(Niederlande)
Länge über alles		59,2 m
Länge zwischen den Loten		48,8 m
Breite		12,0 m
Segelfläche		1200 m²
Vermessung		606 BRT
Hilfsmotor - Leistung	400 kW	= 550 PS
Besatzung	Stamm	13 Mann
	Schüler	40 Mann

An den Ausbildungsfahrten nehmen Jugendliche im Alter von 16 bis 26 Jahren teil. Dabei handelt es sich hauptsächlich um „adventure-sailing".

Der Dreimast-Schoner EENDRACHT II fährt seit 1988 für die niederländische Jugend. Archiv Autor

Norwegen

Drachenboote der Wikinger erreichten Island, Grönland und sogar den nordamerikanischen Kontinent. Sie drangen über das verzweigte Flußsystem Rußlands bis ins Schwarze Meer und an den Küsten Westeuropas entlang bis ins Mittelmeer vor. Ob in Staatengemeinschaft mit Dänemark oder mit Schweden, ob als selbständiger Staat seit 1905 – immer blieb das Gesicht Norwegens dem Meer zugewandt. Schwerpunkte waren dabei stets die Handels- und Fischereiflotte. Naturgemäß war deshalb der Bedarf an gut ausgebildeten

Die Brigg STATSRAAD ERICHSEN war 1859 das erste norwegische Segelschulschiff.
aus (46) S. 19

Seeleuten groß. Dennoch begann auch in Norwegen die Ausbildung auf Segelschulschiffen bei der Kriegsmarine. 1859 übernahm diese eine im gleichen Jahr gebaute Brigg.

Brigg STATSRAAD ERICHSEN		
Baujahr:	1959	
Bauwerft:	Karljohansvaern, Horten	
Länge über alles		35,2 m
Länge zwischen den Loten		28,2 m
Breite		7,1 m
Segel	Anzahl	14
	Fläche	350 m²
Vermessung		119 BRT
Wasserverdrängung		215 t
Besatzung	Stamm	84 Mann
	Schüler	46 Mann

Die Brigg wurde als Segelschulschiff für die Königlich Norwegische Marine gebaut und von dieser bis 1900 eingesetzt. Dann übernahm die Kristiania-Schulschiff-Vereinigung in Oslo das Schiff, um es bis 1937 zur Ausbildung von Handelsschiffsoffizieren zu nutzen. Nach mehrfachem Umbau fuhr der ehemalige Segler als reines Motorschiff. Am 7. Juli 1962 wurde es auf der Reise von Möre nach Fredrikstad so schwer beschädigt, daß es kondemniert werden mußte.

Als spätere Schulschiffe der Kriegsmarine sind noch die SLEIPNER (gebaut 1877), die NORDSTJERNEN (gebaut 1862) und die ELLIDA (gebaut 1880) zu nennen.

Ab 1890 übernahm die Schulschiff-Gesellschaft Bergen die 1853 in Carlskrona gebaute Bark BJÖRGVIN als stationäres Schulschiff und nutzte sie bis 1903. Ein Jahr später wurde sie abgeriggt. Die Schulschiffe werden in Norwegen durch örtliche Vereinigungen betrieben. Der Einsatz erfolgte im vorigen Jahrhundert fast ausschließlich stationär: ab 1877 die Bark CHRISTIANA in Oslo und ab 1899 die Brigg TORDENSKJOLD I in Drontheim. Der 1905 gebaute Dreimast-Gaffelschoner FANNY fuhr unter verschiedenen Namen und später auch als Barkentine im Frachterdienst. Er wurde nach seiner Umwandlung in eine Bark von 1923 bis 1939 von der Schulschiff-Gesellschaft Trondheim als TORDENSKJOLD II zur Ausbildung genutzt.

Die genannten Vereinigungen bestehen noch heute und besitzen die im folgenden erwähnten Segelschulschiffe. Der

Vollschiff SÖRLANDET – Segelschulschiff seit 1927.
Archiv Autor

älteste und wohl bekannteste Schulsegler ist die Bark STATSRAAD LEHMKUHL, der 1914 bei Tecklenborg in Geestemünde gebaut worden war und unter dem Namen GROSSHERZOG FRIEDRICH AUGUST für den Deutschen Schulschiff-Verein bis 1919 fuhr. Dann mußte er an Norwegen abgeliefert werden, wo er von der „Stiftung Statsraad Lehmkuhl" in Bergen zu Abenteuer-Reisen sowohl in norwegischen als auch in südlichen Gewässern eingesetzt wird. Sein Vorgänger war der Schoner ALFEN.

1927 baute die Hoivolds M/V A.S. in Kristiansand für die Ausbildung in der Handelsflotte das Vollschiff SÖRLANDET.

Vollschiff SÖRLANDET		
Länge über alles (ohne Bugspriet)		56,3 m
Länge zwischen den Loten		47,8 m
Breite		8,8 m
Segel	Anzahl	26
	Fläche	1000 m²
Vermessung		568 BRT
Hilfsmotor - Leistung	412 kW	= 564 PS
Besatzung	Stamm	12 Mann
	Schüler	95 Mann

Bis 1939 war die SÖRLANDET Segelschulschiff der Handelsflotte, dann charterte die norwegische Marine das Fahrzeug und nutzte es als Depotschiff im Marinehafen Horten. Dort übernahmen es die Deutschen im April 1940 und brachten darauf eine Militär-Haftanstalt unter. Nach einem Bombentreffer sank das Schiff, wurde wieder gehoben und bis Kriegsende nach notdürftiger Instandsetzung als U-Boot-Depot verwendet. Bis 1948 war es wieder in den alten Zustand versetzt worden, ging auf Ausbildungsreise für die Seefahrtschule Kristiansand und wurde 1960 der „Seilende Skollskips Institusjonen" übergeben. Seit 1979 fährt das Vollschiff im Auftrag der „Gesellschaft der Freunde des Vollschiffes SÖRLANDET". Ab 1980 erlebten norwegische und ausländische Jugendliche auf vielen Reisen die Seefahrt und erlernten die Seemannschaft im harten Bordbetrieb.

Das etwas größere Vollschiff CHRISTIAN RADICH entstand 1937 als Nachfolger der STATSRAAD ERICHSEN und hatte nahezu das gleiche Schicksal wie die SÖRLANDET. Seit 1947 fährt es für die „Ostlandets Skoleskip" in Oslo und wurde 1963 umfassend modernisiert.

Polen

Mit der Gründung der Republik Polen nach dem Ersten Weltkrieg begann auch der Aufbau einer zivilen und einer militärischen Flotte und damit die Organisation der Ausbildung von Seeleuten. Von Anfang an befürworteten die Verantwortlichen den Einsatz von Segelschulschiffen, denn bereits 1920 kauften sie eine Bark, die 1869 als CHIUSURA in der Werft G.R. Cloover and Co. in Birkenhead (Großbritannien) gebaut worden war: Mit 1293 BRT vermessen, war sie 65,6 Meter zwischen den Loten lang und 11,3 Meter breit. Unter dem Namen LWOW setzte man den Segler als Schulschiff ein und begründetete damit ein äußerst erfolgreiches Wirken auf diesem Gebiet. Wegen seines hohen Alters mußte das Schiff 1929 außer Dienst gestellt werden, wurde aber erst 1938 verschrottet.

Umgehend erwarb der polnische Staat ein neues Schiff, das zum größten Teil aus Spenden der seefahrtbegeisterten Bevöl-

kerung bezahlt wurde, daher der Name DAR POMORZA (Gabe der Seebevölkerung). Es handelte sich um ein Vollschiff, das 1910 als Segelschulschiff für den Deutschen Schulschiff-Verein gebaut worden war und PRINZESS EITEL FRIEDRICH hieß. Nach dem Ersten Weltkrieg wurde es an Frankreich abgeliefert und unter dem Namen COLBERT als stationäres Schulschiff in St. Nazaire genutzt. 1929 kauften es die Polen, benannten es um und setzten es ab 1930 als Segelschulschiff für die Handelsflotte ein.

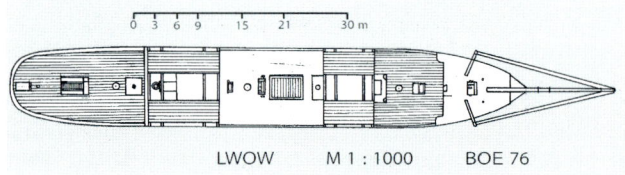

LWOW   M 1 : 1000   BOE 76

Fregatte DAR POMORZA

Baujahr:	1910	
Bauwerft:	Blohm und Voss, Hamburg.	
Länge über alles		91,0 m
Länge zwischen den Loten		72,6 m
Breite		12,6 m
Segel	Anzahl	25
	Fläche	1900 m²
Vermessung		1561 BRT
		525 NRT
Hilfsmotor - Leistung	314 kW	= 430 PS
Besatzung	Stamm	30 Mann
	Schüler	120 Mann

Segel- und Decksriß des ersten polnischen Segelschulschiffes, der Bark LWOW (ex CHIUSURA). Archiv Autor

Vollschiff DAR POMORZA –
ein Schiff mit wechselvollem Schicksal.
Foto: Stübner

Von Frankreich aus wurde das Schiff zu einer umfassenden Instandsetzung nach Nakskov in Dänemark geschleppt und geriet am 29. Dezember 1929, vor Anker liegend, in einen schweren Sturm, so daß die Besatzung das Schiff verlassen mußte. Mit zwei Schleppern konnte es gehalten werden. Am 9. Januar 1930 traf es in Polen ein, wo die Wyzsza Skola Morska in Gdynia den Segler übernahm. Während des Zweiten Weltkriegs befand es sich in Schweden, ehe es am 25. Oktober 1945 wieder in seinen Heimathafen einlaufen konnte. Nun absolvierten die Offiziersschüler aller zivilen Bildungseinrichtungen, auch der inzwischen gegründeten Seefahrtshochschule Szczecin, ihre Ausbildung auf diesem Schiff, von 1946 bis 1981 waren das insgesamt 4700 Mann.

1972 nahm die DAR POMORZA als erstes Schiff eines Warschauer Paktstaates an der „Operation Sail" teil, welche anläßlich der Segelolympiade in Kiel endete, und wurde zum Sieger erklärt. So konnte Polen nach den Regeln der „Sail-Training-Association" das Ziel der nächsten Regatta im Jahre 1974 bestimmen. Zum 30. Jahrestag der Neugründung Polens wurde Gdynia als Zielhafen gewählt. Seit 1981 liegt die Fregatte DAR POMORZA als Museumsschiff in ihrem Heimathafen Gdynia.

1980 begannen die Polen, große Segelschiffe zu bauen, allesamt vom Konstrukteur Zygmund Choren entworfen. Inzwischen behaupten die polnischen Werften den ersten Rang auf dem Gebiet des Segelschiffbaues. Von den 20 seit 1980 neugebauten Segelschulschiffen in der Welt entstanden allein neun auf polnischen Werften. Sozusagen als „Nullschiff" dieser Serie ist die POGORIA anzusehen.

Barkentine POGORIA

Baujahr:	1980	
Bauwerft:	Schiffbauwerft Danzig	
Länge über alles		47,0 m
Länge zwischen den Loten		34,0 m
Breite		8,0 m
Segel	Anzahl	14
	Fläche	1040 m²
Vermessung		299 BRT
Wasserverdrängung		342 t
Hilfsmotor - Leistung	226 kW	= 310 PS
Besatzung	Stamm	18 Mann
	Schüler	45 Mann

Die Barkentine POGORIA
war das erste Fahrzeug einer
Serie von Schulschiffen
aus Polen.
Foto: Autor

Die Barkentine gehört der „Polish Yachting Association" in Warschau, die sie als „Schule unter Segel" für seebegeisterte Jugendliche einsetzt. Gleichzeitig sollten und sollen mit ihr Erfahrungen gesammelt werden, um den Segelschiffbau in Polen zu entwickeln.

Die nachfolgenden Schiffe des Typs B-79 sind zwei Meter länger, es handelt sich um die Barkentinen
– ISKRA II (1982 für die polnische Seekriegsflotte gebaut) und
– KALIAKRA (1984 für die bulgarische Handelsflotte gebaut).
Die POGORIA unternahm 1988 - 1989 eine Weltreise, an der 30 Mann aus drei Ländern teilnahmen: 10 aus den USA, 10 aus der UdSSR und 10 aus Polen. Sie führte neben den Flaggen der drei Teilnehmerstaaten auch die Flagge der Vereinten Nationen. Der berühmte polnische Weltumsegler Krysztof Baranowski hatte diese Idee und leitete das Unternehmen. Im Januar 1989 wechselte die Besatzung in Argentinien, dann ging die Reise um das Kap Hoorn über den Pazifik zurück nach Polen. Im Juli 1991 vertrat die POGORIA die polnischen Segelschulschiffe während der Hanse-Sail in Rostock.

Die ISKRA II ist die Nachfolgerin des Dreimast-Gaffelschoners ISKRA I, der 1917 als VLISSINGEN in Groningen (Niederlande) gebaut worden war. Polen kaufte den Schoner 1927 und rüstete ihn als Segelschulschiff der Seekriegsflotte um. 1939 bis 1949 lag er in Casablanca und Gibraltar, wurde von der britischen Kriegsmarine eingesetzt und dann an Polen zurückgegeben. Als Segelschulschiff der polnischen Seekriegsflotte nahm er 1974 an der „Operation Sail" teil und wurde 1977 verschrottet. Die Barkentine ISKRA II ist also um zwei Meter länger als die POGORIA und hat ein verändertes Achterschiff.

Zu den Seglern des Typs B-79 gehört noch das Forschungsschiff OCEANA der polnischen Akademie der Wissenschaften.

Nachdem man mit der POGORIA notwendige Erfahrungen gesammelt hatte, entwarf Choren eine Fregatte (Vollschiff), welche 1981 ebenfalls auf der Danziger Werft gebaut wurde. Sie löste die DAR POMORZA ab.

Daß jedoch dieser alte Segler beim Entwurf Pate gestanden hat, ist nicht zu übersehen.

Vollschiff DAR MLODZIEZY

Baujahr:		1982
Bauwerft:		Schiffbauwerft Danzig
Länge über alles (mit Bugspriet)		108,6 m
Länge zwischen den Loten		79,4 m
Breite		14,0 m
Segel	Anzahl	26
	Fläche	2936 m²
Vermessung		2385 BRT
		1335 NRT
Wasserverdrängung		2946 t
Hilfsmotor - Leistung		2 x 552 kW = 2 x 750 PS
Besatzung	Stamm	41 Mann
	Schüler	150 Mann

Die erste Reise im Sommer 1982 war mit der „Operation Sail" von Falmouth nach Lissabon und zurück nach Southampton verbunden. Es nahmen Studenten des 1. Studienjahres beider Seefahrtshochschulen teil. Die zweite Reise im selben Jahr führte mit Studienbewerbern der Seefahrtshochschule Gdynia nach Helsinki. Die DAR MLODZIEZY legte im Probejahr 6230 Seemeilen, davon 3296 sm unter Segeln, zurück und hatte 289 Studenten an Bord. Danach erfolgte eine intensive Auswertung des ersten Einsatzes, die vor allen Dingen Eigenschaften und Ausstattung des Schiffes betraf. Die Erkenntnisse wurden beim Bau der weiteren Schiffe des Typs B-95 beachtet (33). Schließlich folgten dem Typschiff noch vier weitere Schulsegler.

Hier einige Auszüge aus dem Bericht: Die räumliche Aufteilung des Schiffes entspricht dem vorgesehenen Zweck: sechs Kammern mit je 22 festen Kojen für die Studenten, eine Studentenmesse mit 75 Plätzen und ein Unterrichtsraum für 50 Mann. Dazu kommen die Räume für die Offiziere, Lehrer, Unteroffiziere und Mannschaften. Prunkstück der Einrichtung ist ein Repräsentationssalon. Eine Trennung des Studentenbereiches von dem der Stammbesatzung ist weitgehend beachtet worden.

Natürlich gibt es auch kritische Hinweise: Die Kombüse befindet sich ein Deck tiefer als die Messen, wodurch der Antransport der Speisen zu kompliziert und zu weit wird; die Einrichtung der Studentenmesse ist deswegen ungünstig, weil sie gleichzeitig als Kinoraum dient. Bei laufendem Motor ist die Lärmbelästigung im Zwischendeck des Achterschiffes zu stark, das betrifft besonders den Unterrichtsraum.

Die nautische Ausrüstung ist völlig ausreichend, während die Trennung von Brückenraum und Kartenraum in der Schiffsführung zu erheblichen Schwierigkeiten führt – der Kartenraum liegt nämlich ein Deck tiefer als die Brücke.

Die Manövrierfähigkeit des Schiffes sowohl unter Segeln als auch bei Maschinenantrieb ist ausgezeichnet, es liegt gut am Ruder und geht leicht durch den Wind. Die Anordnung der Rettungsboote und anderer Deckseinrichtungen behindert mitunter die Segelmanöver und die Leinenführung. Bei günstigem und nicht zu starkem Wind segelt DAR MLODZIEZY sehr gut, leider wird der Kurswinkel bei stärker werdendem Wind immer größer und übersteigt den Wert von 70° (6,2 Strich). Bei der Fahrt mit dem Motor – die Geschwindigkeit ist durch einen Verstellpropeller stufenlos regelbar – besitzt das Schiff eine beachtliche Seetüchtigkeit, unter Segeln müssen diese bereits bei Stärken über 5 - 6 reduziert werden. Die Konstruktion des Schiffskörpers ist hervorragend und bietet größte Sicherheit; alle Sicherheitsmittel an Bord entsprechen höchsten Anforderungen. Auch die Anlagen im Wirtschafts- und Betriebsbereich sind modern und gewährleisten eine optimale Versorgung der Besatzung selbst bei langen Reisen. Das betrifft auch die Klimaanlagen, die Lüftungssysteme, die Frischwassererzeugung sowie die Abwasser- und Abfallbehandlung. Insgesamt gesehen entstand ein gutes Schiff, das natürlich als Typschiff Mängel aufwies, die bei den nächsten Schiffen abgestellt werden konnten.

Seit dieser Zeit läuft dieses Schiff regelmäßig im Rahmen der Ausbildung von Offiziersanwärtern der polnischen Handelsflotte und nimmt häufig an den „Tall Ships Races" sowie an Seglertreffen in verschiedenen Häfen teil.

Neben den bisher genannten Segelschulschiffen verfügte und verfügt Polen über weitere Fahrzeuge für die Seekriegsflotte, die Handelsflotte und gesellschaftliche Organisationen. Auch der Name ZAWISZA CZARNY befindet sich zweimal in den polnischen Schiffslisten. Der erste Namensträger entstand als PETREA 1902 auf einer schwedischen Werft, von 1935 ab lief er unter dem neuen polnischen Namen ZAWISZA CZARNY für eine Reederei in Gdynia, und 1939 fiel er den deutschen Truppen in die Hände. Nach einem Umbau in der Schichau-Werft setzte die deutsche Kriegsmarine den Schoner als Segelschulschiff SCHWARZER HUSAR ein. 1945 an Polen zurückgegeben, beließ ihn die polnische Seekriegsflotte in dieser Funktion, bis er 1947 abgebrochen wurde. Erst 1960 gab es einen neuen Segler dieses Namens.

Dreimast-Stagsegelschoner ZAWISZA CZARNA II

Baujahr:	1952	
Bauwerft:	Polnocna Werft, Danzig	
Länge über alles		42,6 m
Länge zwischen den Loten		35,6 m
Breite		6,7 m
Segel	Anzahl	10
	Fläche	550 m²
Vermessung		163 BRT
		31 NRT
Wasserverdrängung (Themse-Maß)		197 t
Hilfsmotor - Leistung	220 kW	= 300 PS
Besatzung	Stamm	20 Mann
	Schüler	25 Mann

Von 1952 bis 1960 war das Schiff als Trawler CIETRZEW bei der Fischerei in Swinouscie beschäftigt. Dann übernahmen die Pfadfinder den Schoner, tauften ihn ZAWISZA CZARNY II und nutzten ihn als Segelschulschiff. 1972 nahm er neben der DAR POMORZA, und zwar auf der Etappe Helsinki - Falsterbo, an der Operation Sail teil.

Das größte Ereignis war eine Weltreise, die am 20. März 1988 in Gdynia begann und 14 Monate dauerte. Da auf dieser Strecke von 37 000 Seemeilen acht Besatzungswechsel stattfanden, konnten insgesamt 200 Schüler teilnehmen.

Der jüngste, ebenfalls von Zygmund Choren entworfene Segler wurde 1990/91 auf der Marine-Werft Gdynia gebaut.

Brigg FRYDERYK CHOPIN

Länge über alles (mit Bugspriet)		55,5 m
Länge zwischen den Loten		36,0 m
Breite		8,5 m
Segel	Anzahl	23
Fläche		1240 m²
Wasserverdrängung		400 t
Hilfsmotor - Leistung	240 kW	= 320 PS
Besatzung	Stamm	17 Mann
	Schüler	37 Mann

Die Brigg wurde 1991 der 1989 gegründeten „International Class Afloat Foundation" übergeben. Initiator für den Bau war Krysztof Baranowski, der den Segler für die Ausbildung polnischer und ausländischer Kadetten und Seeleute einsetzen will. Entsprechend den Erfahrungen mit der POGORIA soll auch dieses Schiff unter UNO-Flagge fahren. Die Brigg nahm 1992 an der großen „Kolumbus-Sail" teil und hatte damit ihren ersten „Auftritt".

Portugal

Seit 1418 schickte Heinrich der Seefahrer, dritter Sohn von König Johann I., regelmäßig portugiesische Schiffe zu Afrikafahrten aus, die man ohne Übertreibung auch als Übungsfahrten bezeichnen kann. Die Teilnehmer dieser Reisen sollten als „pilotes" zum „talent de bien faire", zur Befähigung zu großen Taten, ausgebildet werden, um auf Entdeckungsreisen gehen zu können. Die damals begründete Kosmographenschule in Sagres, die als Geburtsstätte der modernen Navigation anzusehen ist, beeinflußte die Ausbildung bis ins 17. Jahrhundert hinein. Große Seefahrer, wie Diaz, Cabral und Gama, beweisen das. Aber die portugiesische Flotte verlor im Verlaufe der Jahrhunderte ihre Bedeutung. Heute verfügt die Handelsflotte über etwa 1,5 Millionen BRT und die Fischerei über rund 15 000 Motorfahrzeuge. Die Kriegsmarine spielt eine untergeordnete Rolle. Aber gerade die letztere ist es, welche den Einsatz von Segelschulschiffen bewahrte.

Eines dieser alten Kriegsschiffe ist über 100 Jahre alt geworden: die 1857 gebaute Fregatte mit dem wohlklingenden Namen DOM FERNANDO E GLORIA von 1600 Tonnen Wasserverdrängung. Als Schulhulk dienend, wurde sie 1963 durch Brand zerstört.

Von den Schulschiffen der zweiten Hälfte des 19. Jahrhunderts ist ein berühmter Klipper zu nennen, der 1895 in portugiesischen Besitz kam.

Das Vollschiff
PEDRO NUNEZ
trug einst den
großen Namen
THERMOPYLAE.
Archiv Eschenburg

Vollschiff PEDRO NUNEZ

Baujahr:	1868	
Länge über alles		64,0 m
Breite		11,0 m
Segel	Fläche	1620 m²
Wasserverdrängung		2000 t

Bark SAGRES I

Baujahr:	1896	
Bauwerft:	Rickmers, Bremen	
Länge über alles		97,0 m
Länge zwischen den Loten		79,0 m
Breite		12,2 m
Segel	Anzahl	24
	Fläche	3500 m²
Vermessung		1980 BRT
Besatzung (als Schulschiff)	Stamm	174 Mann
	Schüler	200 Mann

Unter dem Namen THERMOPYLAE war der Klipper einst Großbritanniens schnellstes Schiff. Durchschnittlich 63 Tage segelte er die Strecke von Kap Lizzard nach Melbourne – eine Zeit, die kein Segler jemals wieder erreichte. Als Segelschulschiff diente er ab 1899 der portugiesischen Kriegsmarine, bis er 1907 ehrenvoll in der Tejo-Mündung durch einen Torpedoschuß versenkt wurde.

Der Erste Weltkrieg bescherte Portugal ein neues Segelschulschiff, denn 1916 beschlagnahmten die Portugiesen die deutsche Bark RICKMER RICKMERS.

Das ehemalige Vollschiff unternahm viele erfolgreiche Reisen, bis es 1904 in einen Taifun geriet und Kapstadt als Nothafen anlaufen mußte. Der dritte Mast war zu erneuern, dabei erfolgte eine Umtakelung zur Bark. 1912 wechselte die Bark den Besitzer. Von der Hamburger Reederei Krabbenhöft über-

nommen, schickte man sie als MAX nach Chile auf Salpeterfahrt. Als das Schiff 1916 wegen des Kriegsgeschehens die
Azoren anlaufen mußte, beschlagnahmten es die Portugiesen
und übergaben es den Briten, die es als FLORES einsetzten.
1918 an Portugal zurückgegeben, begann der Umbau zum
Segelschulschiff (siehe Besatzungsstärke) und danach sein
Einsatz als SAGRES. 1930 wurden zwei Dieselmotoren eingebaut.

Bis 1962 blieb die SAGRES in Dienst, denn die Portugiesen
übernahmen von Brasilien die GUANABARA (ex ALBERT LEO
SCHLAGETER) und gaben ihr den Namen SAGRES II. Die alte
SAGRES wurde abgetakelt und als Hulk SANTO ANDRE genutzt, bis die Hamburger „Rickmer Rickmers Stiftung" am
7. Mai 1983 den 87 Jahre alten Segler kaufte und ihn als
Museumsschiff an die Landungsbrücken legte.

**Das Vollschiff bzw. die Bark
RICKMER RICKMERS
war Frachter,
portugiesisches Segelschulschiff
SAGRES I
und ist heute Museumsschiff
in Hamburg.
Foto: Autor**

Die Bark SAGRES II ist Segelschulschiff der portugiesischen Kriegsmarine. Foto: Autor

Das Segelschulschiff der deutschen Kriegsmarine war nach 1945 an die USA abzuliefern, die es an Brasilien weitergaben. Von dort erwarben es die Portugiesen. Die SAGRES II ist wie ihre Vorgängerin ein gern gesehener Gast bei Segelschiffstreffen und Regatten der Sail Training Association.

Die portugiesische Kriegsmarine besitzt noch zwei Yachten zur Ausbildung von Offiziersanwärtern: POLAR (85 t Wasserverdrängung) und VEGA (60 t Wasserverdrängung).

Bark SAGRES II

Baujahr:	1937	
Bauwerft:	Blohm und Voss, Hamburg	
Länge über alles (mit Bugspriet)		89,48 m
Länge zwischen den Loten		70,10 m
Breite		12,02 m
Segel	Anzahl	23
	Fläche	1932 m²
Wasserverdrängung		1869 t
Hilfsmotor - Leistung	550 kW	= 750 PS
Besatzung	Stamm	153 Mann
	Schüler	90 Mann

Rumänien

Mit der Vereinigung der Fürstentümer Walachei und Moldau 1859 verbindet sich auch die Gründung der rumänischen Kriegsmarine. Da es jedoch im Lande keine Ausbildungsstätten gab, gingen die jungen Leute ins Ausland – nach Livorno (Italien), Fiume (Österreich-Ungarn), Brest und Toulon (Frankreich) sowie nach Kiel (Deutschland). 1872 entstand in Galatz die erste Seefahrtschule, 1882 eine Kadettenanstalt und 1896 eine Schule für Unteroffiziere, die 1900 als Hochschule ihren Sitz in Konstanza bekam. Das System der Ausbildungsstätten wurde durch Spezialschulen vervollständigt und ab 1920 weiter ausgebaut. Die heutige Seefahrtschule „Mircea cel Bâtrîn", gegründet 1973, dient der Ausbildung von Offizieren der Kriegsmarine sowie der Handels- und Fischereiflotte. Seit 1990 trägt sie die Bezeichnung „Seeakademie".

Bereits 1882 begann die Ausbildung auf Segelschulschiffen, als von der „Thames Iron Cie. Worls" in England die Brigg MIRCEA (Länge 36 m, Breite 7,6 m, Wasserverdrängung 360 t) abgeliefert wurde. Neben den 14 Segeln von 500 m² verfügte sie über einen Hilfsmotor von 160 PS. Die Ausbildungsreisen führten das Schiff und seine Besatzung in alle Meere rund um Europa. 1895 nahm es auch an der Eröffnung des Nord-Ostsee-Kanals teil. 1938 ging die Brigg auf der Donau nahe Galatz als stationäres Schulschiff vor Anker. Am 12. April 1944 von einer sowjetischen Fliegerbombe getroffen, verbrannte das traditionsreiche Schiff.

1938 übernahm Rumänien das heute noch genutzte Schulschiff, die

Bark MIRCEA: Aus der großen GORCH-FOCK-Familie stammend, ist sie heute rumänisches Segelschulschiff.
Archiv Autor

Bark MIRCEA II		
Baujahr:		1938
Bauwerft:		Blohm und Voss Hamburg, Deutschland
Länge über alles		82,1 m
Länge zwischen den Loten		62,0 m
Breite		12,0 m
Segel	Anzahl	23
	Fläche	1749 m²
Wasserverdrängung		1760 t
Hilfsmotor - Leistung	809 kW	= 1100 PS
Besatzung	Stamm	83 Mann
	Schüler	140 Mann

Die Bark ist ein Schwesterschiff der Segelschulschiffe der deutschen Kriegsmarine GORCH FOCK I, HORST WESSEL und ALBERT LEO SCHLAGETER, die sich auch heute noch in verschiedenen Ländern im Einsatz befinden.

Die erste Ausbildungsreise führte 1939 vom Heimathafen Konstanza ins Mittelmeer. Danach fanden bis 1941 wegen des Zweiten Weltkrieges die Ausbildungsfahrten nur noch im Schwarzen Meer statt. 1944 übernahm die UdSSR für kurze Zeit die Bark, gab sie jedoch bald wieder zurück. 1966 ging die MIRCEA II zu einer umfassenden Erneuerung in die Bauwerft nach Hamburg.

Als die Bark 1976 zum ersten und einzigen Mal an einer „Operation Sail" teilnahm, kam es gleich beim Start zu einigen Kollisionen: Die JUAN SEBASTIAN DE ELCANO rammte die LIBERTAD und verlor dabei den rahgetakelten Fockmast. Die MIRCEA bohrte ihren Bugspriet in die USA-Barkentine GAZELA PRIMERO.

Bemerkenswert war, daß alle bei Blohm und Voss gebauten Barken - TOWARISCHTSCH, EAGLE, SAGRES, MIRCEA und GORCH FOCK II - an den Feiern zum 200jährigen Bestehen der Vereinigten Staaten von Amerika teilnahmen. Die EAGLE führte als Gastgeberin die abschließende Parade in New York an.

Die Handels- und Fischereiflotte setzte keine Segelschulschiffe ein.

Rußland / Sowjetunion

Peter I. wollte Rußland aus der maritimen Isolation führen. Er öffnete zuerst die Zugänge zum Asowschen und zum Schwarzen Meer, um sich dann das „Fenster" nach dem Westen über die Ostsee zu schaffen. Am 9. März 1697 brach eine Gruppe von 250 Russen, welcher der Zar ingoknito als Peter Michailow angehörte, über Riga und Königsberg nach den Niederlanden, England und Österreich-Ungarn auf, um Schiffbau und Schiffahrt kennenzulernen. Der Beweggrund war plausibel, denn am 20. Oktober 1696 hatte der Zar die russische Flotte gegründet. Aber es fehlten ihm und seinen Untertanen nahezu alle Kenntnisse. Also ging er mit gutem Beispiel voran und holte sich Wissen und Können aus den wichtigsten Schiffbauländern Europas. Noch immer galt die Auffassung Colberts (1619 - 1683), des Schöpfers der französischen Kriegsmarine: „La mer ne veux pas les Russe" (Das Meer will die Russen nicht). Die Welt war vom Gegenteil zu überzeugen.

In einem Ukas vom 14. Januar 1701 befahl Peter I. die Gründung einer Schule für Mathematik und Navigation in Moskau. In den Adelskreisen fand er nicht genug Freiwillige, weshalb er auch Jungen vom 12. Lebensjahr an zuließ. Sie durften aber keine Leibeigenen sein. Daraus ergab sich das Profil der Schule, bestehend aus drei Stufen:

1. Elementarklasse für Analphabeten und Grundlagenunterricht,
2. Klasse für Mathematik, Arithmetik und Trigonometrie,
3. Klasse für Spezialausbildung. Die Jugendlichen wurden in verschiedenen Berufen ausgebildet: Bauingenieure, Architekten, Landvermesser, Artilleristen und natürlich Nautiker.

Peter legte großen Wert auf eine möglichst breit angelegte Bildung seiner Schiffsoffiziere und war damit auf diesem Gebiet vielen europäischen Kriegsmarinen voraus. 1703 gründete er die Stadt St. Petersburg, durch die er das „Fenster" nach dem Westen aufstieß, und wo er die Basis für eine große Flotte schuf. Als er 1715 den Regierungssitz dorthin verlegte, übersiedelte auch der Bereich zur Ausbildung von Schiffsoffizieren nach St. Petersburg, woraus die spätere Marineakademie entstand.

Bereits 1713 entstand die Idee, Offiziersanwärter nach dem niederländischen und englischen Vorbild auf fahrenden Schiffen auszubilden. Jedoch fehlte es noch an Schiffen, so daß der Zar anfangs die jungen Leute nach abgeschlossener Kadettenausbildung zu einer Voluntärzeit ins Ausland schickte, z. B. nach Spanien, den Niederlanden, England Dänemark, Frankreich und Venedig (Österreich-Ungarn). Kamen diese nach Rußland zurück, mußten sie sich einer Prüfung unterziehen, um dann entsprechend ihrem Leistungsstand zum Fähnrich, Unterleutnant oder Leutnant befördert zu werden. Aber auch Offiziere gingen zu Praktika ins Ausland.

1722 konnte eine erste Gruppe das russische Flottenflaggschiff für Praktika nutzen – damit hatte die Bordausbildung in Rußland begonnen. Weitere Schiffe wurden einbezogen und bald bildete sich ein festes System heraus: Im Winter fand der Unterricht an Land statt, im Sommer gingen die Kadetten an Bord.

1725 starb Peter I. und hinterließ seinem Land eine starke und wohlorganisierte Kriegsmarine. Jedoch hatte sich keine ähnlich bedeutende Handelsflotte entwickelt.

Als die Ausbildung 1738 weiter verbessert wurde, erklärte man den Huker KRONSCHLOT und die Fregatte AMSTERDAM GALEI zu fahrenden Schulschiffen. Später kam die Fregatte ST. ANDREI dazu. Die Ausbildungsfahrten fanden im allgemeinen in der Ostsee und im Seegebiet um Archangelsk statt.

Als sich 1716 40 Studenten der Marineakademie auf dem Linienschiff ERZENGEL MICHAEL zum Praktikum befanden, kam für sie die Bezeichnung „Gardemarin", also „Fähnrich", auf.

In den dreißiger Jahren hatte sich das Ausbildungssystem weiter gefestigt, so daß auf der Grundlage eines Ukas der Zarin Elisabeth vom 15. Dezember 1752 das Gesamtsystem der marinen Schulen neu organisiert wurde. Es entstanden Schulen für die verschiedenen Funktionen und Ränge auf einem Kriegsschiff – Meisterschule und Steuermannsschule sowie eine Schiffsjungenschule. Letztere wurde nötig, weil nicht jeder Junge wie früher zur Marineakademie als Kadett kam. Aus ihnen rekrutierten sich die mittleren Kader.

Die Marineakademie gliederte sich wie folgt: 360 Kadetten in drei Gruppen von je 120 Mann. In der ersten Gruppe befanden sich die ältesten Studenten, die nach erfolgter Prüfung zum Fähnrich ernannt wurden. Die zweite Gruppe bildeten die Studenten des zweiten Studienjahres und in der dritten Gruppe waren die Jüngsten. Jede Gruppe teilte sich wiederum in drei Lerngruppen zu je 40 Mann.

Am 21. Juni 1764 faßte das Admiralskollegium den Beschluß, für die praktische Ausbildung der Fähnriche ein dreimastiges Schiff zu bauen. Die Zarin Katharina II. bestätigte das Vorhaben. Am 13. September 1765 erging der Auftrag an den in Rußland tätigen englischen Schiffbaumeister James Lambe, der sich einen englischen Ostindienfahrer zum Vorbild nahm – einen Schiffstyp, der eigentlich nicht mehr in „Mode" war. Aber es ging darum, auf dem Schiff viel Platz für die Ausbildung zu schaffen, weshalb das Länge - Breiten - Verhältnis 3,5 betrug. Allerdings wichen Vor-und Achterschiff vom Vorbild ab.

Das Schiff wurde 1766 auf den Namen NADESCHDA (Hoffnung) getauft und am 4. Juni 1766 fertiggestellt. Bis 1774 fuhr es als Schulschiff für die russische Kriegsmarine. Die NADESCHDA war der erste als Schulschiff konzipierte Segler in der Geschichte der maritimen Ausbildung, wenn auch andere, ursprünglich als Kriegsschiffe gebaute Einheiten (wie zum Beispiel der Huker KRONSCHLOT) bereits früher dafür eingesetzt worden sind. Beide Schiffe sollen deshalb kurz vorgestellt werden.

Der Huker KRONSCHLOT wurde 1738 zum Schulschiff erklärt und war damit höchstwahrscheinlich das erste seiner Art.
aus (41) S. 34

Huker KRONSCHLOT		
Baujahr:	1736 (Stapellauf 5. 5. 1737)	
Bauwerft:	Werft in Archangelsk	
Länge über alles		25,6 m
Breite		7,2 m
Segel	Anzahl	9
	Fläche	403 m²
Wasserverdrängung		320 t
Besatzung	Stamm	80 Mann
	Schüler	15 Mann

Die KRONSCHLOT war nicht nur das erste fahrende Segelschulschiff Rußlands, sondern möglicherweise Europas. Denn zu dieser Zeit bildeten die anderen Marinen ihre „Steuermannsschüler" in Gruppen auf „Schiffen mit Ausbildungsauftrag" aus.

Der Huker wurde 1755 aus der Flottenliste gestrichen. Über den Verbleib gibt es zwei Versionen: einige meinen, er sei in Kronstadt zur Gewinnung von Brennholz abgebrochen worden, andere bevorzugen eine ehrenvollere Aufgabe, nämlich daß man den stabilen Schiffskörper zur Befestigung des Dammes für den Seekanal zum Hafen Kronstadt verwendet habe.

Fregatte NADESCHDA.

Baujahr:		1766
Bauwerft:		Admiralitätswerft St. Petersburg
Länge zwischen den Loten		23,8 m
Breite		6,7 m
Segel	Anzahl	12
	Fläche	445 m²

Der Kommandant und die Schiffsoffiziere wohnten im Quarterdeck, für die 25 Kadetten gab es Räume im Zwischendeck achtern.

In der Mitte des 18. Jahrhunderts entstanden in Rußland zahlreiche Lehrbücher für den Unterricht an den Schulen der Kriegsmarine: 1749 „Traktat über Linienschiffe" von Buger und „Meeres-Wissenschaft" von Euler, 1778 „Theorie des Schiffbaues" sowie „Bau und Führung von Schiffen" (beide ebenfalls von Euler). Die Ausbildung hatte einen beachtlichen Stand erreicht.

Aber es fehlte an Schulschiffen, denn die bisher genannten waren inzwischen außer Dienst gestellt worden. So wurde die Ausbildung ausschließlich auf stationären Schiffen im Hafen von Kronstadt durchgeführt. Also wurde ein neues Segelschulschiff auf der Admiralitäts-Werft in St. Petersburg gebaut, das

1798 fertiggestellt war und den Namen BOGOJAWLENIA erhielt. Es fuhr 18 Jahre lang als Schulschiff und wurde 1816 außer Dienst gestellt. 1805 kam die Brigg PHÖNIX hinzu.

Nach den napoleonischen Kriegen mußte die Bordausbildung wiederum erneuert werden. Man baute deshalb eine modernere und größere Serie von Segelschulschiffen.

Die Fregatten ROSSIJA (1830) sowie POSOJANSTWO (1834) entstanden in der Admiralitätswerft und die Fregatten MALI (1805), URANIA (1820), NADESCHDA II (1828) und OTWASCHNOST (1834) in der Ostinskoi-Werft.

Fregatte URANIA.

Baujahr:		1820
Bauwerft:		Ostinskoi-Werft St. Petersburg
Länge (Wasserlinie)		30,7 m
Breite		8,2 m
Segel	Anzahl	25
	Fläche	832 m²
Wasserverdrängung		330 t
Besatzung	Stamm	48 Mann
	Schüler	95 Mann

Alle Schiffe dieser Gruppe hatten die gleichen Maße. Fregatten waren bei Offizieren und den Verantwortlichen für die

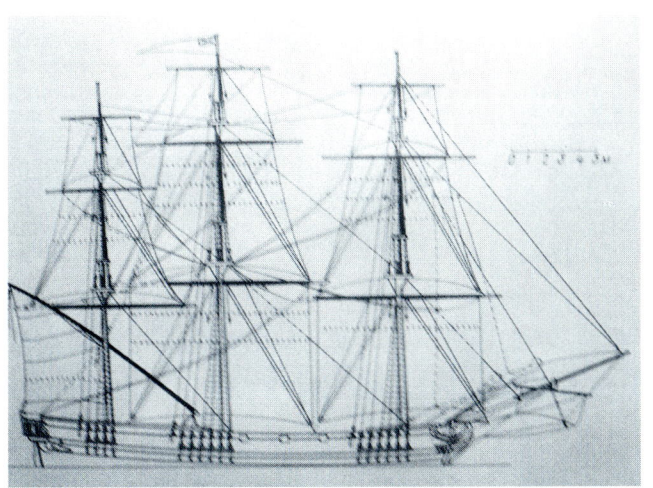

Die Fregatte NADESCHDA wurde als Schulschiff entworfen und 1766 gebaut – das erste Segelschulschiff der Welt!
aus (41) S. 45 (s. S. 30)

Die Fregatte URANIA war eines von um 1820 gebauten Segelschulschiffen der russischen Kriegsmarine.
aus (41) S. 73

Ausbildung gleichermaßen wegen ihrer leichten Handhabbarkeit, Schnelligkeit und Zuverlässigkeit beliebt. Deshalb wurde bereits 1832/33 veranlaßt, neue und größere Schiffe dieses Typs zu bauen. Ab März 1834 begann der Bau mehrerer Schulfregatten: WERNOST, USPECH und NADESCHDA. Zu dieser Zeit bestand die Schulflotte aus 12 Fregatten, 4 Briggen und einem Huker. Die neue Fregatte WERNOST wurde zum Flaggschiff der Schulflotte erklärt. Das jüngste Schiff der neuen Serie war die nunmehr dritte NADESCHDA. Sie war auch das letzte reine Segelschiff, denn anschließend hielt die Dampfmaschine ihren Einzug.

Fregatte NADESCHDA III

Baujahr:	1844/45 (15. 3. 1845 Stapellauf)	
Bauwerft:	Admiralitätswerft St. Petersburg	
Länge über alles		36,7 m
Länge zwischen den Loten		35,0 m
Breite		10,2 m
Segel	Anzahl	20
	Fläche	1032 m²
Wasserverdrängung		565 t
Besatzung	Stamm	113 Mann
	Schüler	75 Mann

Als bemerkenswertes Schiff ist die Schraubenfregatte STRELOK zu nennen, die 1880 gebaut wurde und eine starke Dampfmaschine erhielt. 1881 ging sie auf eine Expeditionsreise rund um Europa und Afrika, in die Beringsee und nach Nordostsibirien – 18 Offiziere und 167 Mann waren an Bord. Übrigens wurde damals eine Bucht in der Beringstraße nach diesem Schiff benannt. Danach fuhr die STRELOK als Schulschiff.

Historisch bedeutsam wurde das Vollschiff GROSSFÜRSTIN MARIA NIKOLAJEWA. Zum einen hatte dieser Klipper, der 1873 bei Steele in Greenock gebaut worden war, einen langen Einsatz in der Australienfahrt hinter sich und leistete der englischen Reederei Devitt and Moore Dienste als Segelschulschiff. Dann wurde er 1899 an Rußland verkauft und ist als erstes Segelschulschiff der Handelsflotte anzusehen. Kapitän P. S. Balk, ehemaliger Kriegsschiffskapitän, kommandierte das Schiff bis 1908 und führte halbmilitärische Normen für die Ausbildung von Handelsschiffsoffizieren ein. Sein Nachfolger, Kapitän M. B. Wasiliew, entwickelte das System weiter und gilt als Begründer des sowjetischen Schulschiffwesens.

So war aus dem ehemals englischen Klipper HESPERUS das russische Segelschulschiff GROSSFÜRSTIN MARIA NIKOLAJEWA geworden, das erst 1923 verschrottet wurde (s. S. 70).

Die Fregatte NADESCHDA III war das dritte Schulschiff dieses Namens (Stapellauf am 15. 03. 1845). aus (41) S. 82

Die Segelschulschiffe des beginnenden 20. Jahrhunderts waren fast alle in beide Weltkriege verwickelt und wurden nach 1917 zum Teil in die Flotten des neuen Sowjetstaates eingeordnet. Das trifft ebenfalls für die Bark GROSSFÜRSTIN XENIA ALEXANDROWNA zu, 1904 in der „Russischen Schiffbaufabrik" in Sormowo am Kaspischen Meer gebaut. Sie war ursprünglich für die Ausbildung von Seeleuten der Reedereien dieses Meeres gedacht. 1908 jedoch überführte man das Schiff über die Wolga und das Kanalsystem in die Ostsee nach dem damals noch russischen Helsingfors (Helsinki). 1910 wurde die Bark in Turku zur Brigantine umgetakelt und sollte als Schulschiff nach Odessa versegeln. Ehe sie ihr Ziel erreichen konnte, brach der Erste Weltkrieg aus. Sie wurde in Piräus interniert, bis englische, französische und weißgardistische Truppen sie beschlagnahmten. Nach der Umbenennung in SVOBODA transportierte das Schiff Versorgungsgüter für die Wrangel-Armee, blieb bis 1920 in Stambul liegen, um dann an die Sowjetunion übergeben zu werden. Unter dem Namen MORJAK fuhr die Brigantine noch als Segelschulschiff und ist offensichtlich in Nordafrika abgebrochen worden.

Ein weiteres interessantes Schiff war die Viermast-Bark LAURISTON: 1892 bei Workman and Clark in Belfast gebaut, fuhr sie als Frachtsegler für eine britische Reederei und wurde 1916 von Rußland gekauft. Sie blieb aber bis 1921 in England liegen, dann erfolgte die Übergabe an die Sowjetunion. Zuerst fuhr die Bark als Frachtsegler und machte die erste Reise unter sowjetischer Flagge von Petrograd nach Tallinn und zurück. Das war damals eine Auslandsreise, denn Estland hatte sich nach dem Ersten Weltkrieg von Rußland abgetrennt.

Später übernahm die Handelsflotte den Segler als Segelschulschiff und benannte ihn in TOWARISCHTSCH um. 1943 befand er sich in Sdanow (Asowsches Meer) und lag während der Besetzung dort. Als die deutschen Truppen die Stadt im August 1943 räumen mußten, sprengten sie ihn zur Sperrung der Hafeneinfahrt.

Ein ähnlich abenteuerliches Schicksal hatte die Barkentine WEGA I, 1901 in Ainaschi (Estland) gebaut, mit dem ursprünglicher Namen TARA. Bis 1928 lief sie als Frachtsegler. Erst dann setzte man sie als Segelschulschiff ein und nannte sie WEGA. Die erste Ausbildungsreise galt der Überführung ins Schwarze Meer. In Rostow am Don stationiert, diente das Schiff bis zu Beginn des Krieges 1941 der Ausbildung. Als die Stadt evakuiert werden mußte, hatte der Segler Industriegüter an die Kaukasus-Küste zu transportieren. In der Straße von Kertsch lief er, vollbeladen und von der Strömung getrieben, bei Windstille in die Klippen. Zwar konnte ihn die Besatzung wieder abbringen, dennoch sank er später wegen der Beschädigungen am Unterwasserschiff.

Als der Zweite Weltkrieg vorbei war, kam es darauf an, Handels-, Fischerei- und Kriegsflotte wieder aufzubauen. Bei den Traditionen im Einsatz von Segelschulschiffen waren natürlich die Bemühungen, die Flotte der Schulsegler zu er-

Die Viermast-Bark TOWARISCHTSCH I war bis 1916 ein britischer Frachtsegler. aus (41) S. 129

gänzen, sehr groß. Als Siegerstaat erhielt die Sowjetunion vor allem aus Italien und Deutschland einige Schiffe und ließ andere in Finnland bauen. Italien hatte unter anderem ein Vollschiff abzuliefern.

größte Segelschiff der Welt. Als MAGDALENE VINNEN und später als KOMMODORE JOHNSEN segelte sie bis 1945 unter deutscher Flagge, dann mußte sie an Großbritannien abgeliefert werden. Aber laut Potsdamer Abkommen wurde sie der

Das Vollschiff DUNAY (ex CRISTOFORO COLOMBO) war eine Kriegsbeute der UdSSR aus Italien.   Archiv Autor

Vollschiff DUNAY (ex CRISTOFORO COLOMBO)

Baujahr:	1928	
Bauwerft:	Königliche Werft,	
	Castelmare di Stabia	
Länge über alles (mit Bugspriet)		97,0 m
Länge zwischen den Loten		66,5 m
Breite		14,8 m
Segel	Anzahl	23
	Fläche	1900 m²
Wasserverdrängung		3515 t

Die DUNAY gehörte als Segelschulschiff zur Seekriegsflotte des Schwarzen Meeres und war bis 1967 aktiv im Einsatz. Außer Dienst gestellt, diente sie dann als Hulk.

Weitere Segelschulschiffe kamen aus Deutschland. Da ist zunächst die Viermast-Bark SEDOW zu nennen, das derzeit

Sowjetunion zugesprochen, die dem Schiff den Namen des großen russischen Polarforschers Sedow (1877 - 1914) gab. Der erste Umbau erfolgte bis 1952 in Kronstadt. Durch ihn war vor allen Dingen die Unterbringung der Besatzung zu verändern, da die SEDOW als „reines" Segelschulschiff vorgesehen war: 64 Mann Stammpersonal und 160 Schüler.

Aber 1957 ging der Segler nach Eingliederung in die sowjetische Flotte erst einmal auf Expeditionsreise – das III. Internationale Geographische Jahr machte es erforderlich. Nach erneuter Überholung in der Werft in Kronstadt übernahm ihn 1966 das Ministerium für Fischwirtschaft und nutzte ihn als stationäres Schul- und Wohnschiff in Leningrad. Der Beschluß von 1974, das Schiff wieder in Fahrt zu setzen, erregte in der Fachwelt großes Aufsehen. Nach erneutem umfangreichen Umbau war es 1981 so weit. Im Juni ging es zur ersten Schulschiffreise mit 150 Studenten der Fischerei-Hochschulen Leningrad und Tallinn in See, die unter anderem – anläßlich

Viermast-Bark SEDOW 1986 in Bremerhaven (im Hintergrund die niederländische EENDRACHT I). Archiv Autor

Die KRUSENSTERN und die SEDOW lagen 1963 zur Reparatur in Kronstadt. Foto: Autor

des 300. Geburtstages Berings – auch nach Dänemark führte. Bering hatte in russischen Diensten die Durchfahrt zwischen Alaska und Sibirien entdeckt, welche seitdem seinen Namen trägt. Auf weiteren Schulschiffsreisen besuchte die SEDOW zahlreiche Häfen der Welt: 1983 rund um Europa, 1984 in das Nordmeer zum 400. Jahrestag der Gründung von Archangelsk – so folgte Reise auf Reise. Seit Ende der achtziger Jahre nahm das Schulschiff an den „Tall Ship Races" und an zahlreichen Großseglertreffen teil: Hamburg 1989, Plymouth 1990, Milford Haven 1991 und Columbus- sowie Baltic-Race 1992.

Seit 1991 ist sie in Murmansk registriert, es besteht die feste Absicht, die SEDOW auch in Zukunft zu erhalten. Die erst 1926 für die Hamburger Reederei Laeisz als frachtfahrendes Segelschulschiff gebaute Viermast-Bark PADUA war 1945 ebenfalls der Sowjetunion zu übergeben.

Viermast-Bark KRUSENSTERN

Baujahr:		1926
Bauwerft:		Tecklenborg, Bremerhaven/ Geestemünde.
Länge über alles (mit Bugspriet)		114,5 m
Länge zwischen den Loten		95,0 m
Breite		14,0 m
Segel	Anzahl	31
	Fläche	3632 m²
Vermessung		3257 BRT
Hilfsmotor - Leistung		2 x 588 kW = 2 x 800 PS
Besatzung	Stamm	68 Mann
	Schüler	208 Mann

1946 erhielt die PADUA den Namen des ersten russischen Weltumseglers und Forschungsreisenden Iwan F. Krusenstern (1770 - 1846), der das Petersburger Kadetten-Korps absolviert hatte und 1827 Direktor dieser Bildungsstätte geworden war. Doch erst 1961 fand in Kronstadt die Großreparatur der Viermast-Bark statt, welche gleichzeitig von der Seekriegsflotte als Segelschulschiff übernommen wurde. In diesem Jahr wurden auch die beiden Motoren eingebaut, welche das Schiff über zwei Propeller antreiben. 1966 ging es in den Besitz der Fischereiflotte über und war in Riga stationiert, 1991 wurde Kaliningrad Heimathafen. Die KRUSENSTERN nahm seit 1976 an vielen Regatten der „Operation Sail" und an Großseglertreffen teil. Ein besonderes Ereignis war es wohl, als sie 1986 während des „Tall-Ship-Race" auch nach Bremerhaven kam, um ihren 60. Geburtstag an der Geburtsstätte zu feiern.

Die 1933 bei Blohm und Voss in Hamburg gebaute Bark GORCH FOCK war am 30. April 1945 nahe Stralsund von der Besatzung gesprengt und versenkt worden. Das Wrack erhielt

Viermast-Bark KRUSENSTERN – der letzte berühmte P-Liner der Reederei Laeisz in Hamburg. Archiv Autor

Die Bark TOWARISCHTSCH II (ex GORCH FOCK) – als Wrack bei Stralsund geborgen und in Rostock sowie in Wismar wiederhergestellt. Archiv Autor

die Sowjetunion als Kriegsbeute. Nach der Bergung und der Instandsetzung des Schiffskörpers auf der Neptun-Werft Rostock ging das Schiff zur endgültigen Ausrüstung und Fertigstellung in die Wismarer Werft. Am 15. Juni 1950 konnte es unter dem Namen TOWARISCHTSCH II als Segelschulschiff für die Seekriegsflotte übergeben und in Dienst gestellt werden.

Bark TOWARISCHTSCH II

Baujahr:		1933
Bauwerft:		Blohm und Voss, Hamburg
Länge über alles (ohne Bugspriet)		73,7 m
Länge zwischen den Loten		62,0 m
Breite		12,0 m
Segel	Anzahl	23
	Fläche	1812 m²
Vermessung		1392 BRT
Wasserverdrängung		1510 t
Hilfsmotor - Leistung	368 kW	= 500 PS
Besatzung	Stamm	45 Mann
	Schüler	145 Mann

Die Bark ist als Segelschulschiff in Cherson stationiert. 1972 fuhr sie nach New York, um am 175. Geburtstag der berühmten US-amerikanischen Fregatte CONSTELLATION teilzunehmen. Sie segelte 1974 bei der STA-Regatta von Kopenhagen nach Gdynia (anläßlich des 30. Jahrestages der Wiedergründung des polnischen Staates) und nahm 1976 an der großen Regatta nach New York teil. Bis 1988 erhielten rund 10 000 Kadetten ihre Ausbildung auf dem Schiff. Es umrundete in dieser Zeit vierzehnmal die Erde und lief dabei etwa 100 Häfen an.

Eine Möglichkeit, neue Segelschulschiffe zu bekommen, ergab sich, als die Sowjetunion in Finnland 100 Segler als Reparationsleistung bauen ließ: Barkentinen, Dreimast-Gaffelschoner und Dreimast-Bermudaschoner.

Die Fahrzeuge sollten insbesondere in der Küstenfahrt eingesetzt werden. Die finnischen Werften Holming in Rauma und Laivateolsus in Turku führten den Auftrag von 1946 bis 1953 aus.

Alle Schiffe hatten die gleichen Abmessungen, nur die Takelungen unterschieden sich. 12 Barkentinen und acht Dreimast-Schoner erhielten die maritimen Ausbildungsstätten als Segelschulschiffe.

Die Barkentine KROPOTKIN steht für die 20 zwischen 1946 - 1953 in Finnland gebauten Segelschulschiffe (mit unterschiedlicher Takelung, aber mit gleichen Schiffskörpern). aus (41) S. 187

Die 12 Barkentinen aus Turku erhielten folgende Namen:

ALPHA	MENDELEJEW	TROPIK
HORIZONT	MERIDIAN	TSCHAIKA
KAPELLA	SEKSTANT	WEGA II
KROPOTKIN	SIRIUS	ZENIT

Barkentine KROPOTKIN

Länge über alles (ohne Bugspriet)		43,5 m
Länge zwischen den Loten		35,7 m
Breite		8,9 m
Segel	Anzahl	15
	Fläche	820 m²
Vermessung		330 BRT
Wasserverdrängung		595 t
Hilfsmotor - Leistung		
ursprüngliche Motoren		195/263 kW = 265/360 PS
nach Umbau		225/350 kW = 350/480 PS
Besatzung	Stamm	5 Mann
	Schüler	36 Mann

Wie zu ersehen ist, haben die russischen Seeleute offenbar eine Vorliebe für Barkentinen.

Die acht Schoner (Gaffel- bzw. Bermudaschoner) erhielten die Namen:

GLOBUS	JUNGA	SEWER	WOSTOK
JUG	KODOR	STURMAN	ZAPAD

Diese Schiffe waren in der Regel 18 bis 20 Jahre im Dienst. Einige von ihnen, wie die KROPOTKIN und die WEGA II, wurden 30 Jahre lang für die Ausbildung genutzt. Sie dienten den Seefahrtschulen an allen sowjetischen Küsten, w. B. die KROPOTKIN im Nordmeer (Murmansk) oder die ALPHA im Asowschen Meer oder die KAPELLA und die KODOR in der Ostsee.

Von 1987 bis 1991 ließ die Sowjetunion mehrere neue Vollschiffe in der Danziger Werft bauen: DRUSCHBA (1987), MIR (1987), KHERSONES (1989) und PALLADA (1991).

Vollschiff DRUSCHBA

Länge über alles (ohne Bugspriet)		94,8 m
Länge zwischen den Loten		79,4 m
Breite		14,0 m
Segel	Anzahl	26
	Fläche	2647 m²
Vermessung		2257 BRT
Wasserverdrängung		2946 t
Hilfsmotor - Leistung		2 x 416 kW = 2 x 570 PS
Besatzung	Stamm	50 Mann
	Schüler	150 Mann

Die Vollschiffe sind nach den Entwürfen des polnischen Konstrukteurs Zygmund Choren gebaut worden. Nullschiff dieser Serie vom Typ B-95 ist das polnische Segelschulschiff

DAR MLODIEZY. Seit ihrer Indienststellung haben die vier Schiffe, die teils zur Seekriegsflotte, aber auch zu zivilen Flotten gehören, zahlreiche Reisen unternommen sowie an internationalen Regatten und Seglertreffen teilgenommen.

DRUSCHBA: 1988 Westafrika und Indien: 1989 in Rouen und Hamburg sowie zum Segelschiffsfestival in Falmouth, 1989/90 Winterreise in südlichen Meeren.

MIR: Sieger in der „Operation-Sail" 1988 und erfolgreiche Teilnahme 1989. In beiden Jahren waren britische Kadetten an Bord. Es enstand der Gedanke, auf russischen Segelschulschiffen auch ausländische Kadetten auszubilden. Außer den Reisen nach Afrika und Südamerika nahm die MIR an der Hanse-Sail Rostock '91 teil.

KHERSONES: Teilnahme an der Hanse-Sail Rostock '91.

PALLADA: Die erste große Reise ging u. a. nach Australien. Dort fand ein Treffen mit der Besatzung des westaustralischen Segelschulschiffes LEEUWIN II statt.

Ein Schiff sei zum Abschluß einer sehr langen Liste russischer Segelschulschiffe genannt, das 1989 in Petersburg für die Jüngsten, den russischen Seemannsnachwuchs, gebaut worden ist.

Die Vollschiffe DRUSHBA, MIR, KHERSONES und PALLADA wurden in den Jahren 1987 bis 1991 in Polen gebaut. Hier die KHERSONES und die MIR (im Hintergrund) während der Hanse-Sail Rostock '91.
Foto: Autor

Bermudaschoner YUNIY BALTIES

Länge zwischen den Loten		
Breite		8,4 m
Segel	Anzahl	6
Fläche		506 m²
Vermessung		
Hilfsmotor - Leistung		
Besatzung	Stamm	18 Mann
	Schüler	34 Personen

Der Schoner hat für seine Besegelung einen etwas plumpen Körper, aber alles ist auf höchste Sicherheit ausgelegt. Dies geht auch aus der relativ hohen Zahl an Mitgliedern der Stammbesatzung hervor. Der Schoner unternimmt Ausbildungsreisen für die Organisation „Junge Matrosen" in die Ostsee, war auch Gast zur „Hanse-Sail" Rostock im Jahre 1991 und läuft die deutschen Ostseehäfen mehrmals im Jahr an. Die russische Schiffahrt kann heute auf eine nahezu 250-jährige Tradition in der erfolgreichen Ausbildung auf Segelschulschiffen zurückblicken.

Bermudaschoner YUNIY BALTIES,
ein Schiff der „Jungen Matrosen" aus St. Petersburg.
Foto: Autor

Schweden

Im 17. Jahrhundert war die Ostsee nahezu zum „schwedischen Meer" geworden, denn Schweden war eine maritime Großmacht. 1629 verfügte die Kriegsmarine über 72 Kriegsschiffe, die nach den von König Gustav II. Adolf entworfenen Richtlinien über die Geschwaderfahrt und die Gefechtstaktik operierten. Das erforderte gut ausgebildete Besatzungen: Matrosen wurden für einen einjährigen Dienst gezogen und Offiziere, Unteroffiziere und Spezialisten für längere Zeit angestellt. Der Frieden von Nystad 1721 beendete nach dem Nordischen Krieg die schwedische Machtposition in Europa und leitete auch den Zerfall der Flotte ein. 1788 konnte eine neue Flotte von 28 Linienschiffen und 13 Fregatten im Schwedisch-Russischen Krieg die eigenen Grenzen einschließlich derjenigen von Finnland sichern. Der endgültige Schlußstrich unter die schwedische Vorherrschaft wurde auf dem Wiener Kongreß 1815 gezogen, als auch Vorpommern verlorenging.

Seit dieser Zeit hat sich Schweden an keiner kriegerischen Auseinandersetzung mehr beteiligt, neben einer relativ kleinen Kriegsmarine entwickelten sich vor allen Dingen die Handels- und die Fischereiflotten. Damit verlagerte sich der Schwerpunkt der maritimen Ausbildung auf die zivile Schiffahrt.

Vollschiff AF CHAPMAN II –
erst frachtfahrendes
Segelschulschiff und
dann Segelschulschiff der
schwedischen Kriegsmarine
(1915 - 1937).
aus (46) S. 35

In den schwedischen Schiffslisten sind drei als Kriegsschiffe gebaute Briggen zu finden, die der Ausbildung dienten: DIANA, NORA und SVALAN (letztere seit 1817 Korvette). Die zahlreichen Segelschulschiffe der schwedischen Kriegsmarine sind im Anhang nach dem Jahr ihrer Indienststellung als Schulschiff zusammengefaßt.

Einige Namen treten mehrfach auf: JARRAMAS, NAJADEN, AF CHAPMAN, GLADAN und FALKEN. Die NAJADEN II gilt als das kleinste Vollschiff (L zwischen den Loten 33,9 m und Wasserverdrängung 350 t). Sie befindet sich seit 1946 als Museumsschiff in Halmstad. AF CHAPMAN, benannt nach dem bekannten Schiffbauer (1721 - 1808), liegt seit 1949 in Stockholm als Jugendherberge und Museumsschiff. 1988, zum 100. Geburtstag des Schiffes, flaggte man über die Toppen.

Vollschiff AF CHAPMAN II

Baujahr:		1888
Bauwerft:		Shipbuilding Comp. Whitehaven (Großbritannien)
Länge über alles		85,4 m
Länge zwischen den Loten		71,1 m
Breite		11,4 m
Segel	Anzahl	26
	Fläche	2207 m²
Vermessung		1428 BRT
Besatzung	Stamm	50 Mann
	Schüler	200 Mann
(als Schulschiff der Kriegsmarine)		

113

Als DUNBOYNE für einen Reeder in Dublin gebaut, kam es 1915 in den Besitz der schwedischen Reederei „Transatlantik" in Göteborg und wurde nach dem Umbau als frachtfahrendes Segelschulschiff mit 30 Schülern eingesetzt. 1923 übernahm die Kriegsmarine das Schiff, baute es für die Aufnahme von 200 Schülern um und setzte es bis 1937 als Segelschulschiff ein. 1937 fand die letzte Reise statt, ehe es 1949 am endgültigen Liegeplatz festmachte.

Die NAJADEN II erhielt 1900 sozusagen ein Schwesterschiff mit Namen JARRAMAS, das 1947 durch GLADAN und FALKEN ersetzt wurde. 1950 kaufte es die Stadt Karlskrona, wo es einst gebaut worden war, und legte es als Museum an die Pier.

Die beiden gegenwärtig als Segelschulschiffe laufenden Gaffelschoner FALKEN (gebaut 1946) und GLADAN (gebaut 1947) hatten ebenfalls ihre Vorgänger, die als Briggen der Ausbildung dienten.

Gaffelschoner FALKEN (auch GLADAN)

Bauwerft:	Marine-Werft, Stockholm	
Länge über alles	39,6 m	
Länge zwischen den Loten		28,3 m
Breite		7,2 m
Segel	Anzahl	9
	Fläche	519 m²
Wasserverdrängung		220 t
Hilfsmotor - Leistung	95 kW	= 122 PS
Besatzung	Stamm	7 Mann
	Schüler	30 Mann

Beide Schiffe sind die bisherigen Endglieder einer langen Reihe von Segelschulschiffen der schwedischen Kriegsmarine. Sie dokumentieren eine mehr als zweihundertjährige Geschichte der Ausbildung auf Segelschiffen. Die Handelsflotte setzt seit 1838 Schulschiffe ein, als eine Göteborger Reederei die hölzerne Brigg MAGNUS STENBOCK kaufte und sie stationär nutzte. Als der Reeder Abraham Rydberg 1845 starb, stiftete er für die Ausbildung von Seeleuten Geld, mit dem die „Rydberg-Stiftung" gegründet wurde. 1848 konnte so die hölzerne Brigg CARL JOHAN gekauft und als erstes fahrendes Segelschulschiff Schwedens eingesetzt werden. Es fuhr 30 Jahre lang und wurde durch das Vollschiff ABRAHAM RYDBERG I abgelöst. Insgesamt waren drei „RYDBERG-Schiffe" von 1879 bis 1939 im Einsatz:

- ABRAHAM RYDBERG I - Segelschulschiff 1879 - 1912,
- ABRAHAM RYDBERG II - Segelschulschiff 1912 - 1928,
- ABRAHAM RYDBERG III - Segelschulschiff 1928 - 1939.

Die ersten beiden Fahrzeuge waren Vollschiffe, das dritte dieses Namens war eine Viermast-Bark.

Viermast-Bark ABRAHAM RYDBERG III

Baujahr:	1892
Bauwerft:	Connell, Glasgow
Länge über alles	
Länge zwischen den Loten	82,2 m
Breite	13,1 m
Segel	Anzahl
	Fläche
Vermessung	2097 BRT

Unter dem Namen HAWAIIAN ISLES fuhr die Bark bis 1929 für verschiedene Reedereien der USA. Dann kaufte sie die Rydberg-Stiftung in Stockholm, gab ihr den Namen RYDBERG III und setzte sie als Segelschulschiff ein. 1942 in die USA verkauft, lag das Schiff während des Zweiten Weltkriegs in nordamerikanischen Gewässern und wurde von 1946 bis 1957 durch verschiedene Reedereien Portugals eingesetzt. Dann erfolgte der Abbruch.

Der Dreimast-Toppsegelschoner SUNBEAM II ist wegen seines ungewöhnlichen Schicksals erwähnenswert. Er löste 1929 – als Neubau – die bereits 1874 gebaute SUNBEAM I ab, welche seit 1922 Lord Runciman als Privatyacht gedient hatte. Bis 1945 verwendete ihn die britische Royal Navy, dann kaufte die schwedische Rydberg-Stiftung das Schiff, um es anstelle der 1942 verkauften ABRAHAM RYDBERG III zur Ausbildung einzusetzen. 1955 kaufte die Einar Hansen's Clipper Line in Malmö den Schoner, nannte ihn FLYING CLIPPER und nutzte ihn bis 1965 als Segelschulschiff für die eigene Reederei. Heute fährt das Schiff für die griechische Handelsflotte unter dem Namen EUGENE EUGENIDES. Ferner ist der Viermast-Gaffelschoner ALBATROS kurz zu erwähnen, der zwar 1942 als Schulschiff gebaut, aber ab 1943 nur stationär in Göteborg genutzt wurde. Eine erste große Reise konnte erst 1945 stattfinden, als der Krieg vorbei war. Sie führte nach England. Spätere Reisen hatten vor allem Südamerika und Südafrika zum Ziel. 1947/48 übernahm die schwedische Akademie der

Wissenschaften den Gaffelschoner zu einer Forschungsreise. Danach erfolgte wieder die Ausbildung auf dem Schiff: sechsmonatige Kurse für Offiziersanwärter der Handelsflotte in Navigation und Maschinenkunde. Neben 20 Mann Stammbesatzung konnten 20 Kadetten aufgenommen werden. Drei Viermast-Barken bilden den Abschluß dieser Betrachtung: VIKING, C.B. PEDERSEN und SVITHIOD (BEATRICE). Die VIKING gehörte eigentlich nach Dänemark, aber 1949 kaufte die Stadt Göteborg diese Bark, welche seit 1929 der Reederei Erikson auf den Alands-Inseln gehörte. Bis heute liegt sie in Göteborg, dient als Museum und stationäres Schulschiff, 120 Schüler können auf ihr ausgebildet werden. Die Viermast-Bark C.B. PEDERSEN hat ebenfalls ein wechselvolles Schicksal hinter sich.

Viermast-Bark C.B. PEDERSEN

Baujahr:		1891
Bauwerft:		Continental Lead and Iron Co.
		Pertusola
Länge über alles		110,0 m
Länge zwischen den Loten		88,0 m
Breite		12,3 m
Segel	Anzahl	24
	Fläche	1750 m²
Vermessung		2142 BRT
Besatzung (als Schulschiff)	Stamm	10 Mann
	Schüler	30 Mann

Unter verschiedenen Namen war das Schiff für Reeder in Italien und Schweden im Einsatz, ehe die Bark 1922 frachtfahrendes Segelschulschiff der Reederei Alex Pedersen in Göteborg wurde. Am 24. April 1937 kollidierte sie 600 Seemeilen südwestlich der Azoren mit dem Dampfer CHAGRES und sank. Die Besatzung konnte gerettet werden.

Eine 1881 bei Steele in Greenock als ROUTENBURN gebaute Viermast-Bark übernahmen die Schweden 1905, nannten sie SVITHIOD und benutzten sie als Segelschulschiff. Von 1914 - 1918 war sie in den USA, ging 1923 zurück nach Schweden und fuhr als Segelschulschiff BEATRICE. 1932 erfolgte ihr Abbruch.

Die schwedische Schulschiffahrt wird seit nahezu 220 Jahren betrieben und gilt für viele europäische Länder wegen ihrer Qualität als Vorbild.

Spanien

Die Iberische Halbinsel ist die Wiege der modernen europäischen Schiffahrt von der Ausbildung der Seeleute bis hin zur seemännischen Praxis. Dies ist nicht zuletzt der Tatsache geschuldet, daß sich dort sehr früh Nationalstaaten herausbildeten: 1143 wird Portugal selbständiges Königreich. 1479 vereinigen sich Kastilien und Aragon, 1512 wird Süd-Navarra angeschlossen. In diese Zeit fällt auch die Entstehung der ersten spanischen Seefahrtschule in Sevilla (1508) – nach dem Vorbild der Schule von Sagres. Die spanische Seemacht wurde jedoch nach der Niederlage ihrer Armada 1588 immer unbedeutender und spielte nur mittelbar in den süd- und mittelamerikanischen Ländern eine Rolle.

Hier geht es vor allem um die Entwicklung der spanischen Segelschulschiffahrt seit dem vergangenen Jahrhundert, obwohl die Einflüsse der Ausbildung in den ehemaligen Kolonien noch lange spürbar blieben und noch heute gewisse Bindungen bestehen, die sich u.a. im Bau von Segelschulschiffen für lateinamerikanische Länder manifestieren.

Zu Beginn des 19. Jahrhunderts hatte sowohl die spanische Handelsflotte als auch die Kriegsmarine eine beachtliche Stärke, 1805 bestand z.B. die Kriegsmarine immerhin noch aus 57 Linienschiffen, 44 Fregatten, 10 Schebeken sowie etwa 100 kleineren Fahrzeugen. Schulschiffe im echten Sinne des Wortes wurden offenbar erst ab der zweiten Hälfte des 19. Jahrhunderts in der Kriegsmarine eingesetzt. An erster Stelle ist die Fregatte VILLA DE BILBAO zu nennen, die 1843 in London gebaut worden war und 1920 als Schiffsjungen-Schulschiff sank. Ein Segelschulschiff neuerer Zeit ist die Bark GALATEA.

Bark GALATEA

Baujahr:			1896
Bauwerft:			Rodgers, Glasgow, Großbritannien.
Länge über alles (mit Bugspriet)			94,5 m
Länge zwischen den Loten			74,8 m
Breite			11,4 m
Segel	Anzahl		21
	Fläche		2800 m²
Vermessung			2800 BRT
Wasserverdrängung			2700 t
Hilfsmotor - Leistung		993 kW	= 1360 PS
Besatzung	Stamm		75 Mann
	Schüler		150 Mann

Der ursprüngliche Name war GLENLEE. Nach mehrmaligem Besitzwechsel kam das Schiff 1920 nach Italien, erhielt dort den Namen CLARASTELLA und wurde zum Schulschiff umgebaut.

Bark GALATEA –
1896 gebaut und
1978 in Sevilla als Hulk
nach Kollision gesunken.
Archiv Autor

1922 kauften die Spanier die Bark, nannten sie GALATEA und setzten sie zur Ausbildung für die Kriegsmarine ein. Es fanden zahlreiche Ausbildungsreisen in die Häfen Europas, Amerikas und Afrikas statt, ehe der Segler 1960 aus der Fahrt genommen wurde. Als Hulk diente er der Marineschule in Ferrol noch zur Ausbildung, bis er 1978 durch eine Kollosion in Sevilla sank. Ein ähnliches Schicksal hatte die Viermast-Bark MINERVA, welche 1892 als JORDANHILL in der Werft Russel in Port Glasgow (Großbritannien) gebaut worden war. Auch sie kam 1922 über Italien nach Spanien, fuhr aber nur bis 1923 als Schulschiff. Dann lag sie als Hulk in Cadiz. In der Mitte der dreißiger Jahre erfolgte der Abbruch zur Stahlgewinnung.

Gegenwärtig verfügt die spanische Kriegsmarine über drei Segelschulschiffe, von denen die JUAN SEBASTIAN DE ELCANO weltweit bekannt ist.

Viermast-Toppsegelschoner
JUAN SEBASTIAN DE ELCANO
der spanischen
Königlichen Marine.
Archiv Autor

Viermast-Toppsegelschoner JUAN SEBASTIAN DE ELCANO		
Baujahr:		1928
Bauwerft:		Echevarrieta y Larrnaga, Cadiz, Spanien
Länge über alles (mit Bugspriet)		106,8 m
Länge zwischen den Loten		79,1 m
Breite		13,1 m
Segel	Anzahl	20
	Fläche	2467 m²
Wasserverdrängung		3754 t
Hilfsmotor - Leistung	1095 kW	= 1500 PS
Besatzung	Stamm	243 Mann
	Schüler	89 Mann

Der Segler dient zur Ausbildung von Fähnrichen und hat auf vielen Reisen die Königliche Marine in der Welt würdig vertreten. Auch nahm der große Viermast-Toppsegelschoner seit 1964 an den Regatten der „Sail-Training-Association" sowie an Seglertreffen teil. Die „Operation Sail '76" in New York wird den spanischen Teilnehmern wohl in unangenehmer Erinnerung bleiben, denn gleich beim Start gab es einige Havarien, wobei sich die ELCANO den rahgetakelten Fockmast wegsegelte, als sie dem argentinischen Vollschiff LIBERTAD zu nahe kam.

Zwei kleine Segler seien abschließend genannt, die, als Yachten ALGOMA sowie DEJA VU gebaut, 1981 als Schulsegler der Kriegsmarine unter den Namen AROSA und LA GRACIOSA in Dienst gestellt wurden.

Uruguay

Gern gesehener Gast auf vielen Segelschiffstreffen ist der Dreimast-Bermuda-Schoner der uruguayischen Kriegsmarine CAPITAN MIRANDA. Die Ausbildung auf Segelschulschiffen besteht in diesem Land bereits seit 1902, als man die Viermast-

Bark AMA BEGNAKOA bei der Werft Mc Millan and Sons in Dumbarton (Großbritannien) für die Reederei Sota y Aznar in Bilbao bauen ließ. Das Schiff führte die Flagge Uruguays und diente der Ausbildung. 1910 übernahm die Londoner Reederei Devitt and Moore die Bark, nannte sie MEDWAY und setzte sie ebenfalls als frachtfahrendes Segelschulschiff ein. 1933 wurde der Segler in Japan verschrottet.

Ab 1938 betrieb nur noch die Kriegsmarine Segelschulschiffe, von denen die Dreimast-Schoner ASPIRANTE und DIEZ Y OCHO DE JULIO zu nennen sind. Seit 1978 gibt es die erwähnte CAPITAN MIRANDA.

Der Dreimast-Schoner CAPITAN MIRANDA ist Segelschulschiff der chilenischen Kriegsmarine.
Foto: Autor

Dreimast-Schoner CAPITAN MIRANDA

Baujahr:		1930
Bauwerft:		Sociedad Española de Construccion
		Naval, Matagorda, Cadiz (Spanien)
Länge über alles (mit Bugspriet)		60,2 m
Länge zwischen den Loten		54,6 m
Breite		8,0 m
Segel	Anzahl	7
	Fläche	722 m²
Wasserverdrängung		550 t
Hilfsmotor - Leistung	368 kW	= 500 PS
Besatzung	Stamm	50 Mann
	Schüler	40 Mann

Ursprünglich als Motorschiff gebaut, fuhr es als Vermessungsschiff und sollte 1977 verschrottet werden. Die Kriegsmarine kaufte das Fahrzeug und baute es 1978 um. 1980 umsegelte die MIRANDA Kap Hoorn und passierte sowohl die Magellan-Straße als auch den Panama-Kanal. 1988 fand eine Weltreise statt, während derer das Schiff 1989 in Le Havre und in Hamburg an den Seglertreffen teilnahm. Bereits 1991 war der Schoner wieder in Europa und u.a. Gast bei der „Hanse-Sail Rostock '91". Auf dieser Ausbildungsreise, die ihn auch nach Stockholm, Leningrad, Gdynia und Oslo führte, wurden in 176 Reisetagen 16 281 Seemeilen zurückgelegt.

Vereinigte Staaten von Amerika

Nach der Beendigung des Sezessionskrieges (1861 - 1865) begann der Aufbau der militärischen und zivilen Schiffahrt in den USA erneut. Das System der Ausbildung wurde nach britischem Modell entwickelt, ebenso die Rekrutierung des Personals der Kriegsmarine – also keine Wehrpflicht, sondern Werbung der Seeleute und Verpflichtung auf fünf Jahre mit der Option auf eine Dienstverlängerung und damit höherer Löhnung. Daraus ergab sich die Notwendigkeit, das Schulwesen neu zu gestalten. So kehrte die Marineakademie, die 1861 wegen des Krieges nach Newport (Rhode Island) verlegt worden war, wieder nach Annapolis zurück. Weitere Bildungsstätten entstanden, dazu kamen Schiffsjungen-Institute. Die US-Navy setzte nur bis 1902 große Segelschiffe für die Ausbildung ein. Bereits 1860 war die Fregatte CONSTITUTION der Marineakademie Annapolis als Schulschiff übergeben worden.

Enter auf!

Fregatte CONSTITUTION

Baujahr:	1797	
Bauwerft:	Gebrüder Hart in Boston, Massachusetts	
Länge über alles (mit Bugspriet)		93,0 m
Länge zwischen den Loten		53,5 m
Breite		14,0 m
Segel	Anzahl (mit Leesegeln)	36
	Fläche	3970 m²
Wasserverdrängung		2200 t
Besatzung		475 Mann

Der Stapellauf am 21. Oktober 1797 verlief erfolgreich, denn bereits zwei Versuche, das Schiff zu Wasser zu lassen, waren zuvor fehlgeschlagen. Die Fregatte hatte dennoch eine erfolgreiche Einsatzzeit als Kriegsschiff bis 1860. Die CONSTITUTION, das erste Schulschiff der USA, wurde 1871 von der CONSTELLATION abgelöst. Aber die CONSTITUTION machte nach gründlicher Überholung im Jahre 1878 noch eine Reise über den Atlantik, um die US-Delegation zur Weltausstellung nach Paris zu bringen. Das weitere Schicksal des Schiffes: 1881 endgültig außer Dienst gestellt; Wohnschiff in Boston; Rundreise durch Häfen der USA; Flaggschiff des Kommandanten des 1. Marinedistrikts in Boston, als das es noch heute dient. Gleichzeitig ist es Museumsschiff.

Die CONSTELLATION, 1797 in Baltimore gebaut, fuhr bis 1894 für die Marineakademie Annapolis. Sie wurde bis 1914 zur Schule nach Newport verlegt und kehrte dann nach Baltimore zurück. 1940 diente der altehrwürdige Segler als Flaggschiff der Atlantik-Flotte und wurde 1955 offiziell außer Dienst gestellt. Heute liegt er als Museumsschiff in Baltimore.

Die Ausbildung der Kriegsmarine entwickelte sich über mehrere Stufen, blieb immer stark von der britischen beeinflußt und wurde bis 1902 durch zahlreiche Schulschiffe unterstützt (s. Übersicht im Anhang). Eine eigenständige Entwicklung, jedoch mit ähnlichen Strukturen, nahm die Coast Guard. Diese ehemalige Zollbehörde gründete am 31. Juli 1876 eine Schule in New Bedford und setzte ab 1877 Segelschulschiffe ein, zuerst den Toppsegelschoner J.C. DOBBIN, der 1861 während des Sezessionskrieges erobert worden war. 1881, nach dem Verkauf dieses Schiffes, übernahm die Coast Guard 1877 die ursprünglich für die Handelsflotte gebaute Bark SALMON

P. CHASE, welche bis 1907 fuhr und dann als stationäres Schulschiff genutzt wurde. Allerdings sank sie 1930, als sie an ihrem Liegeplatz gerammt wurde. Danach setzte die Coast Guard nur kleinere Segler ein: den Fischereischoner GLOUCESTER, die 20-m-Yacht CURLEW und den Schoner ATLANTIC.

Da 1939 das dänische Segelschulschiff DANMARK zur Weltausstellung in den USA war, blieb es den Krieg über dort und diente der Coast Guard bis Kriegsende als Segelschulschiff, dann ging es zurück nach Dänemark. Dafür übernahmen die USA die deutsche Bark HORST WESSEL, welche bis heute als EAGLE von der Coast Guard eingesetzt wird.

Die Entwicklung der Ausbildung von Schiffsoffizieren für die Handelsflotte basiert auf einem Gesetz vom 20. Juni 1874. Einzelne Bundesstaaten erhielten den Auftrag, Seefahrtschulen, sogenannte „Seagoing Schools" (Nautical Schools), zu gründen. Die erste entstand bereits 1875 in New York. Zur Unterstützung erhielt das Kommando der Kriegsmarine (Navy Department) den Auftrag, ältere Fahrzeuge als Segelschulschiffe zur Verfügung zu stellen. So kamen zahlreiche Kriegsschiffe in die Handelsflotte. Anfangs standen sie noch unter dem Kommando ausgesuchter Marineoffiziere, welche aber im Laufe der Zeit durch Handelsschiffsoffiziere ersetzt wurden.

Die Leitung der Schulen oblag dem jeweiligen Bundesstaat, der ein Leitungsgremium (Board of Commission) einsetzte. Die Finanzierung erfolgte durch den Bund, den Staat, die Reedereien und durch das Schulgeld der Kadetten. Letztere begannen die Ausbildung im Alter zwischen 17 und 21 Jahren. Sie wurden nach einer entsprechenden Untersuchung und Überprüfung aufgenommen. Während des Winters fand der theoretische Unterricht in der Schule an Land statt, im Sommer meistens auf dem Segelschulschiff. Da der Klassenverband erhalten blieb, konnte der Unterrichtsbetrieb in Theorie und Praxis weitergeführt werden. Dies war der Vorteil eines Segelschulschiffes, das nicht in der Frachtfahrt eingesetzt werden mußte.

ST. MARY'S war das erste Kriegsschiff, das im „zivilen Dienst" nach New York ging. Sie war ein 1844 auf der Marine-Werft in Portsmouth gebautes Vollschiff und gehörte zu einer Gruppe von insgesamt sieben 20-Kanonen-Korvetten, von denen außer ST. MARY'S auch SARATOGA und JAMESTOWN für die Handelflotte fuhren.

Im Juni 1992 traf die FRYDERYK CHOPIN auf der Reede von San Juan (Puerto Rico) die russische Viermast-Bark KRUSENSTERN (ex PADUA).

Großsegler starten vor der Insel Gomer zur großen Kolumbus-Regatta im Mai 1992.

Der Dreimast-
Gaffelschoner
ZAWISZA CZARNY
fährt seit 1961
für die polnischen
Pfadfinder.

Die ehemalige Schul-
fregatte PRESIDENTE
SARMIENTO der
argentinischen Kriegs-
marine liegt heute als
Museumsschiff, als
„reliquia historica" in
Buenos Aires.

Romantische Abendstimmung
für den Ausguck auf der Back der
polnischen Barkentine ISKRA im Mittelmeer im April 1992.

Arbeiten auf den
Rahen des polnischen
Vollschiffes
DAR MLODZIEZY.

Das weite, bewegte Meer
trägt die Schiffe von Land zu
Land, auch die Bark
GUAYAS aus Ekuador.

Der Wachmann
auf der Back
beobachtet aufmerksam
das Meer.

Auf den Rahen des Fockmastes der polnischen Barkentine ISKRA.

Das Tauwerk eines Großseglers kann nur von kräftigen Seeleuten gehandhabt werden.

Segelparade der Kadetten der Bark SIMON BOLIVAR im Juni 1984 im Hafen von Hamilton (Bermudas).

Fregatte CONSTITUTION: gebaut 1797 als
Kriegsschiff, ab 1860 erstes Schulschiff der
US-Navy und heute Museumsschiff in Boston

Die beiden britischen Toppsegelschoner
WINSTON CHURCHILL und MALCOLM MILLER
im August 1992 in der Danziger Bucht.

Sturmfahrt – die See kommt über.

Blöcke auf dem Nachbau NINA der Kolumbus-Flotte.

Die Schiffsglocke des russischen Segelschulschiffes SEDOW.

Morgendliches Reinschiff
an Bord der
DAR MLODZIEZY.

Der weiße
Anker
der
argentinischen
Fregatte
LIBERTAD.

Ruderstand
auf dem
norwegischen
Vollschiff
GEORG STAGE.

Gallionsfigur des
italienischen Vollschiffes
AMERIGO VESPUCCI.

Ruderstand auf dem
norwegischen Vollschiff
GEORG STAGE.

Das eindrucksvoll verzierte Heck des Segelschulschiffes
AMERIGO VESPUCCI der italienischen Kriegsmarine.

Bis 1871 blieb ST. MARY'S als Kriegsschiff im aktiven Dienst, dann wurde sie außer Dienst gestellt und aufgelegt, um von 1975 bis 1906 als „reines" Segelschulschiff für die Seefahrtschule New York zu fahren. Nach dem Ausbau der Bewaffnung stand das Kanonendeck für die Ausbildung der 100 Kadetten, welche natürlich in Hängematten schliefen, voll zur Verfügung. Als das Schiff 1909 zum Abwracken verkauft wurde, stellte die Kriegsmarine die Barkentine NEWPORT als Ersatz zur Verfügung. Diese Schiffe wurden nicht – wie in Großbritannien – stationär genutzt, sondern sie legten jährlich 8000 bis 9000 Seemeilen (meist unter Segeln) zurück. Die Kommandanten waren in einigen Fällen gleichzeitig die Leiter der Gesamtschule, wie das in Preußen ab 1843 üblich war.

Die Seefahrtschule des Staates Massachusetts in Boston wurde erst 1892 gegründet. Ihr stellte die Kriegsmarine das 1875 gebaute Vollschiff ENTERPRISE zur Verfügung, das 1909 von der Bark RANGER (1918 umbenannt in NANTUCKET) abgelöst wurde. Auch dieses Schiff hatte ein wechselvolles Schicksal:

1876 Aktives Kriegsschiff bis 1896, dann aufgelegt.
1899 Zur Barkentine umgerigt und wiederum Kriegsschiff.
1908 In Boston zum Segelschulschiff umgebaut und der Schule Massachusetts zur Verfügung gestellt.
1914 Neben der Ausbildung zum Küstenschutz eingesetzt.
1917 In ROCKPORT umbenannt.
1918 In NANTUCKET umbenannt und erneut Schulschiff.
1931 Große Instandsetzung, Umriggung zur Bark.
1933 In eine schweren Hurrikan geraten und beinahe gesunken.
1935 Große Ausbildungsreise von 10 627 Seemeilen.
1941 Umbenannt in EMERY RICE.
1942 Sollte es abgebrochen werden, aber die Schiffahrtsakademie der Handelsflotte übernahm das Schiff als Tender.
1943 Trieb ein sich bei Sturm losreißender Dampfer auf das im Hafen liegende Segelschiff und beschädigte es.

Heute dient dieser Segler als Museum. In der Zeit zwischen 1918 und 1945 sind außer den genannten Schulschiffen der Nautical Schools nur zwei zu nennen, die heute noch schwimmen.

Dreimast-Schoner VEMA: 1923 in Kopenhagen als Privatyacht gebaut. 1941 von der US-Regierung als Schulschiff gekauft, ging es 1945 als Kreuzfahrtschiff nach Neu-Schottland, um 1955 der Columbia-Universität als Forschungsschiff übergeben zu werden. Allerdings wurde es vor einiger Zeit bis auf die Untermasten abgerigt und mit einem 1000 PS starken Motor versehen.

Vollschiff JOSEPH CONRAD: 1882 ebenfalls in Kopenhagen als GEORG STAGE (Segelschulschiff) gebaut, übernahm es 1934 der bekannte Schriftsteller Alan Villiers und setzte es als erstes „adventure-sailing-ship" ein. Er gab ihm den Namen JOSEPH CONRAD. Nach einer großen Reise verkaufte er das Schiff an einen privaten Eigner, der es als Privatyacht nutzte. Bereits 1939 übergab es dieser an die US-Marine Commission. So fuhr es noch bis 1945 als Segelschulschiff für die Handelsflotte. Seit 1948 liegt es als Museumsschiff der Marine Historical Association im Mystic Seaport in Connecticut, kann aber noch als Übungsschiff für Jungen und Mädchen genutzt werden.

Das Vollschiff JOSEPH CONRAD (ex GEORG STAGE) war der erste Freizeitsegler, als er 1934 unter der Führung Allan Villiers auf Weltreise ging.
aus (44) S.337

Barkentine REGINA MARIS
fährt für die „Ocean Research
and Education Society".
aus (44) S. 355

Von drei Schiffen, die nach 1918 noch als Schulschiffe dienten, wurden zwei, die CONSTELLATION und die CONSTITUTION, bereits erwähnt. Ferner ist noch die 1818 auf Kiel gelegte NEW HAMPSHIRE zu nennen. Sie sollte als 74 - Kanonenschiff den Namen ALABAMA erhalten, aber die Entwicklung zum Dampfkriegsschiff unterbrach den Weiterbau. 1868 lief das Schiff als Hulk vom Stapel und erhielt den Namen NEW HAMPSHIRE, um der Marine-Reserve als Stabs-und Ausbildungsschiff zur Verfügung zu stehen. Später in GRANITE STATE umbenannt, verbrannte es 1921.

Nach dem Zweiten Weltkrieg entstand eine völlig neue Situation im Bereich der Segelschulschiffahrt, wenn auch die VEMA und die JOSEPH CONRAD im weiteren Sinne noch der Ausbildung dienten. Denn allein die Coast Guard betrieb ein Segelschulschiff, als sie die deutsche Bark HORST WESSEL übernahm und als EAGLE in Dienst stellte. Wäre in den USA das Interesse an einer erweiterten Ausbildung auf Segelschulschiffen vorhanden gewesen, hätte man die zweite als Kriegsbeute übernommene Bark, die ALBERT LEO SCHLAGETER, behalten können. So aber wurde diese Brasilien übergegeben, wo man den Segler 1947 als GUANABARA einsetzte und ihn 1961 an Portugal verkaufte. Dort fährt er heute noch als SAGRES II.

Kurz vor dem Zweiten Weltkrieg ging in der US-Handelsflotte der Einsatz großer Segelschulschiffe endgültig zu Ende. Als 1920 die von 1914 bis 1918 geschlossene Seefahrtschule des Staates Pennsylvania ihren Lehrbetrieb wieder aufnahm, erhielt sie die Barkentine ANNAPOLIS als Segelschulschiff. Es handelte sich um eine 1897 in Elizabeth (N. Y.) gebaute Kriegssloop, die noch fünf Schwestern hatte. Nach einer Instandsetzung auf der Marinewerft in Philadelphia fuhr sie bis 1939, ehe sie abgewrackt wurde.

Ein zweiter Schulsegler war vom Ursprung her kein Kriegsschiff, denn die 1919 in Pascagoula gebaute 5-Mast-Barkentine CITY OF VICKSBURG war für die „City of Vicksburg Ship Cooperation" in Port Arthur bestimmt. Nach ihrer Umbenennung in MARSALA 1921 wechselte sie noch mehrmals den Besitzer, ehe sie 1932 die „American Nautical Academy" der Handelsflotte als frachtfahrendes Segelschulschiff übernahm. Als der Segler 1937 havarierte, stellte man ihn außer Dienst und brach ihn schließlich ab.

Die übrigen Segelschulschiffe der USA dienen dem „Adventure Sailing" oder in Kombination mit Forschungsaufgaben der gleichzeitigen maritimen Ausbildung von Studenten entsprechender Institute.

Barkentine REGINA MARIS

Baujahr:		1908
Bauwerft		J. Ring Andersen, Svendborg (Schweden)
Länge über alles		42,5 m
Länge zwischen den Loten		30,5 m
Breite		7,6 m
Segel	Anzahl	16
	Fläche	550 m²
Vermessung		186 BRT
Hilfsmaschine - Leistung	177 kW	= 242 PS
Besatzung	Stamm	8 Mann
	Schüler	21 Mann

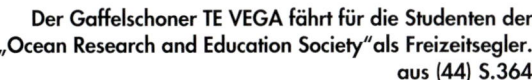

Der Gaffelschoner TE VEGA fährt für die Studenten der
„Ocean Research and Education Society" als Freizeitsegler.
aus (44) S.364

Das Frachtschiff wurde als Dreimast-Schoner gebaut und fuhr unter dem Namen REGINA in der Eismeerfahrt. Danach folgten andere Reedereien mit unterschiedlichen Relationen. 1962 nach einem Brand aufgelegt, wurde es ein Jahr später in Norwegen wieder instandgesetzt. Zur Barkentine umgetakelt und in Malta registriert, beschäftigte man es als Passagierschiff REGINA MARIS.

Über Großbritannien gelangte der Segler schließlich 1974 in die USA und gehört heute der „Ocean Research and Education Society" in Boston. Es wird neben UNICORN, WESTWARD sowie den Schonern TE QUEST und TE VEGA eingesetzt, wenn auch die beiden letztgenannten stärker für die Freizeitgestaltung von Studenten genutzt werden. Andere Segler, wie FREEDOM, ROMANCE, PIONEER und TABOR BOY, sind schon eher als Freizeitsegler anzusehen.

Abschließender Überblick

Bei der Fülle der in Dienst gewesenen Segelschulschiffe ist es kaum möglich, eine vollständige Darstellung zu erreichen. Dennoch sollen zum Abschluß die Fahrzeuge einiger kleinerer Seemächte wenigstens erwähnt werden. Seit 1528 gab es im „Heiligen Römischen Reich Deutscher Nation" eine Kriegsmarine, auf deren Schiffen die Reichsflagge wehte, die 1786 - also 20 Jahre vor Auflösung des Reiches durch die habsburgische Kriegsflagge rot-weiß-rot ersetzt wurde. Basishäfen wa-

ren Triest und Fiume, später kamen weitere hinzu – vorübergehend auch Venedig. Die Handels- und die Kriegsflotten **Österreich-Ungarns** entwickelten sich fast gleichzeitig, womit die Entstehung der entsprechenden Ausbildungssysteme verbunden war. Ein bemerkenswerter Aufschwung der Schiffahrt und der Ausbildung erfolgte in der Regierungszeit Maria Theresias (1740 - 1780) durch das Navigations-Edikt von 1774. Im gleichen Jahr gründete die Kaiserin eine Schule für Mathematik und Nautik in Triest, in der auf eine gründliche theoretische sowie eine gute praktische Ausbildung in Gruppen auf den Schiffen Wert gelegt wurde. Die Kriegsmarine setzte bereits gegen Ende des 19. Jahrhunderts Schulschiffe ein, welche dem Anhang zu entnehmen sind. Ein Schiff jedoch verdient besondere Erwähnung:

Brigantine VILA VELEBITA

Baujahr:		1908
Bauwerft:		Howaldt-Werke Kiel, Deutschland
Länge über alles		46,5 m
Länge zwischen den Loten		36,2 m
Breite		7,8 m
Segel	Anzahl	13
	Fläche	650 m²
Vermessung		257 BRT

Nach dem Zerfall des Kaiserreiches Österreich-Ungarn 1918 kam das Schiff 1922 in den Besitz Jugoslawiens. Die Seefahrtschule Bakar (unweit von Rijeka) setzte es bis zum Beginn des Zweiten Weltkriegs ein. Nach der Besetzung des Landes nutzten es die Italiener. 1945 sank es im Hafen von Ortona an der italienischen Ostküste.

Die Handelsflotte Österreich-Ungarns verfügte bis 1918 über mehrere Schulen:
- Nautische Sektionen der Marineakademien Triest und Fiume;
- Navigationsschulen in Lussipiccolo, Ragusa, Cattaro und Buccari.
- Nach 1905 begannen Bestrebungen, in Triest einen Schulschiff-Verein zu gründen und ein Segelschulschiff in Dienst zu stellen. Dies zog sich bis 1913 hin, ehe das Vorhaben realisiert werden konnte.

Viermast-Schonerbark BEETHOVEN

Baujahr:		1904
Bauwerft:		Gangemouth and Greenrock Dockyard Co., Greenwich, Großbritannien
Länge über alles		79,2 m
Länge zwischen den Loten		
Breite		12,3 m
Vermessung		2038 BRT
Besatzung	Stamm	16 Mann
	Schüler	19 Mann

VILA VELEBITA – eines der letzten Segelschulschiffe Österreich-Ungarns. aus (46) S. 66

Die Viermast-Schonerbark BEETHOVEN
war Segelschulschiff der Handelsflotte Österreich-Ungarns.
Archiv Meyer, Bremen

Das Schiff war für die Hamburger Reederei A.C. de Freitas u. Co. gebaut worden, die es vor dem Ersten Weltkrieg als frachtfahrendes Segelschulschiff gemeinsam mit dem Schwesterschiff MOZART eingesetzt hatte.

Unter österreichischer Flagge fuhr es von Cadix über Montevideo nach Newcastle (Australien). Am 29. März 1914 lief es von dort mit 3104 t Kohle für Valparaiso aus und verschwand spurlos.

Einer der Nachfolgestaaten Österreich-Ungarns war **Jugoslawien**, das als Küstenland nicht nur Häfen und andere Einrichtungen der untergegangenen Monarchie übernahm, sondern auch Schiffe wie das oben erwähnte Segelschulschiff. Aber bereits 1931 gab die Seefahrtschule Bakar ein neues Schiff in Auftrag, und zwar den

Dreimast-Toppsegelschoner JADRAN

Baujahr:	1933	
Bauwerft:	H. C. Stülcken, Hamburg (Deutschland)	
Länge über alles (mit Bugspriet)		58,0 m
Länge zwischen den Loten		41,0 m
Breite		8,9 m
Segel	Anzahl	12
	Fläche	800 m²
Wasserverdrängung		720 t
Hilfsmotor - Leistung	274 kW	= 375 PS
Besatzung	Stamm	56 Mann
	Schüler	132 Mann

Während des Zweiten Weltkriegs fiel dieses Schiff in die Hände der Italiener, die es als MARCO POLO für die Ausbildung von Offizieren ihrer Kriegsmarine einsetzten. Als Italien 1943 aus dem Bündnis der Achsemächte ausschied, übernahm die deutsche Kriegsmarine den Schoner. 1945 kam er wieder in

JADRAN –
Segelschulschiff der
ehemaligen jugoslawischen
Kriegsmarine.
aus (46) S. 113

den Besitz des rechtmäßigen Eigners, der ihn bis zur Auflösung des jugoslawischen Staates nutzte.

Die **Türkei** verfügte in ihrer langen Geschichte spätestens seit 1453 über eine beachtliche Kriegsflotte, die in der Schlacht von Lepanto am 7. Oktober 1571 vernichtet wurde. 1770 mußten die Türken bei Tschesne eine Niederlage durch die Russen hinnehmen. Seit dieser Zeit unternahmen sie große Anstrengungen, ein gutes Ausbildungssystem zu schaffen. 1773 wurde eine Navigationsschule gegründet, womit auch der Einsatz von Segelschulschiffen verbunden war.
- Fregatte HÜDAVENDIGAR: Reisen im Mittelmeer ab 1873,
- Fregatte MUHBIR-I SÜRUR: 1873 Schulreise nach Indien,
- Fregatte MEHMET SELIM: ab 1880 Schulschiff,
- Fregatte ERTUGRUL: War 1889 in Japan und fuhr mit türkischen Absolventen japanischer Marineschulen in die Türkei zurück. Am 19. September 1890 geriet das Schiff in der Nähe der Insel Oshima in einen schweren Sturm und sank.
- Die Korvetten HEYBETNÜMA und LÜTFU HÜMAYUN (1890 und 1896) dienten ebenfalls als Schulschiffe.
Gegenwärtig befindet sich kein Segelschulschiff mehr im Einsatz.

Ein Riesenland wie **China** mit einer großen Flotte verfügt heute über keinerlei Segelschulschiffe. Doch vor dem Ersten Weltkrieg gab es solche für die Kriegsmarine. In den Schiffslisten werden die 700 Tonnen große MIN-TSCHIE sowie die 1730 Tonnen große und 1894 gebaute TUNG-TSCHIE genannt.

Auch das alte Kaiserreich **Siam** (heute Thailand) nutzte um die Jahrhundertwende ein 1866 gebautes Segelschulschiff, die THOON KRAMON (800 t Wasserverdrängung).

Unter der Flagge **Israels** nahm der Toppsegel-Schoner L'AMIE am großen Seglertreffen 1992 in Amerika teil. Mit diesem Freizeitsegler reiht sich auch dieses Mittelmeerland in die Reihe der Betreiber solcher Fahrzeuge ein.

Nachdem in **Ägypten** 1923 eine Verfassung angenommen und damit eine konstitutionelle Monarchie gebildet worden war, kam es zur Herausbildung einer eigenen Kriegs- und Handelsflotte. Vier Segelschulschiffe sind es, die sich heute noch im Dienst befinden sollen. Da ist die 1874 in Großbritannien gebaute Bark EL FAROUKIEH, welche nach zahlreichen Namenswechseln 1930 der Kriegsmarine als stationäres

Schulschiff in Alexandria diente. Weitere Schiffe sind die 1865 gebaute EL HORRIAH (ex MAHROUSSA) von 4560 Tonnen, die AL KOUSSER (1000 t) und die INTISHAT, welche von der UdSSR zur Verfügung gestellt wurde und zum Typ der nach 1945 in Finnland gebauten Dreimast-Schoner gehört.

Ein anderer arabischer Staat mit einer ebenfalls langen Geschichte ist das Sultanat **Oman**. In 18. Jahrhundert erstreckte sich seine wirtschaftliche und militärische Macht bis an die Küsten Persiens und Ostafrikas. Nach 1856 verlor Oman seine Besitzungen und auch seine Souveränität, die es erst 1970 wiedergewann. Die kleine Marine des Landes erwarb 1977 von Großbritannien den Dreimast-Schoner CAPTAIN SCOTT, setzte ihn als Segelschulschiff SAHAB OMAN ein und knüpfte damit an alte Seefahrtstraditionen an.

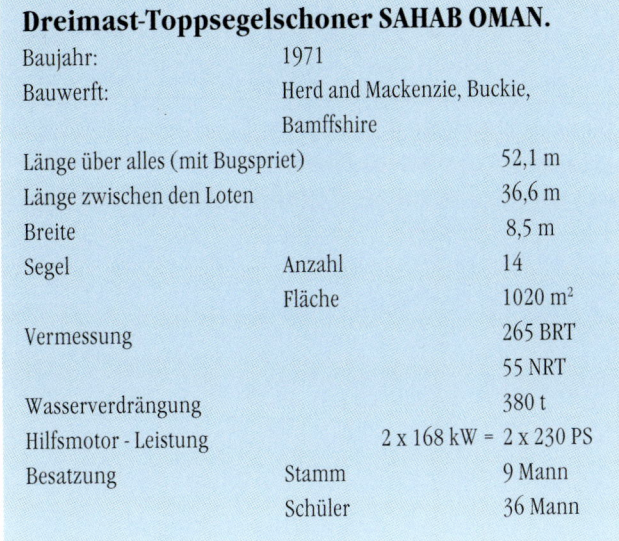

Dreimast-Toppsegelschoner SAHAB OMAN.		
Baujahr:	1971	
Bauwerft:	Herd and Mackenzie, Buckie, Bamffshire	
Länge über alles (mit Bugspriet)		52,1 m
Länge zwischen den Loten		36,6 m
Breite		8,5 m
Segel	Anzahl	14
	Fläche	1020 m²
Vermessung		265 BRT
		55 NRT
Wasserverdrängung		380 t
Hilfsmotor - Leistung		2 x 168 kW = 2 x 230 PS
Besatzung	Stamm	9 Mann
	Schüler	36 Mann

Die Brigantine TUNAS SAMUDERA,
das Segelschulschiff der Kriegsmarine Malaysias.
Archiv Autor

Indiens Kriegsmarine verfügt seit 1980 über ein Segelschulschiff, das als Schwesterschiff der britischen Brigg ROYALIST in der Werft von Groves in Cove gebaut wurde und den Namen VARUNA erhielt. Wie verlautet, ist ein weiteres Segelschulschiff dieses Typs geplant.

Seit 1989 besitzt **Malaysia** ein Segelschulschiff, das ein Geschenk der britischen Königin Elisabeth II. und des Sultans Azlan Schah ist. Ein Jahr zuvor hatten die Briten ein Schiff gleichen Typs Australien anläßlich des 200. Jahrestages des Beginns der Besiedelung durch Europäer geschenkt.

Die Brigantine TUNAS SAMUDERA der Royal Malaysian Navy (RMN) wird sowohl für die Ausbildung von Kadetten und Fähnrichen der RMN als auch für das „adventure sailing" der Jugend des Landes genutzt. Seit 1990 werden auch Tagesfahrten für Schulkinder durchgeführt. 1992 ist eine große Reise nach Indien, Hongkong und Australien geplant, an der nur Kadetten und Fähnriche der Kriegsmarine teilnehmen können.

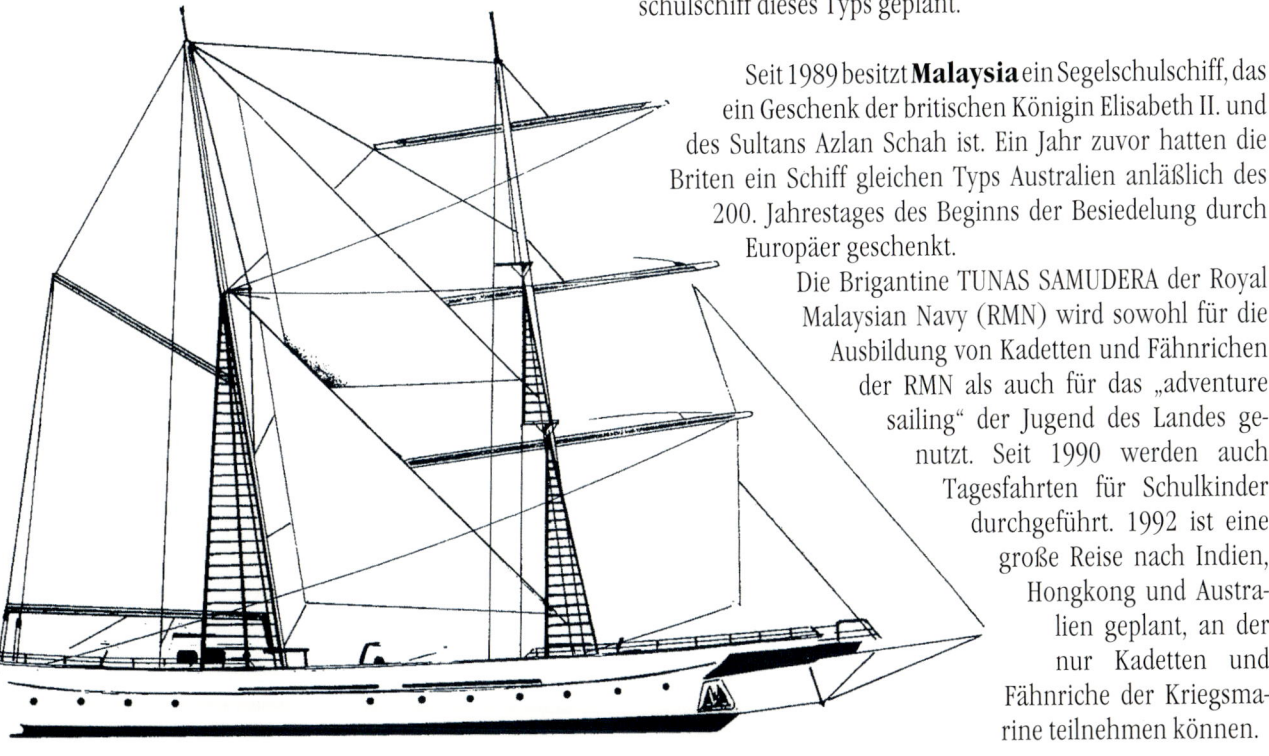

Das **indonesische** Segelschulschiff DEWARUTJI ist bereits 40 Jahre alt. Hin und wieder taucht die Schonerbark in europäischen Gewässern auf.

Schonerbark DEWARUTJI		
Baujahr:		1953
Bauwerft:		H. C. Stülcken, Hamburg
		(Deutschland)
Länge über alles (mit Bugspriet)		58,2 m
Länge zwischen den Loten		41,5 m
Breite		9,5 m
Segel	Anzahl	16
	Fläche	1100 m²
Wasserverdrängung		886 t
Hilfsmotor - Leistung	438 kW	= 600 PS
Besatzung	Stamm	32 Mann
	Schüler	78 Mann

Daß beim Bau dieses Schiffes die Bauunterlagen des Jahres 1933 für das jugoslawische Segelschulschiff benutzt wurden, ist offensichtlich.

Die **Dominikanische Republik** hält das Segelschulschiff DUARTE (170 t Wasserverdrängung) in Dienst, das 1943 gebaut wurde und der Kriegsmarine gehört.

Als zu Beginn des 20. Jahrhunderts in **Neuseeland** die Handelsflotte der Union-Steamship-Company stürmisch anwuchs, entstand ein Mangel an Offizieren. Für die neu eingerichtete Navigationsschule kaufte die Regierung 1908 zwei Segler, um sie als Segelschulschiffe einzusetzen. Die LOCH LOMOND, gebaut 1877 in Sunderland, sank bei der Überführung nach Neuseeland. Das Vollschiff DARTFORD erreichte am 4. Dezember 1908 den Hafen Aoroa (Neuseeland), wurde umgebaut (12 Plätze für Kadetten) und ging am 9. Januar 1909 zur ersten Ausbildungsreise in See. Bis 1912 fanden vier Ausbildungsreisen statt, dann blieb das Schiff als Kohlenhulk in Wellington liegen. 1917 endete die Ausbildung von Handelsschiffsoffizieren in Neuseeland.

Die Kriegsmarine Neuseelands setzte 1905 eine Barkentine als Segelschulschiff ein und nannte sie AMOKURA. Es handelte sich dabei um das 1889/90 in Greenock gebaute Kanonenboot SPARROW der britischen Kriegsmarine. Bis zu 60 Kadetten

Schonerbark DEWARUTJI – genannt nach dem Meeresgott der Malaien. aus (46) S. 151

konnten an Bord genommen werden. 1908 beteiligte sich das Schiff an der Suche nach dem Segler LOCH LOMOND. Bis 1921 fuhr das Segelschulschiff für die Kriegsmarine, dann wurde es als Hulk verkauft.

Mit der maritimen Geschichte des Andenlandes **Peru** verbindet sich das Schicksal eines bekannten Segelschulschiffes, das gleichzeitig als letzter Großsegler unterging.

Viermast-Bark OMEGA	
Baujahr:	1887
Bauwerft:	Russel and Co., Port Glasgow
	(Großbritannien)
Länge zwischen den Loten	94,8 m
Breite	13,1 m
Vermessung	2575 BRT

Die deutsche Viermast-Bark HEBE diente ab 1921 als CONTRA MAESTRO DUENAS zur Ausbildung peruanischer Handelsschiffsoffiziere. Archiv Meyer, Bremen

Der Frachtsegler wurde als DRUMCLIFF gebaut und gelangte 1898 in den Besitz der Hamburger „Rhederei A.G. von 1896", die ihm den Namen OMEGA gab. Ab 1918 setzte die Regierung Perus die Bark als Segelschulschiff ein, verkaufte sie jedoch 1926 an die Compania Administradora del Guano in Callao. Auf der Reise von den Guano-Inseln nach Huacho sank OMEGA am 26. Juni 1958 nach einer Einsatzzeit von 71 Jahren. Damit war sie der letzte klassische Frachtsegler, der als Verlust zu beklagen ist.

1898 ging der Hamburger Reederei Wencke die 1891 gebaute Viermast-Bark HEBE verloren, weshalb sie 1899 die im gleichen Jahr gebaute Viermast-Bark VOTIGERN aus Großbritannien kaufte, um sie unter dem Namen HEBE in die Fahrt zu schicken. 1909 ging sie in den Besitz der „Rhederei A.G. von 1896" in Hamburg über. Vornehmlich in der Salpeterfahrt eingesetzt, wurde sie 1914 vom Krieg überrascht, blieb in Peru liegen und wurde 1919 vom Staat übernommen. Ab 1921

setzte sie die „Cia. Nacional de Transportes" in Callao als Schulschiff CONTRA MAESTRO DUENAS ein. Erst 1928 wurde sie abgewrackt.

Segelschulschiffe existieren seit mehr als 200 Jahren in zahlreichen Küstenstaaten der Erde – das ist mehr als bloße Bewahrung alter Traditionen. Das ist zugleich Beweis für die Wirksamkeit von Bildungs- und Erziehungarbeit auf Segelschiffen. Bemerkenswert ist die Tatsache, daß ständig neue Fahrzeuge hinzukommen, daß Werften in Polen, Spanien, Japan und Großbritannien noch gute Segler bauen. Eine Schwierigkeit besteht darin, diese Schiffe zu betreiben und zu erhalten. Große Anstrengungen sind notwendig, um den Einsatz von Segelschul- und Erziehungsschiffen auch für die Zukunft zu gewährleisten. Wer jemals unter knatterndem Tuch auf schrägliegendem Schiff stand, wird diese Tage und Wochen wohl nie wieder vergessen und sicher dazu beitragen, die Segelschiffahrt in ihrer Ursprünglichkeit zu erhalten.

In den Tabellen sind über 575 Segelschulschiffe aus insgesamt 44 Ländern erfaßt, deren Anordnung alphabetisch erfolgt.

Wenn auch nicht immer Daten vorliegen, so sind wenigstens die Namen aufgeführt. Die Schiffsnamen sind mit der Seitenangabe in einer Liste zusammengefaßt.

Name Typ	Bau-jahr	Technische Daten	Segel	Schulschiff Eigner
Ägypten (Seite 134)				
AL KOUSSER		D-1000 t	–	um 1986 Kriegsmarine
EL HORRIAH	1865	D-4560 t	–	1986 in Weyer Kriegsmarine
EL FAROUKIEH Bark (Bezeichnung heute: Boys Marine Training Establishment)	1874	LL-54,7 B-10,1	19 R-930 BRT	1930 Kriegsmarine
INTISHAT Barkentine	1950	LL-37,5 B- 8,9 D-595 t	15 820 m²	1986 in Weyer Kriegsmarine
Argentinien (Seite 32)				
LA ARGENTINA Bark	1883	L -69,9 B -8,5 D-1050 t M-750 PS	986 m²	1884 - 1891 Kriegsmarine
LIBERTAD Vollschiff	1956	LL-80,0 B-13,8 D-3765 t M-2400 PS	27 2643 m²	seit 1956 Kriegsmarine
PRESIDENTE SARMIENTO Vollschiff	1897	LL-72,6 B-13,3 D-2750 Motor 2800 PS	23 3358 m²	1898 - 1961 Kriegsmarine
Australien (Seite 33)				
LADY NELSON Brigantine	1986	L -18,0	–	seit 1986 STA Tasmanien
LEEUWIN II Barkentine	1986	LL-35,3 B- 9,0 R-236 BRT Motor 388 PS	–	seit 1986 STA W-Australien
ONE AND ALL 3-M-Schoner	1984	L -45,9 R-150 BRT	seit 1984 511 m²	STA S-Austr.
ALMA DOEPEL 3-M-Schoner	1903	L -35,4 R-151 BRT	–	1980 - 1983 Organisation
SOLWAY LASS Toppsegelschoner	1902	L -36,1 R-128 BRT	–	1984 -

Name Typ	Bau- jahr	Technische Daten	Segel	Schulschiff Eigner
TINGIRA Vollschiff	1866	LL-82,4 B-12,0 D-2131 t Tender: Schoner DART	–	1911 - 1927 Kriegsmarine
JOHN MURRAY Bark	1877	LL-69,2 B-10,8 R-1264 BRT	–	1911 - 1918 Handelsflotte
YOUNG ENDEAVOUR Brigantine	1987	LL-28,3 B- 7,8 D-200 t M-330 PS	9 650 m²	seit 1987 Kriegsmarine

Belgien (Seite 35)

Name Typ	Bau- jahr	Technische Daten	Segel	Schulschiff Eigner
COMTE DE SMET DE NAEYER I Vollschiff	1904	LL-81,3 B-12,4 D-3030 t	27 2100 m²	1904 - 1906 Handelsflotte
COMTE DE SMET DE NAEYER II Vollschiff	1877	LL-74,1 B-11,3 R-1357 BRT	–	1906 - 1934 Kriegsmarine (stationär)
EUREKA	–	D-300 t		um 1960 Kriegsmarine
L'AVENIR Viermast-Bark	1908	LL-84,8 B-13,6 R-2738 BRT	30 2400 m²	1908 - 1932 Handelsflotte
MERCATOR Barkentine	1932	LL-57,9 B-10,6 R-770 BRT M-500 PS	15 1260 m²	1932 - 1961 Handelsflotte
ZENOBE GRAMME Bermuda-Ketsch	1961	L -28,2 B- 6,8 D-149 t	4	seit 1961 Kriegsmarine

Bulgarien (Seite 40)

Name Typ	Bau- jahr	Technische Daten	Segel	Schulschiff Eigner
ASSEN I Brigantine	1856	LL-29,2 B- 6,0 D-250 t	7 310 m²	1891 - 1904 Kriegsmarine
ASSEN II Schoner	1912	LL-29,1 B- 6,8 D-240 t Motor 120 PS	7 285 m²	1927 - 1931 Fischerei 1931 - 1956 Kriegsmarine
WESELEZ Gaffelschoner	1943 Jugendorganis.	LL-20,9 B- 6,3 D-200 t	4 180 m²	1949 - 1972 Kriegsmarine
N.I.WAPZAROW 3-M-Schoner	1947	LL-32,0 B- 8,5 D-370 t	6 313 m²	1951 - 1958 Kriegsmarine
KALIAKRA Barkentine	1984	LL-36,0 B- 8,0 R-289 BRT Motor 310 PS	15 884 m²	seit 1984 Handelsflotte

Brasilien (Seite 38)

Name	Typ	vorhandene Angaben
Segelschulschiffe der Kriegsmarine vor 1915.		
AMAZONAS	Korvette	
BENJAMIN CONSTANT	Bark	1892 gebaut, 2800 t Depl.
CARAVELLAS	Brigg	
GUARARAPES	Brigg	
PAQUEQUER	Brigg (?)	
PIRAJA	Brigg (?)	
RECIFE	Brigg (?)	

Name Typ	Bau-jahr	Technische Daten	Segel	Schulschiff Eigner
Segelschulschiffe der Kriegsmarine.				
ALBATROS Schoner	1920	L -27,3 D-100 t	280 m²	Schultender der Kriegsmarine bis nach 1973
ALMIRANTE SALDANHA 4-M-Toppsegelschoner	1933	LL-79,7 B-15,8 D-3325 t M-1400 PS	19 2148 m²	1933 -1964 Kriegsmarine
CISNE BRANCO	L -29,0 B- 5,2	–		1986 noch Schul-schiff
GUANABARA Bark	1936	LL-70,2 B-11,9 D-1816 t	22 1983 m²	1947 -1961 Handelsflotte

Chile (Seite 41)

Name	Typ	Einsatz als Schulhulk
Hulks zur Ausbildung		
THALEBA		ab 1868 für Schiffsjungenschule in Valdivia
O'HIGGINS	Korvette	1893 - 1896 Marineschule
PILCOMAYO	Kanonenboot	1897 - 1898
ABTAO	Korvette	1898 - 1916
CHACABUCO	Korvette	Ende 19. Jahrhundert
GENERAL BAQUEDANO	Korvette	Ende 19. Jahrhundert

Name Typ	Bau-jahr	Technische Daten	Segel	Schulschiff Eigner
Segelschulschiffe seit 1898				
GENARAL BAQUEDANO II Bark	1898	D-2500 1500 PS	L -73,0 B-13,9	– 1899 - 1936 in Fahrt 1936 - 1959 stat. Kriegsmarine
LAUTARO 4-M-Bark	1920	LL-98,4 B-14,3 R-3105	32 3630 m²	1941 - 1945 Kriegsmarine
ESMERALDA 4-M-Toppsegelschoner	1954	L -94,0 B-13,0 R-2478 M-1500 PS	20 2500 m²	seit 1954 Kriegsmarine

Name Typ	Bau-jahr	Technische Daten	Segel	Schulschiff Eigner
Columbien (Seite 59)				
GLORIA Bark	1968	LL-56,1 B-10,6 D-1300 t Motor 530 PS	23 1400 m²	seit 1968 Kriegsmarine
LA ARTEVIDA Ketsch			–	bis 1960 Kriegsmarine
Dänemark (Seite 44)				
ARKEN Toppsegelschoner	1908	L -26,0 B- 7,1 R-112 BRT	–	1939 - ? Handelsflotte Svendborg
BRITA LETH Gaffelschoner	1911	L -33,0 B- 6,5 R-87 BRT	6 380 m²	seit 1977 Privatbesitzer
DANMARK Vollschiff	1933	L -77,0 B-10,0 R-790 BRT Motor 486 PS	28 1639 m²	seit 1933 Handelsflotte
FANÖ 3-M-Toppsegelsch.	1930	L -28,5 B- 7,1 R-141 BRT	1930 - 1940	Handelsflotte
FULTON 3-M-Schoner	1915	L -26,4 B- 6,6 R-115 BRT Motor 250 PS	10 460 m²	seit 1970 Nation.-Museum
GEORG STAGE I Vollschiff	1882	LL-30,6 B- 7,6 R-203 BRT	20 650 m²	1882 - 1934 Handelsflotte
GEORG STAGE II Vollschiff	1935	LL-37,6 B- 8,5 R-298 BRT Motor 122 PS	20 860 m²	seit 1936 Handelsflotte
INGOLF Korvette	1876	L -60,0 B- 8,5 D-1012 t Motor 670 PS	–	1896 - 1926 Kriegsmarine
JAQUELINE 3-M-Schoner	1942	L -29,9 D-100 t	–	1975 -
KJØBENHAVN 5-M-Bark	1921	LL-112,4 B-15 R-3965 BRT M-139 PS	42 5200 m²	1921 - 1926 Handelsflotte
LILLA DAN Toppsegelschoner	1950	LL-23,9 B- 6,3 R-95 BRT Motor 100 PS	10 274 m²	seit 1951 Handelsflotte
OERNEN Brigg	1880	L -27,5 B- 7,8 D-315 t	–	1881 - 1895 Kriegsmarine
RÖMÖ 3-M-Toppsegelsch.	1939	L -38,1 B- 8,2 R-152 BRT	12 450 m²	1939 - 1940 Handelsflotte
TURÖ 3-M-Schoner		L -28,6 B- 7,1 R-130 BRT	–	1942 - 1943 Handelsflotte
VALKYRIEN I Korvette			–	1850 - 1860 Kriegsmarine

Name Typ	Bau-jahr	Technische Daten	Segel	Schulschiff Eigner
VALKIRIEN II Vollschiff	1882	LL-81,5 B-12,6 R-2074 BRT	–	1916 - 1923 Handelsflotte
VIKING Viermast-Bark	1906	LL-89,5 B-13,9 R-2952 BRT	31 2850 m²	1916 - 1925 Handelsflotte

Deutschland (Seite 47)

Segelschulschiffe 1818 - 1850.

Name Typ	Bau-jahr	Technische Daten	Segel	Schulschiff Eigner
STRALSUND Toppsegelschoner	1817	L -24,1 B- 7,3	5 583 m²	1818
DANZIG Schoner	1825	L -19,1 B- 5,8 D-70 t	100 m²	ab 1825 einige Einsätze
AMAZONE Korvette	1844	L -33,4 B- 8,9 D-380 t	15 876 m²	1844 - 1861
DEUTSCHLAND Vollschiff	1818	D-716 t	–	1848 - 1849
ELBE Schoner	1833	D-140 t	474 m²	1848 - 1851

Segelschulschiffe der preußischen Kriegsmarine (bis 1871).

Name Typ	Bau-jahr	Technische Daten	Segel	Schulschiff Eigner
ARCONA Schraubenfregatte	1858	LL-63,5 B-13,0 R-1527 BRT	2200 m²	1862 - 1876
GEFION Fregatte	1840	LL-52,5 B-13,5 D-1385 t		1858 - 1870
THETIS Fregatte	1844	L -60,2 B-14,1 D-1882 t	2370 m²	1855 - 1871
NIOBE Fregatte	1848	L -43,2 B-12,8 D-1590 t	1650 m²	1861 - 1890
MUSQUITO Brigg	1851	LL-34,1 B-10,3 D-627 t	1035 m²	1863 - 1891 Schiffsjungen
ROVER Brigg	1851	LL-34,1 B-10,3 D-627 t	1035 m²	1863 - 1890 Schiffsjungen
UNDINE Brigg	1871	LL-35,8 B-10,2 D-670 t	1035 m²	1871 - 1884 Schiffsjungen

Segelschulschiffe der Kaiserlichen Marine (1871 - 1918).

Name Typ	Bau-jahr	Technische Daten	Segel	Schulschiff Eigner
ARIADNE Korvette	1871	L -65,8 B-10,9 D-1691 t Motor 2260 PS	1582 m² 1261 m²	1874 - 1881 als Vollschiff als Bark
ARMINIUS Rahschoner	1864	LL-61,6 B-10,9 D-1653 t	540 m²	1872 - 1882
BLÜCHER Korvette	1878	L -82,0 B-13,7 R-2728 RT		1878 - 1908 Toroedo-SS
CHARLOTTE Korvette	1883	L -87,8 B-14,6 D-3763 t	2300 m² 1580 m²	1897 - 1909 als Vollschiff als Bark
ELISABETH Korvette	1868	L -71,5 B-13,2 D-2912 t	2200 m²	1887 - 1904

Name Typ	Bau-jahr	Technische Daten	Segel	Schulschiff Eigner
GNEISENAU Korvette	1879	LL-72,2 B-13,7 D-2728 t	–	1887 -1890
LUISE Korvette	1872	LL-65,8 B-10,8 D-2072 t	– 1582 m² 1049 m²	1885 - 1888 als Vollschiff als Bark
MERCUR Korvette	1847	L -38,1 B- 8,2 D-850 t	805 m²	1857 - 1860
MARIE Vollschiff	1881	LL-70,6 B-12,5 D-2424 t	–	1895 - 1904
MOLTKE	1877	siehe GNEISENAU		1891 -1909
NIXE Korvette (Bark)	1886	LL-54,3 B-13,2 D-1781 t	1579 m²	1885 - 1900
NYMPHE Korvette	1863	LL-58,5 B-10,2 D-1202 t	–	1874 - 1885 1887 - 1891 stat.
OLGA	1881	siehe MARIE		1889 - 1905
OTTER Schoner	1878 325 m″	1878 - 1907 Minen-SS		
PELIKAN Toppsegelschoner	1891	L -80,9 B-11,7 D-2424 t	–	1891 - 1920 Minen-SS
RHEIN 3-Mast-Schoner	1867	LL-44,0 B- 6,0 D-498 t	249 m²	1907 - 1911 Minen-SS
SOPHIE	1881	siehe MARIE		1883 - 1892
STEIN	1880	siehe GNEISENAU		1888 - 1908
STOSCH	1878	siehe GNEISENAU		1888 - 1907

Segelschulschiffe der Handelsflotte (bis 1918).

Name Typ	Bau-jahr	Technische Daten	Segel	Schulschiff Eigner
BEETHOVEN 4-M-Schonerbark	1904	L -79,2 B-12,3 R-2038 BRT	–	1904 - 1910 Freitas
GROSSHERZOGIN ELISABETH Vollschiff	1901	LL-69,0 B-11,9 R-1260 BRT	24 1650 m²	1901 - 1945 DSV
PRINZESS EITEL FRIEDRICH Vollschiff	1910	LL-72,6 B-12,5 R-1561 BRT	25 1900 m²	1910 - 1920 DSV
GROSSHERZOG FRIEDRICH AUGUST Bark	1914	LL-75,5 B-12,6 R-1701 BRT M-450 PS	21 2000 m²	1914 - 1918 DSV
HERZOGIN SOPHIE CHARLOTTE 4-Mast-Bark	1894	L -82,3 B-13,1 R-2395 BRT	–	1900 - 1913 NDL
HERZOGIN CECILIE Viermast-Bark	1902	LL-95,7 B-14,0 R-3242 BRT	29 3000 m²	1902 - 1914 NDL
MOZART 4-M-Schonerbark	1904	siehe BEETHOVEN	1904 - 1910	
PEKING Viermast-Bark	1911	LL-97,8 B-14,3 R-3100 BRT	32 4100 m²	1911 -1914 Laeisz

Name Typ	Bau-jahr	Technische Daten	Segel	Schulschiff Eigner
R.C. RICKMERS 5-Mast-Bark	1906	LL-125 B-16,6 R-5548 BRT	–	1913 -1914 Rickmers

Segelschulschiffe der Kriegsmarine (1919 - 1945).

Name Typ	Bau-jahr	Technische Daten	Segel	Schulschiff Eigner
ADMIRAL VON TROTHA 3-Mast-Schoner	1919	L -41,1 B- 8,6 D-800 t	–	1939 - 1945
ALBERT LEO SCHLAGETER Bark	1937	LL-70,1 B-12,0 D-1869 t M-750 PS	23 1932 m^2	1937 - 1945
EDITH Yacht	1923	D-80 t	–	1932 -1945 Ersatz NIOBE
GORCH FOCK I Bark	1933	LL-62,0 B-12,0 D-1350 t	25 1750 m^2	1933 -1945
GUD-WIN Schoner	1893	1932 - 1945 R-75 BRT	298 m^2	Ersatz NIOBE
HORST WESSEL Bark	1936	LL-70,2 B-11,9 D-1816 t M-750 PS	22 1983 m^2	1936 - 1945
JUTTA Yacht	1923	D-80 t	–	1932 - 1945 Ersatz NIOBE
MEDUSA Lugger	1934	L -25,4 B- 5,8 D-250 t	–	1942 - 1944
NIOBE Jackass-Bark	1913	LL-42,9 B- 9,2 D-724 t M-240 PS	15 953 m^2	1923 - 1932
ORION Schoner	1921	R-97 BRT	–	1932 - 1945 Ersatz NIOBE
PETER VON DANZIG Yacht	1901	L -47,2 B- 8,4 D-930 t,180 PS	–	1941 - 1945
SCHWARZER HUSAR	1902	siehe ZAWISNA CZARNY I Seite 96		
WINTERHUDE Vollschiff	1898	LL-79,3 B-12,2 R-1980 BRT	–	1944 - 1945

Segelschulschiffe der Handelsflotte (1919 - 1945).

Name Typ	Bau-jahr	Technische Daten	Segel	Schulschiff Eigner
ADMIRAL KARPFANGER Viermast-Bark	1908	LL-84,8 B-13,6 R-2738 BRT	30 2400 m^2	1938 verschollen
KAPITÄN HILGENDORF 5-Mast-Schoner	1919	L -74,0 B-13,5 R-1471 BRT	–	1939 - 1945
KOMMODORE JOHNSEN 4-Mast-Bark	1921	siehe MAGDALENE VINNEN		1936 -1945
MAGDALENE VINNEN 4-Mast-Bark	1921	LL-100 B-14,6 R-3709 BRT M-550 PS	32 4192 m^2	1921 - 1935 Vinnen
OLDENBURG Vollschiff	1902	LL-80,0 B-12,2 R-2260 BRT M-475 PS	27 2250 m^2	1923 - 1927

Name Typ	Bau-jahr	Technische Daten	Segel	Schulschiff Eigner
PADUA Viermast-Bark	1926	LL-95,0 B-14,0 R-3065 BRT	32 3632 m²	1926 - 1945 Laeisz
PASSAT Viermast-Bark	1911	LL-96,0 B-14,4 R-3317 BRT	34 4100 m²	1925 - 1932 Laeisz
PEKING	1911	siehe Seite 150 ARETHUSA		1923 - 1932
PRIWALL Viermast-Bark	1920	LL-98,4 B-14,3 R-3105 BRT	34 3200 m²	1920 - 1939 Laeisz
SCHULSCHIFF DEUTSCHLAND Vollschiff	1927	LL-65,2 B-11,9 R-1257 BRT	25 1900 m²	1927 - 1945 seit 1945 stationär
SCHULSCHIFF POMMERN Bark	1898	L -75,5 B-13,2 R-1634 BRT		1928 Havarie 1.Reise
SEUTE DEERN I Bark	1919	LL-54,4 B-11,0 R-815 BRT	23	1938 - 1945 Essberger
VINNEN-Schiffe CARL VINNEN	1922	L -80,0 B-13,5 R-1860 BRT		1923 -1939
CHRISTEL VINNEN		s.o.		1923 - 1934
SUSANNE VINNEN		s.o.		1923 - 1929
WERNER VINNEN 5-Mast-Polkabarken = Vinnentakelung		s.o.		1923 - 1938

Mehrere Segelschiffe der „wilden Schulschiffahrt" zwischen 1921 und 1926 wie Bark BOHUS, Vollschiff LANDKIRCHEN, Bark STERNA, Bark WEHRWOLF, 3-Mast-Schoner GRETE CLAUSEN und andere.

Segelschulschiffe nach 1945.

Name Typ	Bau-jahr	Technische Daten	Segel	Schulschiff Eigner
ALBATROS 3-M-Toppsegelsch.	1942	LL-24,9 B- 6,9 R-109 BRT M-120	7 292 m²	seit 1974 Clipper
ALEXANDER VON HUMBOLDT Bark	1906	LL-46,0 B- 8,0 R-458 BRT Motor 510 PS	25 1010 m²	seit 1988 STAG
AMPHITRITE 3-M-Gaffelschoner	1887	L -42,3 B- 5,7 R-110 BRT M-360 PS	10 534 m²	seit 1975 Clipper
ATLANTIC Gaffelketsch	1871	L -29,0 B- 5,1	5 245 m²	seit 1982 Privatbesitz
CONCORDIA Schoner (Galiot)	1920	L -17,5 B- 4,0 M-30 PS	7 107,5 m²	seit 1990 Privatbesitz
FRIDTJOF NANSEN 3-M-Toppsegelsch.	1919	LL-36,0 B- 6,4 D-200 t M-250 PS	13 850 m²	seit 1992 Verein
GORCH FOCK II Bark	1957	LL-70,2 B-12,0 D-2000 t M-800 PS	23 1952 m²	seit 1957 Bundesmarine
GREIF	1951	LL-29,8 B- 7,4	15	seit 1952

Name Typ	Bau-jahr	Technische Daten	Segel	Schulschiff Eigner
Brigantine		D-290 t M-100 PS	500 m²	Greifswald
GROSSHERZOGIN ELISABETH 3-M-Gaffelschoner	1909	L -63,7 B- 8,2 R-463 BRT M-400 BRT	16 1000 m²	seit 1982 DSV
NORDWIND Bermudaketsch	1945	LA-26,8 B- 6,5 R-78 BRT	4 166 m²	seit 1972 Bundesmarine
OUTLAW Brigantine	1952	L -41,2 B- 8,2 R-171 BRT	10 500 m²	1989 Verein
PAMIR Viermast-Bark	1905	LL-94,4 B-14,0 R-3020 BRT	34 4100 m²	1952 - 1957
PASSAT		s. Seite 150 ARETHUSA ex PEKING		seit 1952
ROALD AMUNDSEN Brigg	1952	LA-38,5 B- 7,2 D-466 t M-400 PS		ab 1993 Verein
SEUTE DEERN II Ketsch	1936	L -27,1 B- 5,9 R-103 BRT M-165 PS	264 m²	seit 1963 DSV
THOR HEYERDAHL 3-M-Toppsegelsch.	1930	L -49,8 B- 6,5 R-211 BRT M-215 PS	12 630 m²	seit 1983 Privatbesitz
UNDINE Gaffelschoner	1931	LL-25,0 B- 5,8 R-96 BRT M-120 PS	9 420 m²	seit 1984 Privatbesitz

Dominikanische Republik (Seite 136)

DUARTE	1943	D-170 t		Kriegsmarine

Ekuador (Seite 59)

GUAYAS Bark	1976	L -62,4 B-10,1 D-1300 t M-700 PS	23 1410 m²	seit 1978 Kriegsmarine

Finnland (Seite 61)

ALBANUS Schoner (Galeasse)	1988	L -29,7 B- 6,2 D-80 t	8 320 m²	seit 1988 Jugendorg.
ELISABETH Schoner	1920	L -38,4 B- 6,6 D-250 t	9 550 m²	seit 1984 Jugendorg.
FAVEL Bark	1895	LL-72,3 B-11,0 R-1309 BRT	18 1350 m²	1907 - 1934 Handelsflotte
FENNIA I Viermast-Bark	1892	LL-86,6 B-12,8 R-2243 BRT	–	1912 - 1917 Handelsflotte
FENNIA II Viermast-Bark	1902	LL-95,1 B-13,7 R-3112 BRT	–	1923 - 1927 Handelsflotte

Name Typ	Bau- jahr	Technische Daten	Segel	Schulschiff Eigner
GLENARD Vollschiff	1893	L -79,0 B-12,1 R-1813 BRT	–	1909 - ? Handelsflotte
HELENA Schoner	1992	L -38,7 B- 6,6 D-98 t M-300 PS	7 530 m²	seit 1992 Verein
SUOMEN JOUTSEN Vollschiff	1902	LL-80,8 B-12,2 R-2259 BRT M-400 PS	27 2250 m²	seit 1931 Kriegsmarine Handelsflotte

Frankreich (Seite 64)

Segelschulschiffe bis 1918

Name Typ	Bau- jahr	Technische Daten	Segel	Schulschiff Eigner
BAYONNAIS Brigg	1886	D-530 t		Kriegsmarine
BORDA	1853		Hulk	Kriegsmarine
BRETAGNE				Kriegsmarine
COURONNE	1860			Kriegsmarine
IPHIGENIE Fregatte		D-3431 t M-2800 PS		Kriegsmarine
MELPOMENE	1884	LL-49,8 B-12,1		Kriegsmarine
SAONE	1880	D-3560 t		Kriegsmarine
SYLPHE Brigg	1887			Kriegsmarine
TOURVILLE	1861			Kriegsmarine

Segelschulschiffe 1918 - 1945

Name Typ	Bau- jahr	Technische Daten	Segel	Schulschiff Eigner
AILEE 3-M-Schoner	1928	LL-50,6 B- 8,6 R-218 BRT	–	1928 - Kriegsmarine
CHARLES-DANIELOU 3-M-Schoner	1919	LL-40,2 B- 8,7 R-392 BRT	–	1930 - 1932 Handelsflotte
COLBERT Vollschiff	1910	LL-72,6 B-12,6 R-1561 BRT	25 1900 m²	1921 - 1926 Kriegsmarine
MESANGE	1921	D-60 t		Kriegsmarine
RICHELIEU Viermast-Bark	1916	LL-98,2 B-14,3 R-3100 BRT	33 2750 m²	1921 - 1927 Handelsflotte

Segelschulschiffe nach 1945

Name Typ	Bau- jahr	Technische Daten	Segel	Schulschiff Eigner
BELEM Barkentine	1896	LL-51,0 B- 8,7 R-562 BRT Motor 2x300 PS	13 670 m²	seit 1957 Jugendorg.
BEL ESPOIR II 3-M-Gaffelschoner	1944	LL-27,4 B- 7,0 R-189 BRT M-170 PS	9 465 m²	seit 1968 Jugendorg.
DUCHESSE ANNE Vollschiff	1901	LL-69,0 B-11,9 R-1260 BRT	Hulk	seit 1948 Kriegsmarine
LA BELLE POULE IV Toppsegelschoner	1932	LL-25,3 B- 7,2 D-275 t M-100 PS	9 424 m²	seit 1935 Kriegsmarine

Name Typ	Bau-jahr	Technische Daten	Segel	Schulschiff Eigner
LA GRANDE HERMINE Schoner	1927	D-54 t	–	seit 1928 Kriegsmarine
L'ÉTOILE		siehe LA BELLE POULE IV		
LE MUTIN Schoner	1927	L -22,0 D-57 t	– 240 m²	seit 1927 Kriegsmarine
OISEAU DES ISLES 3-M-Stagsegelschoner	1935	L -63,4 B- 9,7 D-1200 t	9	1935 -1955 Handelsflotte

Griechenland (Seite 67)

Name Typ	Bau-jahr	Technische Daten	Segel	Schulschiff Eigner
ARES 3-M-Rahsegelsch.	1927	L -77,0 B-12 D-2200 t M-1000 PS	–	1927 - 1943 Kriegsmarine
EUGENE EUGENIDES 3-M-Toppsegelsch.	1929	LL-49,6 B- 9,1 D-1300 t M-400 PS	12 1040 m²	seit 1965 Kriegsmarine
HELLAS	1859	D-1600 t	–	um 1905 Kriegsmarine
NAUARCHOS MIAULIS 1879		D-1800 t	–	um 1905 Kriegsmarine

Großbritannien (Seite 69)

Segelschulschiffe vor 1918.

Name Typ	Bau-jahr	Technische Daten	Segel	Schulschiff Eigner
ACTIVE Kriegsmarine	–			1869 -
AGINCOURT Vollschiff	1861	D-10600 t	–	1889 - 1909 Kriegsmarine
ATALANTA Fregatte	1844	L -42,9 B-13,1 D-923 t	–	1878 - 1879 Kriegsmarine
BOSCAWEN Bark	1863	L -124	–	1904 - 1922 Kriegsmarine geb.1843 Geb. 1873
Tender: Brigg SEALARK Brigg SEAFLOWER Brigg SUNFLOWER		L-27,2 B-8,8 D-311 t L-30,3 B-9,6 D-454 t		
BRITANNIA	mit Brigg SEALARK als Tender			um 1859
CUMBERLAND		LL-54,0 14,0 D-1800 t	–	- 1889 Kriegsmarine geb.1851
Tender: Brigg CUMBRIA		L-32,7 B-6,3 R-270 BRT		
DOLPHIN Bark	1882	LL-47,7 B- 9,7 D-921 t	–	1896 - Kriegsmarine
EMPRESS	Tender: Brigg CUMBRIA s. o. SELENE	L-35,2 B-7,1 R-270 BRT		geb. 1873
EURYDIKE Fregatte	1843	L -46,2 B-12,4 D-921 t	–	1877 - 1879 Kriegsmarine
EUTERPE Vollschiff	1863	LL-62,4 B-11,8 R-1197 BRT	19 2050 m²	1873 - 1901 Handelsflotte

Name / Typ	Bau-jahr	Technische Daten	Segel	Schulschiff / Eigner
EXMOUTH I	Tender: STEADFAST ab 1890			- 1904
EXMOUTH II Linienschiff als stat. Schulschiff gebaut	1904	L -105B-16,1	–	1904 - 1945 Handelsflotte
FORMIDABLE	Tender: Brigg POLLY	L-22,6 B-5,9 R-88 BRT		Geb. 1864
FOUDROYANT II Vollschiff	1817	L -45,7 B-12,2 R-1066 BRT	–	1897 - Kriegsmarine
GANGES	Tender: SEALARK		–	um 1878
GANNET Liniensch.	1878	LL-51,7 B-11,0 D-1130 t	–	1904 - 1968 Kriegsmarine
HARBINGER Vollschiff	1873	siehe HESPERUS	1893 - 1897	Handelsflotte
HESPERUS Vollschiff	1873	LL-79,3 B-12,1 R-1859 BRT	25 1600 m²	1893 - 1899 Handelsflotte
ILLAWARA Vollschiff	1881	L -82,2 B-12,2 D-1857 t	–	1899 - 1907 Handelsflotte
ILLUSTRIOUS	Tender: SEALARK		–	um 1854
INDEFATIGABLE	Tender: Brigantine JAMES. J. BIBBY		–	um 1902 stat.
IMPLACABLE		L-38,2 B-6,6 R-242 BRT	–	- 1949 Kriegsmarine
IMPREGNABLE	Tender: KING FISHER Brigg NAUTILUS Brigg PILOT		–	1890 - Kriegsmarine
MAC QUARIE Vollschiff	1875	L -82 D-1857 t	–	1897 - 1919 Handelsflotte
MEDWAY Viermast-Bark	1902	LL-91,4 B-13,1 R-2516 BRT	24 2200 m²	1910 - 1918 Handelsflotte
MERCURY Fregatte	1878	LL-51,7 D-1130 t	–	1904 - 1968 Kriegsmarine
MERSEY Vollschiff		R-1829 BRT	–	1908 - Handelsflotte
PORT JACKSON Viermast-Bark	1882	L -85,8 12,3 R-2212 BRT	–	1906 - 1916 Handelsflotte
SHANNON			–	
STORK 3-M-Toppsegelsch.	1882		–	1911 - 1948 Kriegsmarine
ST. VINCENT	Tender: Brigg MARTIN		–	1890 -
TRINCOMALEE Vollschiff (ab 1897 FOUDROYANT II)	1817	L -45,7 B-12,2	–	1861 - 1897 Kriegsmarine

Name / Typ	Bau-jahr	Technische Daten	Segel	Schulschiff Eigner
UNICORN Fregatte - als stat. Schulschiff gebaut		1794 - LL-42,8 B-12,1	–	1824 - 1968 Kriegsmarine
WARSPITE I	Vorbereitung auf PORT JACKSON			Handelsflotte
CONWAY	siehe WARSPITE I			
Segelschulschiffe 1918 - 1945.				
ARETHUSA Viermast-Bark	1911	LL-97,8 B-14,3 R-3100 BRT	34 4100 m²	1932 - 1974 Handelsflotte
CARRICK Vollschiff	1864	LL-53,7 B-10,1 R-791 BRT	–	1914 - Kriegsmarine
CUTTY SARK Vollschiff	1869	L -85,1 B-10,9 R-963 BRT	34 2970 m²	1922 -1954 Handelsflotte
DISCOVERY Bark	1901	LL-52,2 10,3 R-763BRT	18 1144 m²	1937 - 1955 Sea Scout Ass.
ENGLISH ROSE Gaffelketsch	1910	LL-27,3 B- 5,3 R-49 BRT	–	1942 - 1947 Kriegsmarine
GARIBALDI			–	1941 - 1949 Outward Bound
GARTHPOOL Viermast-Bark	1891	LL-93,9 B-13,6 R-2842 BRT	–	1920 - 1929 Handelsflotte
LADY QUIRK Barkentine	1876	L -31,7 B- 7,3 D-188 t	–	1930 - 1939 Cadet Corps
MAISIE GRAHAM Schoner	1878	LL-26,9 B- 5,6 R-45 BRT	–	1925 - 1938 Organisation
PRINCE LOUIS I	siehe MAISIE GRAHAM			1940 - ?
ST. GEORGE 3-M-Toppsegelsch.	1890	LL-58,2 B- 9,7 R-694 BRT	10 620 m²	1920 -1921 Handelsflotte
VINDICATRIX Vollschiff	1893	LL-79,9 B-11,8 R-1934 BRT	–	1919 -1967 Handelsflotte
Segelschulschiffe nach 1945.				
ASTRID Brigg	1919	LL-30,8 B- 6,7 R-170 BRT M-280 PS	17 488 m²	seit 1977 Organisation
CAPTAIN SCOTT 3-M-Toppsegelsch.	1971	LL-36,6 B- 8,5 R-264 BRT M-230 PS	14 1020 m²	1971 - 1977 Handelsflotte
CONWAY	siehe WORCESTER II			
CREOLE Stagsegelschoner	1927	LL-50,8 B- 9,4 R-334 BRT	10 2040 m²	1956 Kriegsmarine
HALCYON Ketsch			–	1956 Organisation
LORD NELSON Bark	1986	LL-36,9 B- 8,4 D-400 t M-390 PS	15 845 m²	seit 1986 Organisation

Name Typ	Bau- jahr	Technische Daten	Segel	Schulschiff Eigner
MALCOLM MILLER 3-M-Toppsegelsch.	1968	LL-30,4 B- 8,1 R-219 BRT M-240 PS	14 817 m²	seit 1968 STA
MOYANA Gaffelketsch	1899	L -24,5 B- 5,2 T.M. 103 t	6 351 m²	1943 - 1956 Organisation
PRINCE LOUIS II 3-Mast-Gaffelsch.	1944	LL-27,4 B- 7,0 R-289 BRT	9 465 m²	1955 - 1968 Organisation
ROBERT GORDON Stagsegelschoner	1968	 R-60 BRT	–	seit 1968 Organisation
RONA Ketsch	1895	L -24,0	–	 Organisation
ROYALIST Brigg	1971	L -28,3 B- 5,9 D-110 t M-200PS	10 596 m²	seit 1971 Sea Cadet Corps
SIR WINSTON CHURCHILL 3-M-Toppsegelsch.	1965	LL-30,4 B- 8,1 D-235 t M-240 PS	14 670 m²	seit 1965 Sea Cadet Corps
WORCESTER II	ex EXMOUTH II			seit 1945

Hongkong (Seite 75)

Name Typ	Bau- jahr	Technische Daten	Segel	Schulschiff Eigner
HUAN Dschunke	1973	L -27,5 B- 7,0 D-250 t M-185PS	3 280 m²	seit 1977 Organisation
JI FUNG Brigantine	1979	L -41 R-173 BRT	13	Organisation

Indonesien (Seite 136)

Name Typ	Bau- jahr	Technische Daten	Segel	Schulschiff Eigner
DEWARUTJI Schonerbark	1953	LL-41,5 B- 9,5 D-886 t M-600 PS	16 1100 m²	seit 1953

Irland (Seite 77)

Name Typ	Bau- jahr	Technische Daten	Segel	Schulschiff Eigner
ASGARD II Brigantine	1981	LL-27,5 B- 6,4 D-120 t M-160 PS	10 370 m²	seit 1981 Kriegsmarine

Indien (Seite 135)

Name Typ	Bau- jahr	Technische Daten	Segel	Schulschiff Eigner
VARUNA Brigg	1981	LL-17,8 B- 6,0 R-83 BRT M-200 PS	10 600 m²	seit 1981 Kriegsmarine

Israel (Seite 134)

Name Typ	Bau- jahr	Technische Daten	Segel	Schulschiff Eigner
L'AMIE Toppsegelsch.				

Name Typ	Bau-jahr	Technische Daten	Segel	Schulschiff Eigner
Italien (Seite 78)				
Segelschulschiffe bis 1918				
AMERIGO VESPUCCI I Bark (Korvette)	1882	LL-78,0 B-12,8 D-2700 t	–	1883 - 1925 Kriegsmarine
CARACCIOLO Korvette	1869	LL-64,3 B-10,9 D-1661, 973 PS	–	1889 - 1904 Kriegsmarine
CHIOGGIA Brigantine	1877	LL-41,1 B- 6,8 D-460 t,272 PS	–	1883 Kriegsmarine
CRISTOFORO COLOMBO Barkentine	1876	LL-75,7 B-11,3 D-2362 t Motor 3782 PS	–	1876 - 1891 Kriegsmarine
CURTATONE II Korvette	1887	LL-54,0 B- 9,9 D-1300 t,1000 PS	–	1899 - 1913 Kriegsmarine
ETNA Korvette	1885	LL-86,4 B-13,2 D-3530 t,7480 PS	–	1907 - 1914 Kriegsmarine
FLAVIO GIOIA Bark (Korvette)	1883	LL-78,0 B-12,8 D-2760 t Motor 4156 PS	–	1892 - 1925 Kriegsmarine
MISENO Schoner od. Brigg	1886	LL-42,3 B- 7,6 D-554 t, 430 PS	–	1916 - 1920 Kriegsmarine
PALINURO I Schoner od. Brigg	1887	LL-42,3 B- 7,6 D-550 t Motor 430 PS	–	1891 - 1920 Kriegsmarine
SAN MICHELE Fregatte	1841	LL-55,1 B-15,3 D-2386 t	–	1861 - 1869 Kriegsmarine
VITTORIO EMANUELE Fregatte	1861	LL-61,9 B-15,3 D-3126 t Motor 1488 PS	–	1861 - 1900 Kriegsmarine
Segelschulschiffe nach 1918				
AMERIGO VESPUCCI II 1930 Vollschiff		LL-70,0 B-15,5 D-4146 t Motor 1900 PS	23 2100 m²	seit 1931 Kriegsmarine
CRISTOFORO COLOMBO II Vollschiff	1928	LL-66,5 B-14,8 D-3515 t	23 1900 m²	1928 - 1945 Kriegsmarine
MARCO POLO 3-M-Toppsegelschoner s. jugoslawisches Segelschulschiff JADRAN	1931	LL-41,0 B- 8,9 D-720 t,300 PS	12 800 m²	1941 - 1943 Kriegsmarine
PATRIA 5-M-Toppsegelsch.	1922	LL-80,0 B-13,5 R-1826 BRT M-350 PS	–	1930 - Handelsflotte
SAN GIORGIO II Fregatte	1908	LL-131 B-21,0 D-10167 t 18200 PS	–	1924 - 1941 Kriegsmarine
CORSARO II Schoner	1960	L -20,9 B- 4,7 D-41 t, 321 PS	– 205 m²	seit 1960 Kriegsmarine

Name Typ	Bau-jahr	Technische Daten	Segel	Schulschiff Eigner
EBE Brigantine	1920	L -40,3 B- 8,4 D-601 t 200 PS	–	1952 - 1955 Kriegsmarine
GIORGIO CINI Barkentine	1896	LL-51,0 B- 8,7 R-562 BRT Motor 600 PS	13 670 m^2	1950 - 1957 Handelsflotte
PALINURO II Barkentine	1934	LL-50,0 B-10,0 D-1272 t Motor 375 PS	14 998 m^2	seit 1951 Kriegsmarine
STELLA POLARE Schoner	1965	L -21,4 B- 4,8 D-41 t Motor 321 PS	205 m^2	seit 1965 Kriegsmarine

Japan (Seite 80)
Segelschulschiffe bis 1918

Name Typ	Bau-jahr	Technische Daten	Segel	Schulschiff Eigner
CHIYODAGATA Toppsegelschoner	1866	L -29,1 B- 4,8 D-138 t	–	1868 - 1888 Kriegsmarine
FUJIYAMA MARU Vollschiff	1864	L -68,3 B-10,0	–	1871 - 1876 1876-1897 stat Kriegsmarine
HITOKAPPU MARU Toppsegelschoner	1881	LL-26,3 B- 6,9 R-120 BRT	–	1883 - 1887 stationär Handelsflotte
INAHO MARU Barkentine	1885	LL-46,0 B- 9,3	–	1893 - 1895 Handelsflotte
KANKO MARU Bark	1850	L -52,8 B- 9,1 D-400 t 150 PS Motor 150 PS	–	1856 - 1876 Kriegsmarine Handelsflotte
KANRIN MARU Bark	1856	L -49,7 B- 7,3 R-292 BRT Motor 100 PS	–	1857 - 1867 Kriegsmarine
KAIYO MARU Schoner	1901	LL-28,4 B- 7,5 R-138 BRT	–	1901 - 1907 Fischerei
KOTONO-O MARU Vollschiff		LL-48,7 B- 9,6 R-852 BRT 300 PS	–	1897 - 1904 Handelsflotte
MENG CHUN 3-M-Toppsegelschoner	1867	LL-43,0 B- 6,3 R-157 BRT	–	1887-1896 stat Handelsflotte
MEIJI MARU Vollschiff	1874	LL-73,0 B- 8,5 R-1038 BRT	–	1897 - 1954 Handelsflotte
RAISHIN MARU Bark	1884	LL-39,6 B- 8,4 R-517 BRT	–	1884 - 1890 Handelsflotte
SEIMYO MARU Bark	1862	LL-54,5 B- 7,2 R-383 BRT	–	1875-1881 stat Handelsflotte
TSUKIJIMA MARU Bark	1898	LL-72,1 B-11,5 R-1519 BRT	–	1898 -1900 Handelsflotte

Name Typ	Bau-jahr	Technische Daten	Segel	Schulschiff Eigner
UNYO MARU	1909	LL-41,1 B- 8,4 R-448 BRT	21 540 m²	1909 - 1929 1929-1970 stat Fischerei
Bark				
YOSHIIE MARU Bark	1876	LL-39,3 B- 7,5	–	1885 (9 Mon) Hamdelsflotte

Segelschulschiffe 1918 - 1945.

Name Typ	Bau-jahr	Technische Daten	Segel	Schulschiff Eigner
KAIWO MARU I Viermast-Bark	1930	LL-79,2 B-12,9 R-2284 BRT	32 2397 m²	1930 - 1989 Handelsflotte
KIRISHIMA MARU 4-M-Barkentine	1919	LL-50,3 B-12,1 R-998 BRT	–	1920 -1927 Handelsflotte
NIPPON MARU I Viermast-Bark	1930	LL-79,2 B-12,9 R-2285 BRT	32 2397 m²	1930 - 1984 Handelsflotte
SHINTOKU MARU 4-M-Barkentine	1923	LL-85,3 B-13,4 R-2518 BRT	2713 m²	1924 -1944 Segelschiff 1947 - 1963 Dampfschiff Handelsflotte
TAISEI MARU Viermast-Bark	1904	LL-84,5 B-13,0 R-2287 BRT	–	1904 - 1945 Handelsflotte

Segelschulschiffe nach 1945

Name Typ	Bau-jahr	Technische Daten	Segel	Schulschiff Eigner
KAYSAY Brigantine	1990			
KAIWO MARU II 4-M-Bark	1989	LL-86,0 B-13,8 R-2570 BRT Motor 2999 PS	35 2760 m²	seit 1989 Handelsflotte
NIPPON MARU II 4-Mast-Bark	1984	LL-86,0 B-13,8 R-2570 BRT Motor 3000 PS	35 2760 m²	seit 1984 Handelsflotte

Jugoslawien (Seite 133)

Name Typ	Bau-jahr	Technische Daten	Segel	Schulschiff Eigner
JADRAN 3-M-Toppsegelschoner	1933	LL-41,0 B- 8,9 D-720 t Motor 440 PS	12 800 m²	seit 1933 Kriegsmarine
VILA VELEBITA		s. Österreich-Ungarn seit 1918 in Jugoslawien		

Kanada (Seite 85)

Ostküste und Große Seen.

Name Typ	Bau-jahr	Technische Daten	Segel	Schulschiff Eigner
BLUENOSE II Gaffelschoner	1963	LL-33,9 B-8,1 D-285 t	8 1012	zeitweise Tourismus
CONCORDIA Barkentine	1992			
PATHFINDER Brigantine	1962	LL-13,6 B-4,7 D-39 t Motor 100 PS	7 233 m²	seit 1962 Segelverein

Name Typ	Bau- jahr	Technische Daten	Segel	Schulschiff Eigner
PLAYFAIR Brigantine	1974	s. PATHFINDER		seit 1974
ST. LAWRENCE Brigantine	1953	s. PATHFINDER		seit 1953
TRADITION II Gaffelschoner	1974	LL- 7,8 B-2,7 D-7,2 t 12 PS	54,7 m²	seit 1974 Segelverein
Westküste				
ORIOLE Bermuda-Ketsch	1921	LA-31,1 B- 5,8 D-80 t M-165 PS	–	seit 1948 Kriegsmarine
PACIFIC SWIFT Toppsegelschoner	1986	LL-19,6 B-6,2 D-98 t	–	seit 1986 SALT
ROBERTSON II Gaffelschoner	1940	LL-29,6 B-6,6 D-98	7 526 m²	seit 1974 SALT
SPIRIT OF CHEMAINUS Brigantine	1985	LL-15,7 B-5,4 D-40 t	11	seit 1985

Mexiko (Seite 59)

Name Typ	Bau- jahr	Technische Daten	Segel	Schulschiff Eigner
CUAUHTEMOC Bark	1981	L -90,4 B-10,5 D-1760 M-1125 PS	23 548 m²	seit 1981 Kriegsmarine
DEMOCRATA	1875	D-460 t	–	um 1915
ZARAGOZA Bark	1892	D-1200 t Motor 1300 PS	–	um 1905 Kriegsmarine

Malaysia (Seite 135)

Name Typ	Bau- jahr	Technische Daten	Segel	Schulschiff Eigner
TUNAS SAMUDERA Brigantine	1988	LL-34,0 B- 7,8 LA-44,0 B- 7,8 M- 2x185 PS	10 569 m²	seit 1988 Kriegsmarine

Neuseeland (Seite 136)

Name Typ	Bau- jahr	Technische Daten	Segel	Schulschiff Eigner
AMOKURA Barkentine	1889	LL-50,0 B- 9,3 D-805 t M-1200 PS	–	1905 - 1921 Kriegsmarine
DARTFORD Vollschiff	1877	L -67,1 B-10,9 R-1327 BRT	–	1908 - 1920 Handelsflotte
FRITHA Brigantine		L -21,6	–	?
SPIRIT OF NEW ZEELAND Barkentine	1986	LA-45,2 B- 9,1 R-185 BRT M-250 PS	17 736 m²	seit 1986 Organisation
SPIRIT OF ADVENTURE Toppsegelschoner	1973	LA-32,0 B- 6,5 R-99 BRT M-350 PS	12 531 m²	seit 1973 Organisation

Name Typ	Bau- jahr	Technische Daten	Segel	Schulschiff Eigner
Niederlande (Seite 88)				
ABEL TASMAN Schoner	1876	L -22,9 D-49 t	–	seit 1984 Organisation
AJAX Korvette			–	ab 1871 Matr.-Inst.
ALBATROS Schoner	1920	L -25,1 B- 6,3 R-93 BRT	–	um 1949 Handelsflotte
BESTEVAER Toppsegelschoner	1914	LL-26,5 B- 6,6 R-99 BRT Motor 175 PS	7 620 m^2	1923 - 1954 Handelsflotte
BRABANDER Schoner	1978	L -28,0	–	seit 1978 Brabanter Segelschule
DORDRECHT (Vollschiff)			–	um 1849
EENDRACHT I Toppsegelschoner	1974	L -35,9 B- 8,0 R-174 BRT	8 630 m^2	1974 - 1989 Handelsflotte
EENDRACHT II 3-M-Toppsegelsch.	1988	LL-48,8 B-12,0 R-606 BRT Motor 550 PS	1200 m^2	seit 1988 Sailing Ass.
FRYA 3-M-Gaffelschoner	1906	LL-22,8 B- 5,6 R-85 BRT Motor 100 PS	9 242 m^2	seit 1961 Privatbesitz zeitweise Schulschiff
NAUTILUS Korvette		D-1050 t	–	um 1905 Kriegsmarine
POLLUX I Brigg	1849		–	1913 - 1941 Matr.-Inst.
POLLUX II Bark	1940	L -61,4 B-11,0 R-747 BRT als stationäres Schulschiff gebaut	–	seit 1940 Handelsflotte
URANIA Ketsch	1928	LL-16,5 B- 5,5 R-51 BRT M-65 PS	4 234 m^2	seit 1938 Kriegsmarine
VENUS (Brigg)			–	um 1861
ZEEAREND Logger	1912	L -23,8	–	1930 -1976 Fischerei
ZEEHOND Brigg			–	1883 - 1913 Matr.-Inst.
Norwegen (Seite 90)				
ALFEN Vollschiff	1857	LL-30,4 B- 7,8 R-350 BRT	–	1904 - 1923 Handelsflotte
BJÖRGVIN Bark	1853	LA-30,4 B- 7,7 R-270 BRT	–	1890 - 1903 Handelsflotte

Name Typ	Bau-jahr	Technische Daten	Segel	Schulschiff Eigner
CHRISTIANA Bark	1877	L -44,8 B- 9,2 D-557 t	–	1877 - 1901 Handelsflotte
CHRISTIAN RADICH Vollschiff	1937	LL-53,0 B- 9,7 R-692 BRT Motor 450 PS	26 1234 m^2	seit 1937 Handelsflotte
ELLIDA	1880	D-1000 t	–	Kriegsmarine
NORDSTJERNEN	1862	D-1600 t	–	Kriegsmarine
SLEIPNER	1877		–	Kriegsmarine
SÖRLANDET Vollschiff	1927	LL-48,1 B- 8,8 R-559 BRT Motor 240 PS	26 1000 m^2	seit 1927 Handelsflotte
STATSRAAD ERICHSEN Brigg	1859	LL-28,2 B- 7,1 R-119 BRT D-215 t	14 350 m^2	1859 - 1937 Kriegsmarine Handelsflotte
STATSRAAD LEHMKUHL Bark	1914	LL-75,5 B- 7,1 R-1701 BRT Motor 450 PS	21 2000 m^2	seit 1920 Handelsflotte
TORDENSKJOLD I Brigg	1860	L -34,9 B- 8,0 R-254 BRT	–	1899 - 1915 Handelsflotte
TORDENSKJÖLD II Bark	1905	LL-35,1 B- 7,8 R-255 BRT	–	1923 - 1939 Handelsflotte

Österreich-Ungarn (Seite 131)

Name Typ	Bau-jahr	Technische Daten	Segel	Schulschiff Eigner
ADRIA Fregatte	1872	LL-77,0 B-14,3 D-3430 t Motor 3385 PS	–	1897 - 1918 Kriegsmarine
ALPHA		D-1350 t		Ausbildungshulk mit Tendern bis 1917
BEETHOVEN 4-M-Schonerbark	1904	L -79,2 B-12,3 R-2038 BRT	–	1913 - 1914 Handelsflotte
CAMÄLEON Brigg		D-200 t	–	bis 1918 Kriegsmarine
CUSTOZZA Vollschiff/Panzerschiff	1872	LL-92,0 B-17,0 D-7000 t Motor 4640 PS	–	bis 1917 Kriegsmarine Seekadetten
FANTASIE Korvette	1858	D-330 t	–	um 1905 Kriegsmarine
MÖVE Schoner		D-375 t	–	bis 1918 Kriegsmarine
SAIDA Korvette	1871	ferner AURORA und FRUNDSBERG	–	bis 1918 Kriegsmarine
SCHWARZENBERG Fregatte	1853	D-3430 t	–	bis 1918 Kriegsmarine

Name Typ	Bau- jahr	Technische Daten	Segel	Schulschiff Eigner
VILA VELEBITA Brigantine	1908	LL-36,2 B- 7,8 R-257 BRT	13 650 m²	1908 - 1918

Oman (Seite 135)

SHABAB OMAN 3-M-Toppsegelsch.	1971	LL-36,6 B- 8,5 D-380 t M-460 PS	14 1020 m²	seit 1977 Kriegsmarine

Peru (Seite 136)

CONTRA MAESTRE DUENAS 4-M-Bark	1891	LA-92,6 B-12,7 R-2529 BRT	–	1922 - Handelsflotte
OMEGA 4-Mast-Bark	1887	LL-94,8 B-13,1 R-2575 BRT	–	1918 - 1926 Handelsflotte

Polen (Seite 92)

DAR MLODZIEZY 1982 Vollschiff		LL-79,4 B-14,0 R-2385 BRT Motor 2 x 750 PS	26 2839 m²	1982 Handelsflotte
DAR POMORZA Vollschiff	1910	LL-72,6 B-12,6 R-1561 BRT Motor 510 PS	25 1900 m²	1930 - 1981 Handelsflotte
ELEMKA 5-M-Schoner	1918	LL-74,0 B-13,5 R-1471 BRT	13 2500 m²	1935 - 1938 Jugendorgan.
FRYDERYK CHOPIN Brigg	1991	LL-36,0 B-8,5 D-400 t Motor 320 PS	23 1200 m²	1991 Int. Segel-Verein
ISKRA I 3-M-Schoner	1917	L -52,0 B-7,8 R-348 BRT Motor 300 PS	11 693 m²	1927 - 1977 Kriegsmarine
ISKRA II Barkentine	1982	LL-36,0 B-8,0 D-381 t Motor 365 PS	13 1035 m²	1982 Kriegsmarine
JANEK KRASICKI Schoner	1945	LL-27,3 B-6,4 R-70 BRT	7 360 m²	1950 Jugendorganisat.
LWOW Bark	1869	LL-65,6 B-6,9 R-1293 BRT	16 1500 m²	1929 - 1930 Handelsflotte
MAR. ZARUSKI Ketsch	1939	LL-25,3 B-5,8 R-71 BRT	7 310 m²	1945 Jugendorg. *

* in Schweden für Polen gebaut aber wegen des Krieges nicht mehr ausgeliefert, 1945 an polnischen Eigentümer als GENERAL ZARUSKI für die Seekriegsflotte, 1948 umbenannt in MLADA GWARDIA und an Vereinigung für vormilitärische Ausbildung übergeben, 1957 in MARIUSZ ZARUSKI umbenannt.

POGORIA Barkentine	1980	LL-34,0 B-8,0 D-342 t Motor 310 PS	14 1040 m²	1980 Seglerorg.

Name Typ	Bau- jahr	Technische Daten	Segel	Schulschiff Eigner
ZAWISZA CZARNA I 3-M-Schoner	1902	L -30,9 B-8,1 R-168 BRT	432 m²	1946 - 1947 Kriegsmarine
ZAWISZA CZARNY II 3-M-Stagsegelsch.	1951	LL-35,9 B-6,7 R-163 BRT	10 625 m²	1960 Pfadfinder
ZEW MORZA Schoner	1945	LL-27,3 B-6,4 R-70 BRT	7 360 m²	1949 Seglerverein

Portugal (Seite 96)

Name Typ	Bau- jahr	Technische Daten	Segel	Schulschiff Eigner
CREOULA 4-M-Schoner	1937	LA-67,4 B-9,9 R-1955 BRT M-480 PS	11 1364 m²	seit 1973 Kriegsmarine
DOM FERNANDO E GLORIA Bark	1857	D-1600 t	–	? - 1963 Kriegsmarie ?
DUQUE DE PALMELLA	1869			um 1914
ESTEPHANIA	1859			um 1914
F. DE GLORIA	1857	D-1600 t		?
PEDRO D'ALEMQUER Vollschiff	1869	L -79,6 B-11,5 R-1507 BRT	–	1896 - 1913
PEDRO NUÑEZ Vollschiff	1868	L -64,0 B-11,0 R-1980 BRT	24 3500 m²	1899 - 1907 Kriegmarine
POLAR Yacht		D-85 t Kriegsmarine	–	um 1987
SAGRES I Bark	1896	LL-79,0 B-12,2 R-1980 BRT Motor 2 x 350 PS	24 3500 m²	1918 - 1962 Kriegsmarine
SAGRES II Bark	1937	LL-70,1 B-12,0 D-1869 t Motor 880 PS	23 1932 m²	seit 1961 Kriegsmarine
VEGA Yacht		D-60 T	–	um 1987 Kriegsmarine

Rumänien (Seite 99)

Name Typ	Bau- jahr	Technische Daten	Segel	Schulschiff Eigner
MIRCEA I Brigg	1882	L -36,0 B- 7,6 D-350 t	–	1882 - 1916 Kriegsmarine
MIRCEA II Bark	1938	LL-62,0 B-12,0 D-1760 t Motor 1300 PS	23 1749 m²	seit 1938 Kriegsmarine

Russland/Sowjetunion (Seite 101)

Segelschulschiffe bis 1918.

Name Typ	Bau- jahr	Technische Daten	Segel	Schulschiff Eigner
AMSTERDAM GALEI Fregatte			–	1738 -
BOGOJAWLENIA Fregatte	1798	L -39,6 B- 9,7 D-720 t	12 895 m²	1798 - 1816 Kriegsmarine

Name Typ	Bau-jahr	Technische Daten	Segel	Schulschiff Eigner
GROSSFÜRSTIN MARIA NIKOLAJEWA Vollschiff	1873	LL-78,3 B-12,1 R-1859 BRT	32 2906 m^2	1899 - 1921 Handelsflotte
GROSSFÜRSTIN XENIA ALEXANDROWNA Bark * Barkentine ** (ab 1910) neuer Name ab 1921 MORJAK	1904	LL-52,9 B- 9,1	17 * 1022 m^2 13 ** 765 m^2	1904 - 1930 Kriegsmarine
HIPPOLIT Barkentine	1892	LL-31,5 B- 7,9 R-155 BRT	14 451 m^2	1905 - 1932 Handelsflotte
KATHARINA			—	1864 - Handelsflotte
KRONSCHLOT Huker	1736	L -25,6 B- 7,2 D-320 t	9 403 m^2	1738 - 1755 Kriegsmarine
LASTOTSCHKA Yacht	1704		—	1797 - 1805 Kriegsmarine
MALII Fregatte	1805	etwa wie URANIA		1805 - ? Kriegsmarine
MORJAK I Korvette	1892	— D-1000		Kriegsmarine
NADESCHDA I Fregatte	1766	LL-23,8 B- 6,7	12 445 m^2	1766 - 1774 Kriegsmarine
NADESCHDA II Fregatte	1828	wie URANIA		1828 - ? Kriegsmarine
NADESCHDA III Fregatte	1845	LL-35,0 B-10,2 D-565 t	20 1032 m^2	1845 - ? Kriegsmarine
OTWASCHNOST Fregatte	1835	wie URANIA		1835 - ? Kriegsmarine
PHÖNIX (FENIKS) Brigg	1805	LL-30,1 B- 9,3 D-467 t	14 1066 m^2	1839 - ? Kriegsmarine
POSOJANSTWO Fregatte	1834	wie URANIA		1834 - ? Kriegsmarine
ROSSIJA Fregatte	1830	wie URANIA		1830 - ? Kriegsmarine
STRELOK Bark	1880	LL-65,2 B- 9,7 D-1334 t Dampfmaschine	19 1650 m^2	1882 - 1916 Kriegsmarine
ST. ANDREI Linienschiff	1716	L -47,8 B-13,6	—	1741 - ?
URANIA Fregatte	1820	L -30,7 B- 8,2 D-330 t	25 823 m^2	1820 - ? Kriegsmarine
USPECH Fregatte	1844	wie NADESCHDA III		1845 - ?
WERNOST Fregatte	1840	wie NADESCHDA III		1840 - ?

Name Typ	Bau-jahr	Technische Daten	Segel	Schulschiff Eigner
WJERNY	1895	Schwesterschiffe		bis 1916
WOIN	1893	Korvetten, 1300 t Depl.		Kriegsmarine
Segelschulschiffe 1918 - 1945.				
JOHNSEN 3-M-Schoner	1933	R-1510 BRT	–	
MORJAK	1904	siehe GROSSFÜRSTIN XENIA ALEXANDROWNA		
PRAKTIKA I 3-Mast-Schoner		D-300 t	–	um 1941 Kriegsmarine
TOWARISCHTSCH I Viermast-Bark	1892	LL-86,7 B-12,8 R-2301 BRT	30 3005 m²	1925 - 1943 Handelsflotte
UTSCHEBA I		wie PRAKTIKA I		
WEGA I Barkentine	1901	LL-41,9 B- 9,7 R-414 BRT	15 1055 m²	1928 - 1941 Kriegsmarine
Segelschulschiffe nach 1945.				
DRUSCHBA Vollschiff	1987	LL-79,4 B-14,0 R-2257 BRT Motor 2 x 900 PS	26 2647 m²	seit 1987 Kriegsmarine
DUNAY Vollschiff	1928	LL-66,5 B-14,8 D-3515 t	23 1900 m²	1955 - 1967 Kriegsmarine
KHERSONES Vollschiff	1989	wie DRUSCHBA		seit 1989 Fischerei
KROPOTKIN Barkentine	1946	LL-37,5 B- 8,9 bis 1951	15 D-595 t	820 m²
– weitere Schiffe dieses Typs: ALPHA, HORZONT, KAPELLA, MENDELEJEW, MERIDIAN, SEKSTANT, SIRIUS, TROPIK, TSCHAIKA, WEGA II, ZENITH				
KRUSENSTERN 4-Mast-Bark	1926	LL-95,0 B-14,0 R-3257 BRT Motor 2 x 940 PS	31 3400 m²	seit 1960 Fischerei
MIR Vollschiff	1987	wie DRUSCHBA	seit 1987	Kriegsmarine
PALLADA Vollschiff	1991	wie DRUSCHBA	seit 1991	Handelsflotte
SEDOW 4-Mast-Bark	1921	LL-97,9 B-14,6 R-3709 BRT Motor 1335	34 4192 m²	seit 1972 Fischerei
TOWARISCHTSCH II Bark	1933	LL-62,0 B-12,0 R-1392 BRT Motor 590 PS	23 1750 m²	seit 1951 Kriegsmarine
WOSTOK 3-M-Bermudaschoner	1946	ähnlich KROPOTKIN		
– weitere Schiffe dieses Typs: GLOBUS, JUG, JUNGA, KODOR, SEWER, STURMAN, ZAPAD.				
YUNIY BALTIES Bermuda-Schoner	1989	LL-B- 8,4	6 506 m²	seit 1989 Jugendorganisation St. Petersburg

Name Typ	Bau- jahr	Schulschiff von - bis	Wasser- verdr. t	Segel m²	Anmerkungen
Schweden (Seite 112)					
Segelschulschiffe der Königlichen Marine.					
DIANA	1776	1776-1840	1360		Brigg
NORA	1790	1790-1831			Brigg
SVALAN	1797	1797-1830			Brigg/Korvette
JARRAMAS I	1821	1821-1859	435		1860 a.Dienst 1879 abgewr.
SNAPPOPP I	1796	1825-1840			Brigg
EURYDIKE	1785	1826-1828	1417		Fregatte, 1858 außer Dienst
L'AIGLE	?	-1827			Schoner, 1831 abgebrochen
OSCAR	?	1840-1841			Brigg
GLOMMEN	?	-1865			Brigg, 1814 von Norwegen erober t
AF CHAPMAN I	1831	1832-1872	945	1404	Fregatte,1876- 1913 Wohnschiff dann abgebrochen
NAJADEN I	1834	1835-1845	485		Korvette, 1874 außer Dienst
JOSEPHINE	1837	1837-1874	1221	1717	Fregatte,1874 außer Dienst, 1892 abgebroche n
AF WIRSEN	1845	1845-1880	77	296	Brigg, 1883 abgebrochen
NORDENSKJÖLD	1846	?	363	924	Brigg, 1908 außer Dienst
EUGENIE	1846	1846-1887	3551	1718	Korvette,Welt- reise 1851-1852 Wohnschiff in Stockholm, 1916 verkauft
NORRKÖPING	1858	1858-1894	1439	1666	Fregatte, Wohn- schiff für Schiffsjungen in Marstrand 1907-1939, dann abgebrochen
SNAPPOPP II	1860	1860-1899	80	251	Brigg,1899 a.D. 1923 abgebrochen
VANADIS	1862	1862-1894	2120	1643	Dampfkorvette Weltreise 1883- 1885,Wohnschiff 1894-1939 1944 abgebrochen
SKIRNER	1867	1867-1899	80	321	Brigg,1899 a.D. 1923 abgebrochen

Name Typ	Bau- jahr	Schulschiff von - bis	Wasser- verdr. t	Segel m²	Anmerkungen
FALKEN I	1877	1877-1939	111	334	Brigg,1943 ver- kauft, bis 1966 in Frachtfahrt, gesunken
BALDER	1870	1878-1901	1873	1364	Dampfkorvette segelte noch bis 1911
SAGA	1877	1878-1909	1618	1177	nach Außerdienst- stellung Wohn- schiff, 1928 als Zielschiff versenkt
STOCKHOLM	1856	1879	2846	2548	Linienschiff 1923 abgebrochen
GLADAN I	1857	1881-1924	310	334	Brigg, 1942 bei Übungssprengung durch Taucher an der Pier gesunken
FREYA	1885	1885-1906	2000	1500	Dampfkorvette Wohnschiff bis 1939,abgebrochen 1940
NAJADEN II 165 Vollschiff	1897	1897-1945	400	600	Vollschiff seit 1946 in Halmstad Museumsschiff
JARRAMAS II 165 Vollschiff	1900	1900-1948	400	600	Vollschiff seit 1951 in Karlskrona Museumsschiff
AF CHAPMAN II 165 Vollschiff	1888	1923-1937	3100	2007	heute Museumsschiff
FALKEN Gaffelschoner	1946	LL-28,3 B- 7,2 D-220 t M-268 PS	9 519 m²		seit 1946
GLADAN	1947	siehe FALKEN			seit 1947

Name Typ	Bau- jahr	Technische Daten	Segel	Schulschiff Eigner
Segelschulschiffe der Handelsflotte.				
ABRAHAM RYDBERG I Vollschiff	1879	L -30,6 B- 6,7 D-149	–	1879 - 1912
ABRAHAM RYDBERG II Vollschiff	1912	LL-39,1 B-8,3 R-264 BRT	–	1912 - 1928
ABRAHAM RYDBERG III Viermast-Bark	1892	LL-82,2 B-13,1 R-2097 BRT	–	1929 - 1939

Name Typ	Bau-jahr	Technische Daten	Segel	Schulschiff Eigner
ALBATROS 4-M-Schoner	1942	LL-63,0 B-11,4 R-1051 BRT	10 888 m²	1943 - 1945 1948-1966
BENJAMIN Brigg	1862	LL-33,0 B- 7,9 R-298 BRT	–	1881 - 1918
BEATRICE		siehe SVITHIOD		1923-1932
CARL JOHAN Brigg	1839		–	1848 -1878
C.B. PEDERSEN Viermast-Bark	1891	LL-88,0 B-12,3 R-2142 BRT	24 1750 m²	1922 - 1937
FLYING CLIPPER		siehe SUNBEAM II		1955 - 1965
GARPEN Ketsch		R-99 BRT		– Organisation
GRATIA OF GOTHENBURG Gaffelketsch	1900	LL-20,4 B- 5,0 R-46 BRT M-164 PS	8 350 m²	seit 1964 Segelschule
GRATITUDUDE OF GOTHEBURG Gaffelketsch	1907	LL-21,1 B- 5,9 R-60 BRT M-184 PS	8 350 m²	seit 1957 Segelschule
HVALFISKEN Brigg	1801	L -26,9 B- 6,4 D-211 t	–	1915 - 1937
LEADER Schoner-Ketsch	1892	L -29,1 B- 5,9 D-103 t	8 340 m²	seit 1969 Segelschule
MAGNUS STENBOCK Brigg				ab 1838 stationäres Schulschiff
MANHEM Vollschiff	1901	LL-79,2 B-11,7 R-2222 BRT	–	1921 - 1929
SUNBEAM II 3-M-Toppsegelschoner	1929	LL-49,6 B- 9,1 R-635 BRT Motor 475 PS	12 1540 m²	1946 - 1955
SVITHIOD Viermast-Bark	1881	LL-87,5 B-12,7 R-1997 BRT siehe BEATRICE	–	1905 - 1914 1914 - 1918 in USA ab 1923
TRIFOLIUM Bark	1875	LL-52,6 B- 8,5 R-591 BRT	–	1902 - 1914 gesunken
TROPIK Bark	1892	LL-74,2 B-11,4 R-1579 BRT	–	1901 - 1911
VIKING Viermast-Bark	1906	LL-89,5 B-13,9 R-2952 BRT	31 2850 m²	seit 1949 Handelsflotte

Spanien (Seite 116)

Name Typ	Bau-jahr	Technische Daten	Segel	Schulschiff Eigner
AROSA Schoner		LL-22,8 B- 4,9	319 m²	seit 1981 Kriegsmarine
ASTURIAS Fregatte	1857	D-1600 t	–	1869 - 1909 Kriegsmarine

Name Typ	Bau- jahr	Technische Daten	Segel	Schulschiff Eigner
BALEARES Brigantine	1919	L -50,8 B-11,3 R-607	–	um 1975 stat. Handelsflotte
CASTILLO-JAVIER 3-M-Schoner	1916	R-170 BRT	–	1944 - Handelsflotte
CRUZ DEL SUR Vollschiff	1947	LL-38,1 B- 8,2 R-200 BRT	25 1500 m^2	1947 - ? Handelsflotte
ESTRELLA POLAR 3-M-Toppsegelschoner	1939	LL-38,1 B- 8,2 R-152 BRT	12 450 m^2	1944 - 1960 Handelsflotte
GALATEA Bark	1896	LL-74,8 B-11,4 R-2800 BRT Motor 1360 PS	21 2800 m^2	1922 - 1960 Kriegsmarine
JUAN SEBASTIAN DE ELCANO 4-M-Toppsegelschoner	1927	LL-79,1 B-13,1 D-3750 t Motor 1500 PS	20 2467 m^2	seit 1927 Kriegsmarine
MINERVA Viermast-Bark	1892	LL-84,1 B-12,8 R-2291 BRT	–	1922 - 1933 Kriegsmarine
NAUTILUS Brigg	1868	 D-1500 t	–	1889 - 1932 Kriegsmarine
SALVADOR			–	stat. Schulsch. Kriegsmarine
VILLA DE BILBAO 1843 Korvette		 D-1300 t	–	? - 1920 Kriegsmarine
VIRGEN DE LA CLARIDAD Schoner		D-1300 t	–	? Kriegsmarine

Thailand (Seite 134)

Name Typ	Bau- jahr	Technische Daten	Segel	Schulschiff Eigner
THOON KRAMON	1866	D-800 t	–	um 1905 Kriegsmarine

Türkei (Seite 134)

Name Typ	Bau- jahr	Technische Daten	Segel	Schulschiff Eigner
ERTUGRUL	1889	Fregatte		
HEYBETNÜMA	1890	Korvette		
HÜDAVENDIGAR	1873	Fregatte		
MEHMET SELIM	1880	Fregatte		
MUHBIR-I SÜRUR	1873	Fregatte		
LÜFTU HÜMAYUN	1896	Schulschiff		

Uruguay (Seite 118)

Name Typ	Bau- jahr	Technische Daten	Segel	Schulschiff Eigner
AMA BEGÑAKOA Viermast-Bark	1902	LL-91,4 B-13,1 R-2516	24 2200 m^2	1902 - 1910 Handelsflotte
ASPIRANTE 3-M-Schoner	1919	R-250 BRT	–	1938 - 1973 ab 1973 stat. Kriegsmarine

Name Typ	Bau- jahr	Technische Daten	Segel	Schulschiff Eigner
CAPITAN MIRANDA DE ELCANO 3-M-Bermudaschoner	1930	LL-54,6 B- 8,4 D-550 t Motor 500 PS	7 722 m	seit 1978 Kriegsmarine
DIEZ Y OCHO DE JULIO		siehe ASPIRANTE ?		Kriegsmarine

Venezuela (Seite 59)

Name	Baujahr	Technische Daten	Segel	Schulschiff Eigner
SIMON BOLIVAR Bark	1979	LL-82,4 B-10,6 D-1260 t Motor 750 PS	21 1650 m²	seit 1979 Kriegsmarine

Vereinigte Staaten von Amerika (Seite 119)

Segelschulschiffe bis 1918.

Name	Baujahr	Technische Daten	Segel	Schulschiff Eigner
ADAMS Korvette	1874	LL-56,1 B-10,6 D-1400 t M-550 PS	–	1899 - 1901 Kriegsmarine 1907 - 1914 Handelsflotte
ALLIANCE		siehe ADAMS		
BOXER	1904	siehe CUMBERLAND		
CONSTELLATION Vollschiff	1797	LL-53,5 B-12,7 D-1960 t	17 1870 m²	1871 - 1940 Kriegsmarine
CHESEPEAKE ab 1905 SEVERN Fregatte	1896	LL-54,8 B-11,0 D-1200 t	–	1897 - 1916 Kriegsmarine
CONSTITUTION Vollschiff	1797	LL-53,5 B-14,0 D-2200 t	3970 m² m.Leesegel	1860 - 1906 Kriegsmarine
CUMBERLAND Bark/Barkentine	1904	LL-53,0 B-14,0 R-1800 BRT	–	1904 - 1946 Kriegsmarine
ENTERPRISE Vollschiff	1875	LL-56,1 B-10,6 R-1375 BRT	–	1892 - 1909 Handelsflotte
ESSEX	1874	siehe ADAMS		
FRANKLIN Fregatte			–	ab 1867 Kriegsmarine
HARTFORD	1858		–	um 1900
INTREPID	1904	siehe CUMBERLAND		
JAMESTOWN Vollschiff	1844	LL-56,8 B-10,6 R-985 BRT	–	1876 - 1877 Kriegsmarine
J.C DOBBIN Toppsegelschoner			–	1877 - 1881 Coast Guard
LANCASTER				um 1900
MOHICAN Korvette	1874	 D-1900 t	–	um 1900 Kriegsmarine

Name Typ	Bau-jahr	Technische Daten	Segel	Schulschiff Eigner
NEW HAMPSHIRE Linienschiff (Hulk)	1864	L -60,0	–	1868 - 1921 Kriegsmarine
NEWPORT Barkentine	1896	LL-50,9 B-10,9 R-1010 BRT	–	1909 - 1932 ? Handelsflotte 1932 - ? Naval Reserve
PENSACOLA Korvette			–	um 1900
RANGER Bark/Barkentine/Bark 1941 als BAY STATE Tender der Marine-Akademie der Handelsflotte	1876	LL-73,9 B- 9,6 R-1261 BRT M-500 PS	–	1908 - 1941 Handelsflotte 1918 neuer Name NANTUCKET
SALMON P.CHASE Bark	1877	L -31,8 B- 7,5 R-250 BRT	–	1977 - 1930 Coast Guard
SARATOGA Vollschiff	1842	LL-45,4 B-11,16 R-882 BRT	–	1867 - 1899 Kriegsmarine 1899 - 1907 Handelsflotte
ST. MARYS Korvette	1844	siehe SARATOGA		1875 - 1909 Handelsflotte Segelschulschiffe 1918 - 1945.
ANNAPOLIS Barkentine/3-M-Schoner	1897	LL-50,9 B-10,9 D-1010 t M-800 PS	–	1920 - 1939 Handelsflotte
ATLANTIC 3-M-Schoner	1903	LL-56,0 B- 8,9 R-303 BRT	–	1940 - 1953 Coast Guard
JOSEPH CONRAD Vollschiff	1882	LL-30,6 B- 7,6 D-400 t Motor 60 PS	20 650 m²	1939 - 1945 Kriegsmarine
MARSALA 5-M-Barkentine	1919	LL-86,1 B-12,3 R-2422 BRT	–	1932 - 1937 Handelsflotte
SEVEN SEAS Vollschiff	1912	LL-39,2 B- 8,5 R-262 BRT	–	1939 - 1945 Coast Guard
VEMA 3-M-Schoner	1923	LL-56,2 B-10,0 D-743 t	1941 - 1945 1200 m²	Kriegsmarine

Segelschulschiffe nach 1945.

Name Typ	Bau-jahr	Technische Daten	Segel	Schulschiff Eigner
ALEXANDRIA 3-M-Toppsegelsch.	1929	LA-38,0 B- 6,7 D-176 t M-185 PS	12 650 m²	seit 1982 Jugendsozial-werk
CALIFORNIAN Schoner	1984	L -44,2 D-135 t	687 m²	seit 1984 Naut. Heritage Mus. Cal.
CAPTAIN JAMES COOK Schoner	1934	L -44,2 R-177 BRT	–	seit 1969 stat. Schulsch.

Name Typ	Bau-jahr	Technische Daten	Segel	Schulschiff Eigner
CORWITH CRAMER Schoner	1988	L -32,3 D-150 t	–	seit 1988 Sea Education Ass. Massach.
EAGLE Bark	1936	LL-70,2 B-11,9 D-1816 t Motor 880 PS	22 1983 m²	seit 1946 Coast Guard
FREEDOM Schoner	1931	D-100 t	–	seit 1975
GAZELA OF PHILADELPHIA Barkentine	1883	LL-41,1 B- 8,2 R-324 BRT M-180 PS	13 828 m²	seit 1971 Marine Museum Philadelphia
HARVEY GRAMAGE Schoner	1973	L -35,0 D-129	seit 1973 390 m²	Sea Education Ass. Boston
PIONEER Gaffelschoner	1885	LA-31,0 B- 6,4 R-43 BRT M-85 PS	5 254 m²	seit 1968 Marine Pioneer School New York
REGINA MARIS Barkentine	1908	LL-30,5 B- 7,6 R-186 BRT M-242 PS	16 550 m²	seit 1966 Ocean Research and Education
ROMANCE Brigantine	1936	LL-22,9 B- 6,5 R-82 BRT Motor 119 PS	12 420 m²	seit 1966 Privatbesitz
TABOR BOY Toppsegelschoner	1914	LL-26,5 B- 6,6 R-99 BRT Motor 175 PS	7 620 m²	seit 1954 College
TE QUEST 3-M-Stagsegelsch.	1930	LL-39,5 B- 9,7 R-371 BRT Motor 400 PS	8 961 m²	seit 1972 Flint School
TE VEGA Gaffelschoner	1930	LL-30,4 B- 8,5 R-243 BRT Motor 225 PS	7 966 m²	seit 1970 Flint School
UNICORN Brigg	1948	L -39,2 B- 7,4 190 t Themse-M.	13 681 m²	? Science Inst.
WESTWARD Stagsegelschoner	1961	L -41,1 B- 6,5 R-220 BRT	8 650 m²	seit 1971 Sea Ed. School

Verwendete Zeichen:

L – Länge (ohne nähere Besimmung)
B – Breite
LL – Länge zw. den Loten
R – vermessener Raum in Brutto-Registertonnen (BRT)
D – Wasserverdrängung (Deplacement)

Erläuterung der Fachbegriffe

abfallen	den Winkel zwischen Windrichtung und dem Kurs des Schiffes vergrößern, den Wind achterlicher einfallen lassen.
ab- bzw. auflandig	der Wind weht vom Land zum Meer bzw. vom Meer zum Land.
achtern	auf dem Schiff hinten; weitere Begriffe achteraus = hinter dem Schiff.
Alle Mann!	Manöver bei schwerem Wetter, wenn alle Besatzungsmitglieder auf ihre Stationen müssen (engl. all hands).
anluven	das Schiff höher an den Wind bringen, Winkel zwischen Windrichtung und dem Kurs des Schiffes verringern.
auf- oder ankreuzen	im Zick-Zack-Kurs gegen den Wind segeln.
auf- bzw. abtakeln	Segel an- oder abschlagen, Rahen und Stengen am Mast befestigen oder herunternehmen.
Back	sowohl der Vorschiffaufbau als auch der Eßtisch der Mannschaften.
back stehen	Einfall des Windes von der falschen Seite z. B. beim Backbrassen der Segel, um das Schiff zu bremsen.
Backbord	linke Seite des Schiffes in Fahrtrichtung (rotes Seitenlicht).
Ballast	Wasser, Steine, Sand oder Metalle im Schiff zur Erhöhung der Stabilität vor allem bei leerem Schiff.
Block	Gehäuse mit drehbar gelagerten Scheiben (Rollen) zur Führung des Tauwerks.
Brasse	Tau zum Drehen einer Rahe um den Mast, um eine günstigere Stellung der Segel zum Wind zu erhalten (brassen).
Bug	Vorderteil des Schiffes.
Deplacement	(D) Wasserverdrängung des eingetauchten Schiffes.
dichtholen	Leinen anziehen bzw. straffen.
dippen der Flagge	zur Grußerweisung wird die Nationalflagge teilweise (etwa zu einem Drittel) niedergeholt und dann wieder vorgeheißt (aufgezogen).
dwars	quer oder querab (rechtwinklig) zur Mittschiffslinie.
Etmal	24-Stundenzeit von Mittag zu Mittag = 12,00 Uhr, astronomischer Tag zwischen zwei Mittagsmessungen (Mittagsbesteck).
Faden	altes Längenmaß 182,88 cm, Faden- und Fußmaße sind in verschiedenen Ländern unter-schiedlich.
Fallreep (auch Gangway)	Verbindung zwischen Schiff und Land, auch Landgangssteg oder einfach Landgang genannt.
fieren	Tauwerk ablaufen lassen, Zug der Leine lockern.
Flaggenrecht	Recht bzw. Pflicht eines Schiffes, eine bestimmte Flagge (National- bzw., Handelsflagge) am Mast zu führen.
Flaggenstaat	der Staat, in dessen Schiffsregister das Fahrzeug eingetragen ist und dessen Flagge es zu führen hat.
Gangspill	senkrecht stehende Winde mit Spillspaken (wie Speichen eines Rades) zum Drehen des Spills, um z.B. den Anker zu hieven (heraufzudrehen).
Gatt	Segellöse aus Garn genäht oder aus Metall gestanzt.
Glasen	Angabe der Zeit mittels einer Glocke: 1 Glas = eine halbe Stunde seit Wachbeginn (einfacher Schlag), 2 Glas = 1 Stunde seit Wachbeginn (Doppelschlag), und so weiter bis 8 Glas = 4 Stunden seit Wachbeginn, ein Doppelschlag zeigt immer die volle Stunde an.
Gut	Begriff für das Tauwerk an Bord: stehendes und laufendes Gut.
Halsen und Wenden	Änderung des Segelkurses entweder mit dem Wind (halsen) oder gegen den Wind (wenden).
Hauptdeck	oberstes durchlaufendes Deck, auf dem die Aufbauten stehen
Heck	hinterer Teil des Schiffes.
heißen	das Aufziehen eines Segels oder einer Flagge.
hieven	eine Leine oder Kette von Hand oder mit einer Winde einholen oder steifsetzen.
Jakobsleiter	freihängende Strickleiter.
Kalmen	windstille Zonen zwischen den beiden Passatgebieten, auch Doldrums.
Kiel	unterster Längsträger des Schiffes.
killen	flattern der Segel.
Klinkerbeplankung	Art der Beplankung, bei der die Holzplanken dachziegelartig übereinandergreifen.
Knoten	Maß der Geschwindigkeit in der Schiffahrt bedeutet 1 Seemeile (= 1 852,01 m = 1 Bogenminute = 1/60 Grad) pro Stunde.
krängen	seitliches Überlegen des Schiffes.
Kraweelbeplankung	Art der Beplankung, bei der die Holzplanken mit ihren Kanten stumpf gegeneinandergesetzt werden.
kreuzen	siehe auf- bzw. ankreuzen.
Lee und Luv	dem Wind abgewandte bzw. zugewandte Seite des Schiffes.
Legerwall	Küste an der Leeseite des Schiffes.
lenzen	vor dem Wind segeln oder aber auch Wasser aus dem Schiff pumpen.
Liek	Tau zum Einsäumen eines Segels.

169

Log	Gerät zum Messen der Schiffsgeschwindigkeit (Handlog).
Lot	Leine mit Senkblei zum Messen der Wassertiefe.
Maße eines Schiffes	Breite - B = größte Breite Länge - Loa = Länge über alles (length over all) LL = Länge zwischen den Loten (in dieser Form sind die Angaben im vorliegenden Text genutzt, bei L keine eindeutige Angabe).
Nock	äußerste Spitze einer Rah.
Poop	Aufbau auf dem Achterdeck.
raumen	drehen des Windes, so daß er achterlicher einfällt.
reffen	verkleinern der Segelfläche.
Ruder	flacher, drehbarer Körper zum Steuern eines Schiffes.
Steuerbord	rechte Seite des Schiffes in Fahrtrichtung (grünes Seitenlicht).
Steven	Bauteil zum Abschluß des Schiffes vorn und achtern (Vor- bzw. Achtersteven).
Takelage	Bezeichnung für die Gesamtheit der Masten, Stengen, Rahen sowie des Tauwerks (stehendes und laufendes Gut).
Takelung	Prinzip des Aufbaues der Takelage wie Rahtakelung oder Schonertakelung, sie bestimmt des Typ des Segelschiffes wie Bark, Vollschiff, Gaffelschoner usw.); Segel, ihre Anordnung und ihre Form.
Topp und Takel	Treiben des Schiffes ohne Segel bei Sturm.
Vermessung	Rauminhalt des Schiffes zu statistischen und kommerziellen Zwecken in Registertonnen (1 RT = 2,83 Kubikmeter): Bruttoregistertonne (BRT): Gesamtinhalt des seefest abgeschlossenen Raums, Nettoregistertonne (NRT): für Ladung und Fahrgäste nutzbarer Raum.
versegeln	von einem Hafen zum anderen fahren.
Vorpiek	vorderster Raum im Schiff.

Literatur

1. Angelucci/Cucari: Le Navi –1000 modelli di tutto il mondo dalle origini ad oggi con dati tecnici, Roma 1975.

2. – Annuario della Academia Navale, Anno Academico 1988 - 89.

3. Archibald, E.H.H.: The Wooden Fighting Ships in the Royal Navy, London 1972.

4. Biddlecombe, G.: The Art of Rigging, Salem 1925.

5. Böndel, D.: Admiral Nelsons Epoche. Die Entwicklung der Segelschiffahrt von 1770 bis 1815, Herford und Bonn 1987.

6. Bönisch, O.: Schulschiff oder Ausbildungsschiff, Gedanken zu einer Definition, Seewirtschaft 11/1989, S. 533.

7. Brennecke, J.: Geschichte der Schiffahrt, Künzelsau, Thalwil, Salzburg, Antwerpen.

8. Brennecke, J.: Windjammer, Herford 1980.

9. Breyer, S.: Segelschulschiffe weltweit, Friedberg 1989.

10. Buchmann, G.: 1900 - 1025, 25 Jahre Deutscher Schulschiff-Verein, Bremen 1931.

11. Chapelle, H.J.: The History of American Sailing Ships, New York 1935.

12. v. Courtlary, V.E.: Darstellung der Marine – ein Versuch über den Kriegsdienst zur See. Für Leser aus allen Ständen, Zürich und Leipzig 1808.

13. Cucari/Manti/Jürgens: Das Bildlexikon der Schiffe, München 1979.

14. Czasnojc, M.: Swiat Wielkich Zagli, Szczecin 1991.

15. Dodmann: Ships, London 1981.

16. Drummond, M.: Großsegler, Offizielle Publikation der STA.

17. Dudszus, A./ Henriot, E./ Krumrey, F.: Das Große Schiffstypenbuch, Band 1, Berlin 1983.

18. Eckardt, G.: Die Segelschiffe des Deutschen Schulschiff-Vereins, Bremen 1981.

19. Furrer, H.J.: Die Vier- und Fünfmast-Rahsegler der Welt, Herford 1984.

20. Graubohm, H.: Die Ausbildung in der deutschen Marine von ihrer Gründung bis zum Jahre 1914, Düsseldorf, 1977.

21. Gröner, E.: Die deutschen Kriegsschiffe 1815 - 1945, München 1966.

22. Grube, F./ Richter, G.: Das große Buch der Windjammer, Hamburg 1976.

23. Günther, R.:   Die Entwicklung der nautischen Ausbildung in Deutschland bis Ende des Zweiten Weltkrieges unter besonderer Berücksichtigung der Seefahrtschule Wustrow, Hochschule für Verkehrswesen Dresden, Dissertation 1971.

24. Hagedorn, B.:   Die Entwicklung der wichtigsten Schiffs-typen bis ins 19. Jahrhun-dert, Berlin 1914.

25. Heinemann, E.:   Segelschulschiffe, Norderstedt 1977.

26. Herrmann, H.:   Die Entwicklung der Berufs- und Qualifikationsstrukturen in der Schiffahrt Deutschlands von 1848 - 1945 unter besonderer Berücksichtigung der sozialöko-nomischen Verhältnisse der Schiffsmannschaft, Universität Rostock, Dissertation 1981.

27. Hocking, Ch.:   Dictionary of Disasters at Sea During the Age of Steam, London 1969.

28. Hurst, A.A.:   The Sailing School-Ships, London 1962.

29. Israel, U./ Gebauer, J.:   Kriegsschiffe unter Segel und Dampf, Berlin 1988.

30. Jane, F.T.:   Fighting Ships 1905/06, Reprint 1970.

31. Kemp, P.:   The History of Ships, London 1978.

32. Koop, G.:   Die deutschen Segelschulschiffe, Koblenz 1989.

33. Lacroix, L.:   Les Derniers Grands Voiliers, Paris 1950.

34. Laas, W.:   Die großen Segelschiffe – ihre Entwicklung und Zukunft, Kassel 1972.

35. Lukawski, M.:   Einschätzung des ersten Einsatz-zeitraums des Segelschulschiffes DAR MLODZIEZY, Technika i Gospodarsksa Morska, Gdynia 4/1983, S. 185 - 191, Übersetzung der Ingenieur-hochschule für Seefahrt Warnemünde-Wustrow, Nr. 101-005626-83

36. Lund, K.:   Die Segelschulschiffe, Odense 1969

37. Mayer, H./ Winkler, D.:   In allen Häfen war Österreich. - Die österreich-ungarische Handelsmarine, Wien 1987.

38. Mayer, H./ Winkler, D.:   Als die Adria österreichisch war.- Österreich-Ungarns Seemacht, Wien 1986.

39. Meyer, J.:   Hamburgs Segelschiffe 1785 - 1945, Norderstedt 1974.

40. Middendorf, F.L.:   Bemastung und Takelung der Schiffe, Berlin 1903.

41. Mitrofanow, W.P.:   Schulen unter Segeln (schkoli pod parusami), Leningrad 1989 (russisch).

42. Reuter, W.:   Preußische Übungsschiffe (1817 - 1848), Ein Beitag zur Geschichte des nautischen Unterrichts, Berlin 1926.

43. Scharnow, U.:   Transpreß Lexikon Seefahrt, (Herausg.) Berlin 1981, S. 499.

44. Schäuffelen, O.:   Die letzten großen Segelschiffe, Bielefeld – Berlin 1990.

45. Schmalenbach, P.:   Kurze Geschichte der k.u.k. - Marine, Herford 1970.

46. Sknouril, E.:   Atlas lody - Skolni lode, Prag 1987 (tschechisch).

47. Stallings maritimes Jahrbuch 1976/77.

48. Svensson, S.:   Segel durch die Jahrhunderte, Bielefeld

49. Temming, R.L.:   Segelschiffe, Klagenfurt 1987.

50. Truchanowski, W.G.:   Horatio Nelson, Triumph und Tragödie eines Admirals, Berlin 1990.

51. Underhill, H.A.:   Sail Training and Cadet Ships, Glasgow 1956.

52. Underhill, H.A.:   Deepwater Sail, Glasgow 1936.

53. Villiers, A.:   Kap Horn, Hamburg 1988.

54. Villiers, A.:   Auf blauen Tiefen, Hamburg 1955.

55. Watts, A.J.:   Pictorial History of the Royal Navy, London 1970.

56. Weyers: Flotten-Taschenbuch, München (verschiedene Jahrgänge).

57. —   Germanischer Lloyd (GL), Klassifikations- und Bauvorschriften. Bemastung und Takelung. Selbstverlag des GL. 1984.

Autor der Fotos der Farbseiten ist Marek Czanojc, Stettin.

Verzeichnis der Schiffsnamen

Name	Typ	Land	Seite
ABRAHAM RYDBERG I	(V)	Schw	114
ABRAHAM RYDBERG II	(V)	Schw	114
ABRAHAM RYDBERG III	(4-M-B)	Schw	114
ABTAO		Ch	41
ADMIRAL KARPFANGER	(4-M-B)	D	37
AF CHAPMAN I	(V)	Schw	113
AF CHAPMAN II	(V)	Schw	113
AGINCOURT	(5-M-V)	GB	69
AILEE	(3-M-Sch)	F	65
AJAX	(V)	N	88
ALABAMA		USA	130
ALBATROS	(Sch)	Bra	39
ALBATROS	(3-M-TSS)	D	57
ALBATROS	(Sch)	N	89
ALBATROS	(4-M-Sch)	Schw	122
ALBANUS	(Sch)	Fi	63
ALBERT RICKMERS	(4-M-B)	D	9, 36, 51
ALBERT LEO SCHLAGETER	(B)	D	39, 54, 100, 130
ALEXANDER VON HUMBOLDT	(B)	D	59
ALFEN	(B)	No	91
AL KOUSSER		Äg	135
ALMIRANTE SALDANHA	(4-M-Ba)	Bra	39
ALPHA	(Ba)	R/S	110
AMA BEGÑAKOA	(4-M-B)	Uru	74, 118
AMAZONAS	(V)	Bra	38
AMAZONE	(V)	D	48
AMERIGO VESPUCCI I	(B)	I	79
AMERIGO VESPUCCI II	(V)	I	79
AMOUKURA	(Ba)	NS	136
AMPHITRITE	(3-M-Sch)	D	57
AMSTERDAM GALEI	(V)	R/S	101
ANNA KRISTINA	(TSS)	Ka	84
ANNAPOLIS	(Ba)	USA	130
ARES	(Ba)	Gri	67
ARETHUSA	(4-M-B)	GB	72
ARKEN	(TSS)	Dä	45
AROSA	(Sch)	Sp	118
ASGARD I	(GK)	Ir	77
ASGARD II	(Brg)	Ir	77
ASPIRANTE	(3-M-Sch)	Uru	118
ASSEN I	(Brg)	Bu	40
ASSEN II	(Sch)	Bu	41
ASTRID	(Brigg)	GB	74
ATALANTA	(V)	GB	69
ATLANTIC	(3-M-Sch)	USA	120
ATLAS	(Brigg)	D	16
BEATRICE	(4-M-B)	Schw	115
BEETHOVEN	(4-M-Schb)	D Ö	51, 132
BELEM	(Ba)	F	66, 79
BEL ESPOIR II	(3-M-Sch)	F	66, 73
BENJAMIN CONSTANT	(B)	Br	38
BESTEVAER	(TSS)	N	89
BJÖRGVIN	(B)	No	90
BLUENOSE II	(TSS)	Ka	85
BOGOJAWLENIA	(V)	R/S	103
BORDA	(V)	F	65
BOSCAWEN	(B)	GB	69
BRETAGNE		F	65
BRITA LETH	(Sch)	Dä	47
CAPITAN MIRANDA	(3-M-Sch)	Uru	116
CAPTAIN SCOTT	(3-M-TSS)	GB	73, 135
CARAVELLAS	(Brigg)	Br	38
CARL JOHAN	(Brigg)	Schw	114
CARRICK	(V)	GB	72
C.B. PEDERSEN	(4-M-B)	Schw	115
CHAMPIGNY	(B)	F	62
CHARLES DANIELOU	(3-M-Sch)	F	66
CHARLOTTE	(V)	D	50
CHIUSURA	(B)	GB	92
CHIYODAGATA	(TSS)	J	80
CHRISTIANA	(B)	No	90
CHRISTIAN RADICH	(V)	No	27, 44, 91
CIETRZEW	(3-M-Sch)	Po	96
CISNE BRANCO		Br	39
CITY OF ADELAIDE	(V)	GB	72
CLIPPER CUTTY SARK	(3-M-TSS)	GB	47
COLBERT	(V)	F	66, 92
COMTE DE SMET DE NAEYER I	(V)	B	36
COMTE DE SMET DE NAEYER II	(V)	B	37
COMMANDANT LOUIS RICHARD	(Ba)	F	80
CONCORDIA	(Ba)	Ka	87
CONSTELLATION	(V)	USA	109,120,130
CONSTITUTION	(V)	USA	119, 130
CONTRA MAESTRE DUENAS	(4-M-B)	Peru	137
CONWAY	(V)	GB	71
CORSARO II	(Sch)	I	80
COURONNE	(V)	F	65
CREINDE	(Ketch)	Ir	77
CREOLE	(Sch)	GB	69, 73
CRISTIFORO COLOMBO I	(Ba)	I	79
CRISTOFORO COLOMBO II	(V)	I	79, 106
CUAUHTEMOC	(B)	Mex	60
CUMBERLAND	(B)	GB	69
CUMBRIA	(Brigg)	GB	69
CUTTY SARK	(V)	GB	72
DANMARK	(V)	Dä	46, 47, 120
DAR MLODZIEZY	(V)	Po	95, 110

Bemerkungen

Das vorliegende Verzeichnis enthält solche Schiffe, die im Text genannt wurden. In den Tabellen (Seiten 138 - 168) sind alle Segelschulschiffe nach Ländern aufgeführt. Folgende Abkürzungen wurden benutzt:

1. Länder:

Äg	–	Ägypten	Fi	–	Finnland	Mal	–	Malaysia	Sp	–	Spanien
Ar	–	Argentinien	F	–	Frankreich	Me	–	Mexiko	Thai	–	Thailand (Siam)
Au	–	Australien	Gri	–	Griechenland	NS	–	Neuseeland	Tü	–	Türkei
B	–	Belgien	GB	–	Großbritannien	N	–	Niederlande	Uru	–	Uruguay
Bra	–	Brasilien	Ho	–	Hongkong	No	–	Norwegen	Ven	–	Venezuela
Bu	–	Bulgarien	In	–	Indien	Ö	–	Österreich	USA	–	Vereinigte Staaten
Ch	–	Chile	Ind	–	Indonesien	Om	–	Oman			
Col	–	Columbien	Ir	–	Irland	Pe	–	Peru			
Dä	–	Dänemark	Isr	–	Israel	Po	–	Polen			
D	–	Deutschland	I	–	Italien	P	–	Portugal			
Dom	–	Dominikanische	J	–	Japan	Rum	–	Rumänien			
		Republik	Ju	–	Jugoslawien	R/S	–	Rußland/UdSSR			
Ec	–	Ecuador	Ka	–	Kanada	Schw	–	Schweden			

2. Typen:

V	–	Vollschiff
TSS	–	Toppsegelschoner
B	–	Bark
Ba	–	Barkentine
Sch	–	Schoner
Br	–	Brigantine
J-B	–	Jackassbark